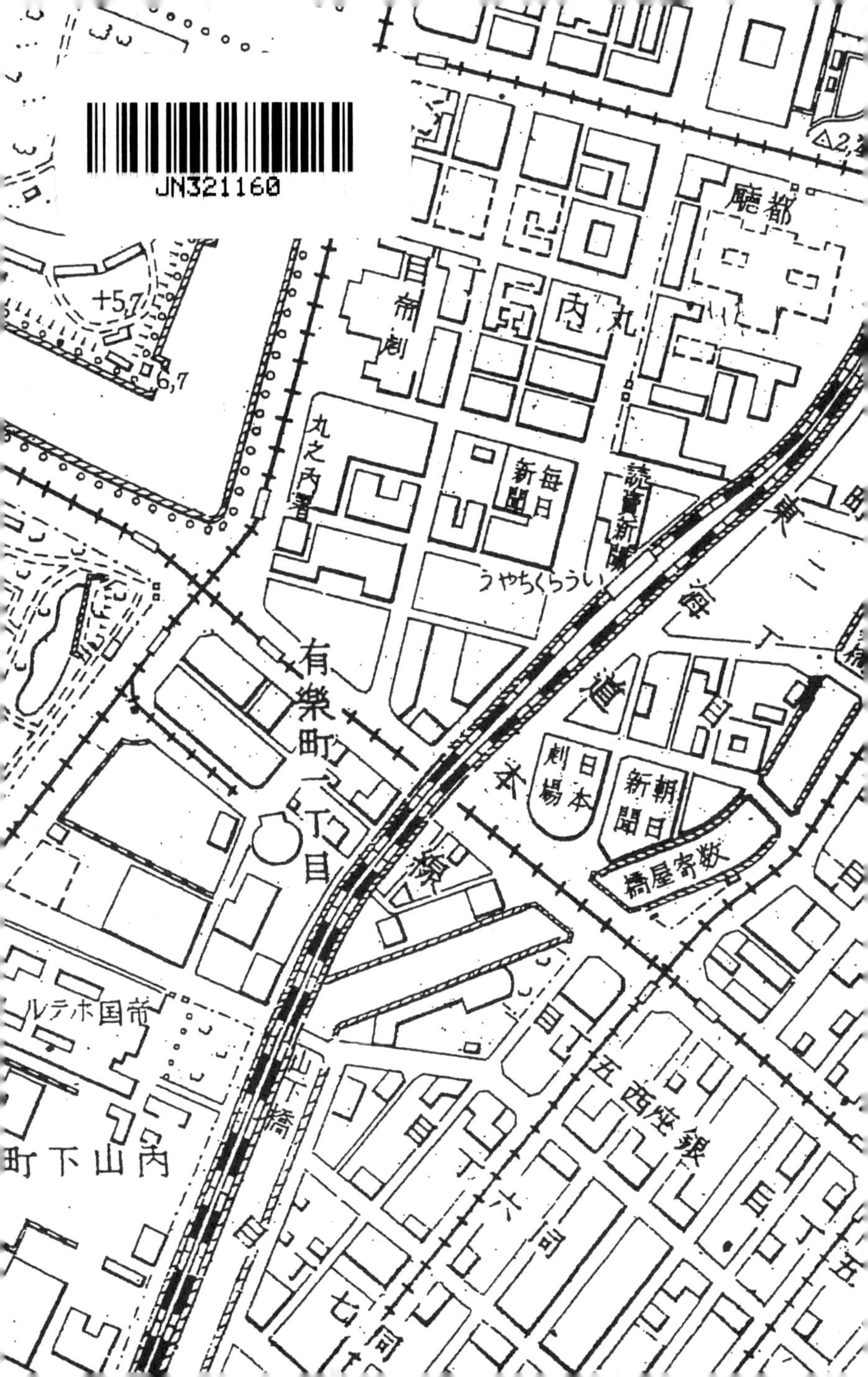

都廳
丸內
帝劇
丸之內署
每日新聞
讀賣新聞
いうらくちやう
有樂町一丁目
日本劇場
朝日新聞
數寄屋橋
帝國ホテル
內山下町
山下橋
銀座西五丁目

あるジャーナリストの敗戦日記

1945〜1946

森 正蔵

ゆまに書房

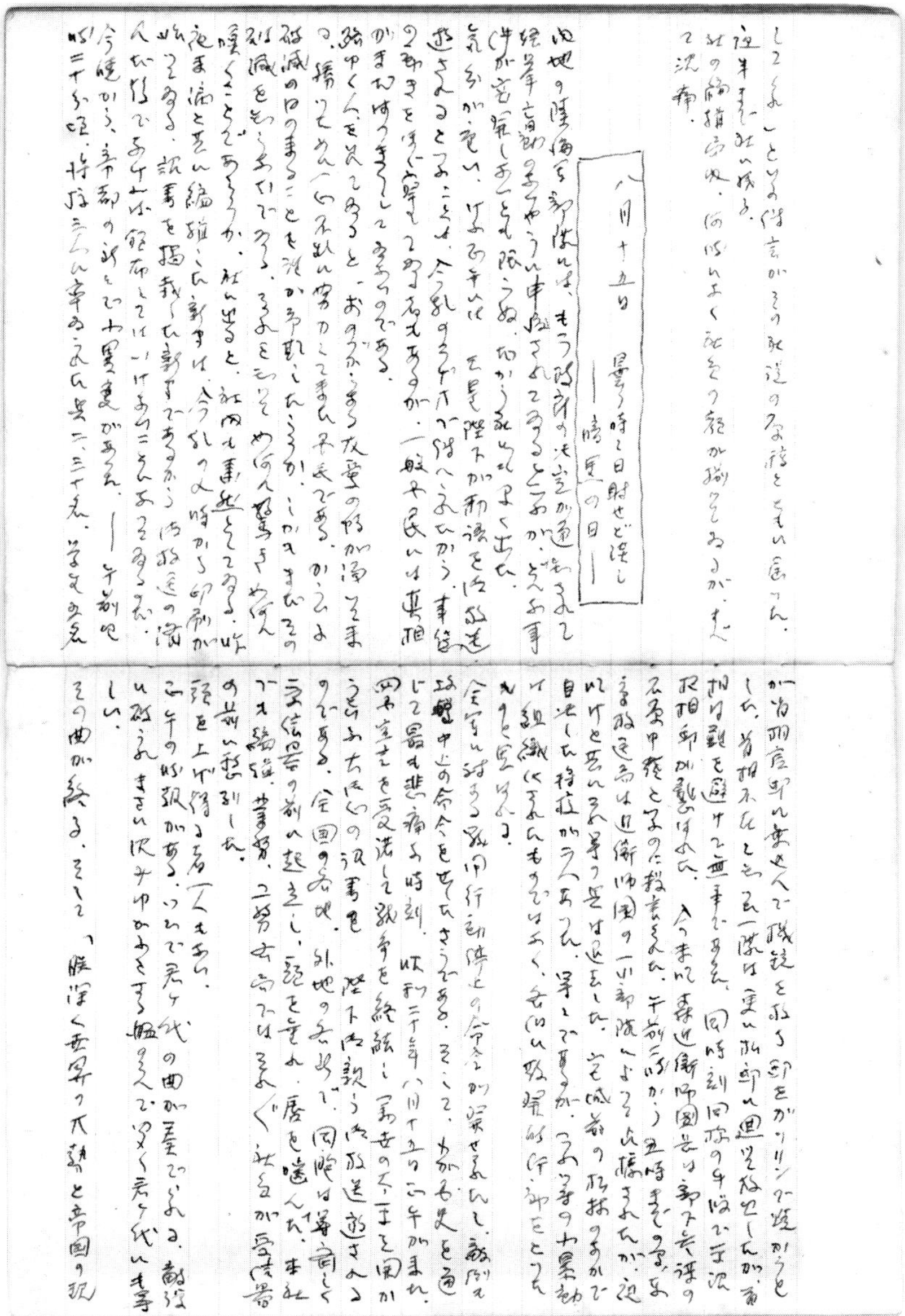
八月十五日　曇り時々日射せど涼し　―晴天の日―

森正蔵「日記」昭和20年８月15日部分

→森正蔵（昭和23年）
↓昭和20年8月15日、終戦の詔書に聴き入る毎日新聞社編集局の人びと

写真提供：毎日新聞社

目次

昭和二十一年 1946

あるジャーナリストの敗戦日記 1945〜1946

装本：榛地　和

カバー図版
上：ヤン・ブリューゲル「冥界を訪れるアイネイアスと巫女」部分
下：アンドレア・ピサーノ「洗礼者聖ヨハネの埋葬」部分

表紙・見返し図版
戦災復興院作製、昭和20年8月～9月の東京都京橋区中心の地図

本文カット：著者画

昭和二十年 1945

八月十日　晴れ　――帰京――

いつもの帰京と今日の黒駒出発とは気分のうへに違ふものがある。どういふ事態が東京に僕を待つてゐるやら知れないし、妻子との再会が何時まで延びるやらわからぬ。桂も早く起出して来た。また北の窓際の朝風の涼しいところに食卓を置いて三人で食事を共にしてバスの停留所にゆく。桂は「こんど来る時にはエビとカニとハモニカとを持つて来てね」と土産の約束を持込んだ。バスは余りおくれずに来た。またそんなに混んでもゐなかつた。酒折で降りる。甲府七時半発の列車が少しおくれてゐたので、駅長に会つて切符を手に入れる交渉をして、その切符を買ひ、ゆつくり煙草をつけてゐる暇があつた。また列車もそんなに多くの客もなく、塩山の手前で坐席に掛けることも出来た。そこまでは良かつたのであるが、また空襲警報である。Ｂ29も来てゐる。昨日釜石を艦砲射撃して東北地方に延べ一千百の艦上機を飛ばした機動部隊が今日は南下して関東の東北部に対して空襲をしてゐるといふことだ。さういふ状況のために、上野原駅で列車は三、四十分間待機した。その後も順調には進行しない。小仏峠を越え先日ひどい目にあつた現場を通る。もうそんなことが何時あつたかといふやうに、この辺りは静かだつた。新宿には定刻より殆ど二時間も遅れて着いたが、今日の空襲で赤羽方面がやられて省線電車の運行状況が良くない。神田駅の乗換へでまた三十分ばかり時間を損した。

社に着くなり、この一両日来の急変に処するわが国の方策について、様々な情報を聞いた。和戦の何れかに決定を告げるべき重大関門に到着したのである。そして昨夜は徹宵閣議が開かれた。御前会議も催された。かくして決定したところは、和平である。天皇の統治する国家として日本が存続することを唯一の附加条件として、すでに敵国側に向つては和平提議に応ずるといふ通達が送られたのである。もとよりかうなる以上は先の一条件を許されるほかの総て、七月二十六日に米、英、重慶が発し、後に(八月八日)ソ聯がこれに参加した声明を根幹として和平の会議に入ることとである。先の一条件がある以上、無条件降伏ではないといふのは理屈にならない。誠に惨憺たる屈服である。ソ聯に対しては東京で東郷外相からマリック大使へ、米英重慶に対してはスヰスとスウェーデンを通じてそれぞれ右の通達が発せられたのである。四国がどんな返事を寄せるかは解らない。だが恐らく拒避はしないであらう。あゝ現にわれ等が擁してゐるこの兵力、現にわれ等が太平洋の彼方に占めてゐる広い占領地域、それほどのものを保有しながら、敵前に屈するを得ない、このやうな戦争終結は、世界戦史の何処に見られたか、だが政府は左様決定したのである。この決定は御前において為されたのである。われ等は何と云ひ得るものでもない。たゞ暗澹とし、錯然とし、また痛憤止まり難いものを感ずるのみである。無駄な繰言を云はゞ云へよう。だが、この戦争をかういふみじめな終局に追込んだものは誰だ。しかし今日までそのことについて自ら責任を明かにして進退した者があるか、わが日本はかういふ見下げ果てた輩に苟も「指導」されて来たのか。

政府がかういふ決定を行ひ、それに応じた処置を講じてゐると聞く一方では、夕方陸軍大臣名による「全軍将兵に告ぐ」といふ一文が発表せられた。それはソ聯の戦争参加を非難し、このうへは死中に活を求めて最後の一兵まで戦へ――といふ意味を盛つてゐる。その一文はラヂオで放送された。明日附の新聞にも組込まれてゐる。国民は政府の決定事項をまだ知らない。だからこの陸軍大臣声明に示された戦争一本で推進してゆくといふのが帝国の方針だと考へるだらう。海軍も同じやうなものを大臣名で出したが、それは部内限りのもので、外には公表しなかつた。それは意味が諒解される。まだ休戦の命令は出てゐないので、ソ聯の戦争参加などに動ぜず、堂々戦へといふ隷下部隊将校への言葉であつて、一般に政治的影響を与へるところは少いのである。陸軍大臣の声明が発表されるに当つて、いろ〳〵不審の点もあるので、新聞社でもその取扱ひに迷つた。そこで下村情報局総裁を通じて陸軍大臣自身の意向を訊ふことになつたが、阿南大将はそれについて「ウンそれは知つてをる」と答へたのみだつた。軍務局長は左様なものが出ることを知らなかつたのである。そこに妙なところがある。大臣が知つてをると云つたのは、部内の一部の者の行つたものを止むなしとして呑込んだのではなからうか。

この渾然たる情勢下に、あれこれと時局の動きを気にする者が新聞社に現はれて来る。僕のところへも大串兎代夫と岩沢［空欄］とが来た。そして様子を知らせてくれといふ。三好勇も他の満州国の役人を連れて訪ねてくる。僕としてはもう一つ仕事がある。千葉、山梨、栃木、福島、新潟の各県下に出てゐる特報隊の工作隊員を如何にするかといふことだ。しかし中央の情報も解らずに彼等が工作を続けて行くといふことは無意味である。一斉に引揚げさせるに越したことはない。そこでそれぐ〵指令の通知を発した。特報運動もなかく〵むつかしくなつて来た。なかにはもう特別報道隊の任務はもう終了したといふ者があるが、僕はさうは考へない。これからの国内の情勢を予想すると、甚しく困難で複雑なものが考へられ、その間民心の動きには注意を要する点も大きい。さういふ民心の動きを把握して、次にはそれに応じた工作を展開しなければならぬ。われ等はもう工作の地盤を築いてゐる。その地盤を活用して、これからの仕事を活発にし、効果的に進めなければならぬ。

夕方は三好との約束で「昭和」へゆき立花が造つてくれた牛肉のカツレツとステーキとを肴に、冷酒をコップに三杯飲んで、「昭和寮」に行つた。そこでは生麦酒が準備されてゐたのである。新名、工藤、白石等十人ばかりがゐた。飲んでゐると話しは敗戦のことに及ぶ、誰も悪い気で云つてゐるのではないが、それには聞くに耐へぬことである。「そんな話しは止めろ。酒の肴にすべきもんぢあないぞ」と僕はどなつた。そして漢詩を吟じた。

八月十一日　晴れ

敵が去る六日に広島市に用ゐた新型爆弾といふものは、ウラニウムを使つたものであつた。それはその後、一昨日またしても長崎にも用ゐられたが、その数弾のうちに不発のものがあつて、わが物理学者によつて秘密が解かれた。この間の情報はまちく〵であるが、伝へられるところによると、それは三十キログラムの水と十キログラムのウランと十キログラムの起爆薬品とから成つてゐるといふ。普通なら落下傘装置で投下されたものが、地上六百メートルくらゐのところで炸裂すると、その下にある地上半径三、四キロの範囲内にある万物が、あるひは跡かたなく原子に還り、あるひは粉々に破壊されてしまふ。広島では全人口二十数万のうち四割が、そのわずか一弾のために即死したが、即死しなくても負傷した者が体内の組織を犯されてゐて、ある時間を経過した後死んでゆく場合が頗る多いさうだ。ともかくこの爆弾一個の威力はB29二千四百機の搭載して来る爆弾の力に相当するとも云はれてゐる。アメリカは去る七月十六日にこれを完成し、ニューメキシコの試験で実力を確認して早速マリアナ基地にこれを持つて来たといふのであるが、この種のものは、日、米、英、独で競争の形で研究されてゐた。中でもドイツの研究が進んでゐて、それはこの十月までに実用化される予定になつてゐたといふ。そこでヒットラーも十月まで戦争を持ち耐へ得たなら、後はこの兵器の使用で頽勢を回復し得るものと信じてゐたが、ドイツの研究の秘密を発(あば)くことに乗出した米国側は科学スパイをドイツに入込ませ、まんまと機密を奪つた。そして米国側の研究と独乙の研究を突合せて、このやうに成功の時期を速めたとも云はれてゐる。アメリカの研究に参加してゐた者にサー・ジョージ・トムソンといふ者があつて、それはチャールス・ダーウィンの孫に当る英国人だといふことだ。英国ではアメリカがこのやうな毒ガスにも優る惨虐兵器を用ゐたことについて非難の火の手があがり、首相アトリーがこれを承知してゐて、アメリカの使用を見のがしたといふ点でアトリーを責めてゐる。しかしアメリカ当局は日本が屈服するまではこの爆弾を使用し続けると云つてゐる。この爆弾を使用するにはB29を改装した特別の飛行機が必要で、その種の飛行機は今のところサイパンに五機来てゐるのみとのことだが、それでも日本の都市といふ都市、要塞といふ要塞を木葉微塵にしてしまはうと思へば出来ぬことではあるまい。わが政府の和平応諾が、この新型爆弾の出現に原因するか、たとへばソ聯の参戦といふやうなものに存するかは今のところ明かではない。だが、わが国は明かに科学戦においてアメリカに敗北したのだといふことは云ひ得る。

迫田鶴吉が十一日には社を訪ねて行くと云つてゐたので、豊子に送る手紙を書いて待つてゐたが、つひに来なかつた。

十一日には例の新型爆弾をもつて東京を攻撃する予定だといふことを敵の俘虜が話したといふので、各方面とも緊張したところへ夜半に至つて敵の大型機が関東地方に近接して来たといふので、空襲警報が出て、あちらこちらで大部騒いだやうであるが、その敵機は間もなく去り、何のことも無かつた。それよりも、昨夜なんか東京都内の各所、東京駅前、新橋、第一ホテル前その他に手榴弾を投げた者がある。かういふ時期に有りがちなテロ行為と思はれ、これから後のことが心配される。

八月十二日（日曜日）　晴れ

どんな事が起るかも知れないので午后から社に出た。さすがに何時もの日曜日と違つて社のなかは緊張してゐる。

敵側四カ国からの回答は正午ごろわが政府に到着した。それには（敵側の出してゐる材料によるものだが）「――日本はポツダム声明の条項を誠実をもつて履行し終るまでの間、聯合軍司令長官の下に、日本の皇室および主権を置く」といふことが附言されてゐるとのことである。最も嫌ふことを云つて来たものだ。おなじことで云ひ廻しやうは他にあるだろうに――

The authority of the Emperor and Japanese Government shall be subject to the Supreme Commander of Allied Forces――

と云つてゐる。なほ文書による正式回答は、ソ聯大使館とスウェーデン、スイスの公使館を通じて追つて到着するはずだから、わが政府の決定はこれが到着してから後のことになるわけである。かういふ事態のさなかにあつて、国内の機運は依然として渾然たるものがある。戦争終結に決するにも、戦争継続に徹するにも不十分極まるのが今の情態である。おそらく結局は□上御一人のお思召しによつて決することゝならうが、そのお思召しが一度外に表はれて来ても、なほ一途に進むことが不可能となるのではないか。たゞ〳〵憂ふるところはそこに在る。

今日もこんなことがある。午后三時半に大本営発表があつた。社の編集局にそれが齎らされたのは四時前であつたが、発表そのものを見ると、一、北満、北鮮の戦況、二、沖縄方面におけるわが潜水艦の戦果、そして三が十一日を期し全軍を挙げて総攻撃に入つたといふことである。どう考へてみても三の項目がおかしい。しかし大本営の発表である以上、紙面に載せぬわけにはゆかぬ。そこで第一版にそれを載せることゝしたが、間もなく大本営発表保留といふ情報局からの通知があり、続いて第三項のみ削除といふことが伝へられて来た。この時にしてこの事あるは何たる醜態であらうか。

今夕の東京新聞のごときは、戦争がもう終りを告げたかのやうな紙面を造つてゐる。何としてもこれは行き過ぎたことだと思つてゐたら、果してそれは発売を禁止された。しかし田舎は知らず、東京都民はそろ〳〵事態の真相を察知してゐる。戦争が悲しむべき終焉を迎へつゝあることに気づいてゐるのである。

八月十三日　　晴、時々曇り、夜雨

今日もわが身辺にはまた恐るべき出来事が起つた。それは去る五日の浅川駅付近の出来事にも較ぶべきものである。五時半に床を離れた僕は顔を洗ひ、髯を剃り、体を冷水で拭いた後、二階に上り読書をしたり、昨日の日記をつけたりした。階下は例によつて起出すのがおそい。それでも女中は飯を煮き終つたやうである。八時ころだ。すでに六時半ごろには警報が出て、敵の艦上機が帝都の上空にも飛んで来てゐた。その第何波めであつたか心得てゐないが、余り爆音が近いのでの階下に退避しようかと思つてゐると、ドカンとおそろしく大きな響き、体への大変な圧迫感、家屋の動揺、額、壁、建具の落ちる音、倒れる音、そして濛々たる土埃、それ等のものが一瞬のうちに僕の周囲に巻起つた。大変な衝撃である。僕は立ちあがつて、まづ階下へ降りることを考へた。二階の隣室にゐた猫も、これには驚いたものと見える。度を失つて何処へ逃げ出さうかと、あたりをうろ〳〵してゐる。音響と動揺とは止んだ。そして土埃ばかりが立ちこめて、むせるやうに埃臭い。畳のうへはその埃と土とでざら〳〵してゐる。僕はすす速くピジャマを洋服に着換へて階下に下りた。空襲には極めて細心で、警報が出るといろ〳〵防空の手段を尽し、敵機が上空に来てゐる時は壕に身を潜めることに忠実なこの家の主人は、今日に限つてどうしたことか、雨戸も開かず、床も蚊帳もまだ取片づけてない寝室にまだ下着のまゝでゐた。階下の状態も上と余り変りがない。こゝでは硝子障子が外れてガラスの毀れた破片が散乱してゐる。敵機はまだ近くに飛んでゐて、機銃を打つ音も聞えるので、一まづ庭の壕へ入つた。ラヂオは頻りに各地に散在する敵機の動きを何処には何機、何処には何機といふ風に伝へてゐる。東京上空にはまだ敵機はゐたが、僕だけは壕を出て、まづ家の周辺を見廻つた。門の格子戸が飛び、屋根からは瓦が落ちて散乱し、いろ〳〵なものが雑然としてゐる。ところで先ほどの大きな音響と衝撃は確かにかなりの大きさの爆弾か砲弾が、余り遠くないところに落ちたものに相違ない。それを確かめたいと思つて、近所を歩いた。そこで驚いたことにはわが家からほんの二、三十メートルの海軍女子寮の本館が惨憺たる姿で半ば倒れてゐる。さらにその通りを見ると、海軍寮の裏側に当る一区域の家は、めちや〳〵だ。全壊が四棟、半壊が四、五棟。これほどの猛威を一弾で現はすものは、二百キロ以上の爆弾か、ロケット砲弾であらう。ところでこれ等の倒壊家屋の下には死人があるらしい。隣組のことだから誰がゐない、誰の顔が見えないといふことはすぐ解る。鳶口や円匙を持つた人たちが続々と集まつて来た。そして敵機のまだ空をかすめて過ぎる下で屍体探索の作業が始つた。僕は一まづ家に帰つて、まだ退避壕のなかにゐる桑原にこのことを知らせた。隣組のこの状態を棄てゝおくわけにもゆくまいと思つたからである。その頃になつて隣組の点呼をするといふことが伝へられて来た。居るべくして居ない者の誰々であるかはすぐ解つた。そして屍体掘出しの作業はなほも熱心に続けられた。砂長といふ家の死者三人のうち二人の屍体は出たが一人のものが解らない。出たうちの一人の分は隣家の屋根を越えてその庭に落ちてゐたのであるが、不明の一人の分は余ほどおそくなつてから粉々の肉塊になつて方々に飛散したといふことが解つたので

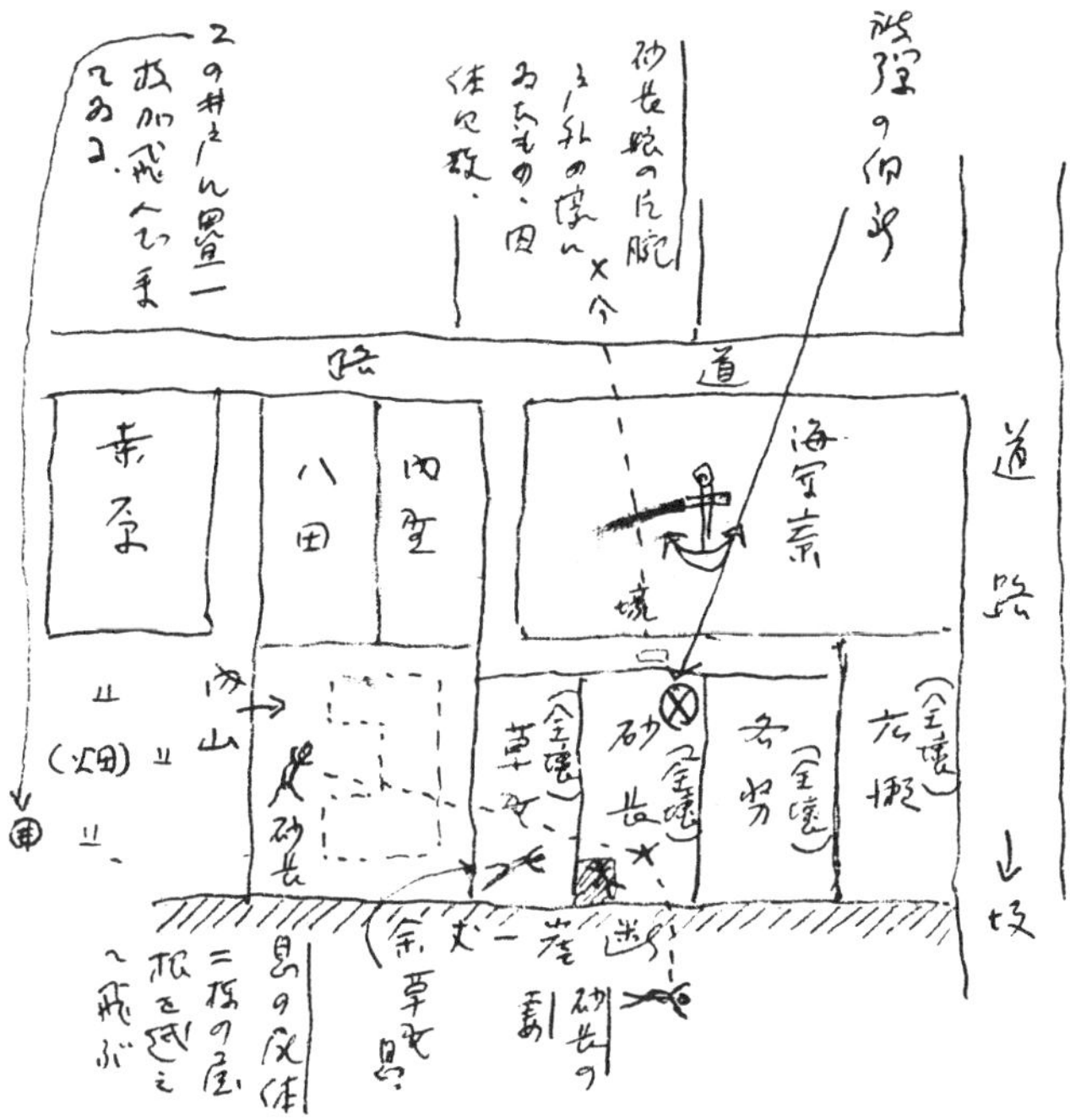

ある。結局死者は四名、負傷は六名であつた。このやうな人間の最大の悲しみごとが、ほんの一瞬間のうちに起つたのである。

あの弾の照準が、もう二、三十メートル南の方に片寄つてゐたら、この惨憺たる最期を遂げた人々の運命が僕を訪れてゐたかも知れぬ。去る五日も危ないところを助かつた。今日もまた間一髪のところで生命を繋ぎとめた。

さんざんな状態のわが家を整理するため、まづ畳のうへを被つた土砂を取除くことを始め、飯は煮えてゐるが副食物の用意がないので、胡瓜揉みを造つたり、千切大根の酢の物をつくつたり、みなすべて僕がやつて、おそい食事を終るなり、敵襲の間隙を縫つて出社した。桑原は家の始末や隣組の善後処置のために社を休むことにした。社へ行つた僕は家屋の修理や取片付づけのため社の大工と庶務の野沢を桑原家に送つた。

また交通機関が十分動いてゐないので社には人影が少い。午后一時から特別報道隊関係の会議を催す。これは先日来の地方口伝工作に参加した人々を集めたものである。この時局が何の方向に向ふかは、まだはつきりしてゐない。しかし何れに趣くとしても、新聞製作上、特報工作上、民心の動きをしつかり握つていなければならぬこと今日ほど切実な時はない。戦争がうまくゆかなかつた最も大きな原因の一つもそこに在つたのである。しかしわが当局は今もつてそれを熱心にやらうとしない。われ等が率先してその実を挙げ政府をも動かさなければならぬ。それには幸にわれ等には特報隊がある。今日はこの間の地方工作を通じて、地方の指導者や一般人に直接接触して来た人々から、最近における地方人の心の動向を聞いた。時局感、当局への要望、生活、生産などに関する意見等の各般に亘るものである。今日の資料は早速整理して、それはそれで活かしてゆく。そして一定時間を過した後、またこれ等の人々を地方に送つて、すでに出来てゐる顔つなぎを利用して、その時期における地方人の心を聞く。またそれはそれで活用しようといふのである。

敵側のわが政府に対する公式回答は代表国アメリカから昨夜おそくとゞいた。そこで今日は最高戦争指導会議がこの最重要問題を中心にして開かれ、午后三時から同様の閣議が開かれた。国史上未だ嘗てない重大な一日である。社でも緊張のうちにその結果を待つたが、なか〳〵埒があかない。待ちあぐんで僕は帰宅した。家のなかはほゞ片づいてゐたが、一とほり整理のつくまではまだ〳〵手間取るであらう。ともかくも危く命を拾つたのは幸福といふので、桑原が大切にしまつておつた十二年のサントリーを開けたので、それを飲んだ。夜半近く珍しく雨が降る。暫くぶりの雨で農作物等には結構であるが、屋根の瓦がすつかりおり下つた家のなかでは困つたことになつた。しかし余りひどい雨漏りもしなくて済んだ。

八月十四日　曇り後晴れ

きのふはまた命拾ひをした。しかし拾つて幸な命であつたらうか。犬死にはもとよりしたくはないが、生きてこの度のやうな悲しみに耐へてゆくことは何とした不幸か。われ等は敗れたのである。帝国は敵の前に膝を屈したのである。負けてはならぬ戦争であつたし、また戦ひやうによつては決して負けなくてもよい戦争であつた。しかし今や敗北は事実である。

最高戦争指導会議が開かれた。閣議が開かれた。

そして帝国は去る十日以来の既定方針――すなはち敵に和議を申出で哀れむべき敗北者として、降伏することに決した。

明日正午には□天皇陛下御親（おんみずか）ら勅語を御放送遊ばされるといふことである。

玉音に接し奉るまでもなく、たゞこのことを泣血するのみ。

和平交渉の経過、内容および戦争終結に至るまでの状況等は明日の新聞に発表される。しかしこの新聞には勅語も掲載されてゐるので、御放送の済んだ午后零時以後に配布されるはずだ。この新聞紙面に掲げるべき社説は上原主筆が大阪から書いてよこした。「――これを書かねばならぬ僕を想像してくれ

——」といふ伝言がその社説の原稿とともに届いた。夜半まで社に残る。社の編輯局内、何時になく社員の顔が揃つてゐるが、すべて沈痛。

八月十五日　曇り時々日射せど淡し　——暗黒の日——

内地の陸海軍の部隊には、もう敗戦の決定が通知されて軽挙盲動のないやうに申渡されてゐるといふが、どんな事件が突発しないとも限らぬ。だから社にも早く出た。

気分が重い。けふ正午には□天皇陛下が勅語を御放送遊(あそば)されるといふことは、今朝のラヂオで伝へられたから、事態の動きはほゞ察してゐる者もあるが、一般国民には真相がまだはつきりしてゐないのである。

路ゆく人を見てゐると、おのづからなる友愛の情が湧いて来る。勝つために一心不乱に努力して来た国民である。かういふ破滅の日の来ることを誰が予期したらうか。しかもまだその破滅を知らないでゐる。それを知つて如何に驚き如何に嘆くことであらうか。社に出ると、社内も粛然としてゐる。昨夜来涙と共に編輯した新聞は、今朝の九時から印刷が始まつてゐる。詔書を掲載した新聞であるから、御放送の済んだ後でなければ頒布してはいけないことになつてゐるのだ。

今暁から帝都の所々で小異変があつた。——午前四時二十分頃、将校三人に率ゐられた兵二、三十名、学生五名が首相官邸に乗込んで機銃を放ち、邸をガソリンで焼かうとした。首相不在と知つた一隊は更に私邸に廻つて放火したが、首相は難を避けて無事であつた。同時刻同様の手段で平沼枢相邸が襲はれた。今未明森近衛師団長は部下参謀の石原中佐といふのに殺害された。午前二時から五時までの間、東京放送局は近衛師団の一小部隊によつて占拠されたが、夜明けと共にこれ等の兵は退去した。宮城前の松林のなかで自決した将校が二人あつた、等々であるが、これ等の小暴動は組織化されたものではなく、各個に散発的行動をとつたものと思はれる。

全軍に対する戦闘行動停止の命令が発せられたし、敵側も攻撃中止の命令を出したさうである。そして、わが国史上を通じて最も悲痛な時刻、昭和二十年八月十五日正午が来た。四国宣言を受諾して戦争を終結し万世の太平を開かうといふ大御心の詔書を□陛下御親ら御放送を遊されるのである。全国の各地、外地の各所で同胞は斉しく受信器の前に起立し、頭を垂れ、唇を噛んだ。本社でも編輯、業務、工務各局ではそれぞれ社員が受信器の前に整列した。

頭を上げ得る者一人もない。

正午の時報がある。つひで君が代の曲が奏でられる。敵国に破られ、まさに沈みゆかふとする艦のうへで聞く君が代にも等しい。

その曲が終る。そして「朕深く世界の大勢と帝国の現状とに鑑み――」拡声器から流れ出る玉音である。畏れおほい。無念だ。誰もの眼からはふり落ちる涙。そしてやがてそこからもこゝからも聞こえてくる嗚咽。それがだん〳〵繁く大きくなつて来る。地にまろんで慟哭したいところを一心に我慢してゐるのである。そして御一言も聞き漏らすまいと皆が努力してゐる。玉音にも御うるみが拝されるではないか。あゝ何たる畏れおほいことか。御放送は終つた。

続いて奏でられる君が代の曲に、一同唱和することになつてゐたが、声をあげて唱へ得る者は一人もない。悄然として散じた。その跡の床上には涙の斑点が一めんである。

これより程経て陸軍大臣阿南大将が自刃したとの報が伝はつて来た。間ちがひないらしい。敢て批判を加ふれば、阿南大将の自刃は早きに過ぎたのではなからうか。いまわが国にとつて最も大切な仕事の一つは、軍の内部統一である。この軍隊を完全に銃剣から遠ざからしめるためには軍の内部に威令の利く人の存在が絶態に必要である。阿南大将はその人であり、それを行ふべき地位にゐた。そのことを行はずして死を選んだことは大勇の人の最后と思はれない。

一方では鈴木貫太郎大将が骸骨を乞ふた。午后二時半からの閣議で総辞職が決定し、三時二十分宮中で拝謁を仰せつけられ闕下に辞表を奉呈したのである。目まぐるしい時の変遷である。ところで事こゝに至つてゐるのに、陸海軍内部における戦争終結と戦争続行との両意見は併行してゐる。もとより今はまだ宣戦最中である。停戦協定成立までは、敵の来襲を自衛的に防ぐといふのならよろしい。しかし、すでに大詔が煥発されてゐるのに求めて戦争を続けてゆかうとする考へは忠と云ひ得ぬのみならず、この重大時期における国家の行くべき道を迷はしめること、なるのだ。たしかにこの戦争はわれ等の全力を使ひつくしたものではなかつた。局部的に戦はふと思へば、まだその余力もある。殊に将兵の戦闘意識から云へば、まだ〳〵尽きるところないものがある。残念だ、無念だと思ふことは、必然だ。われ等もこのことを痛感する。だが感情の動くがまゝの行動は断じて許されぬ時期である。「戦へ」と仰せられて戦つた。「戦ひを止めよ」と詔ふて銃剣を捨てるまでゞある。感情をもつて大義を左右してはならぬ。忠義は時としては決して楽なものではない。たゞこれを押し切り得るものが忠の真諦(しんたい)に徹するものである。——とは云ふもの丶兵隊は可愛そうだ。必勝の信念なほ旺盛と燃えてゐて戦ひから手を引かねばならぬのである。一般国民も可愛そうだ。一握の米を作り、一束の藷を作つたのも勝つ日を念じてのことであつた。勝てると信じてゐたればこそであつた。それが今突然としての戦争中止であり、しかも降伏である。思ひ諦めるにもその方途を知らないといふのが真情であらう。噫々。

ひる亀山一二来訪。久しぶりの会見であつた。夕方は桑原、高石と昭和寮に会食する。今夜は都下に攪乱あるやも知れず、毎日新聞も襲撃される惧れありとの警告警視庁よりあつたが、その事なくして終る。

八月十六日　曇り時々晴れ

夜は明け、日は暮れても、わが心暗くまた重い。これではならぬと思ふのだが、何をする気力も湧いて来ないのである。社内の情勢を見ても、社員の動揺が甚しく感じられる。それは専らこれから先どうなつてゆくかといふ見透しのつかないところから来てゐる。朝日新聞社では部長以上が辞表をとりまとめて提出したさうだが、本社では左様いふことがない。辞表を出し、新聞社を去つてみたところで、それが何に役立つものでもないのだが、この時機にどう処するかといふ決定を表はしてゐる。本社の記者のなかには、社でも今どうすべきかを速く決定して、それを実行しなければならぬといふ意見を述べる者が少くない。この戦争をかういふ終結に導いた責任の一半が新聞にあるからだといふ理由もあるし、保障占領の敵軍が入つて来るからには、とてもわれ等の希望するやうな新聞の活動は出来ないからといふ絶望感に出たものもある。要はわれ等に課せられたこれからの使命の重さがはつきりされてゐないからだ。僕にもそれはよく判らない。しかし今そのことを出来るだけ闡明（せんめい）することが、社員のためにも、社のためにも、国家のためにも重要だと思ふ。午后一時から支局長会議があつたので、それに出席したが、折角はるばる地方から上京して来た支局長たちにも、左様いふ点に関する行きとどいた解説や指示が与へられないのである。平常の時と変りのない漠然としたお座なりの会議に終始してゐる。こんなことではならぬ。「最高幹部を説いて社の大方針を決定させてくれ」と僕などのところへ持込んで来る少壮の記者が多い。特別報道隊でもいろ〳〵な意見が出てゐる。隊の解消を云ふもの、早く何等かの運動を展開しろといふ者、まださういふ時期ではないといふ者などである。しかし、これについては僕に案がある。それは先日も隊員の一部の者に話したのであるが、民心偵察隊を地方に派遣することだ。来週早々からこれは実施したい。この任に当たるものは同時に時局の動いてゆくところの実相を地方人に告げて、不要な動揺を阻止するやう努力するのである。新聞は出てゐる、ラヂオも働いてゐる。しかしこの両日来の流言は巷間に溢れてゐる。房州の沖には米国の大艦隊が入り込んでゐるとか、横浜に米艦が入つて兵力を揚げたとか、何処が米軍の占拠地区となり、何処は重慶軍の占拠地区となるとか、実に多い。一昨日は軍の飛行機が「飽くまでも戦ふのだ」といふビラを撒いた。そのためにこの戦争終結に耐へられぬ気持ちを持つた人々に「これでこそ」といふ感じを与へ、国家の決定とちぐはぐな動きを見せてゐるといふ始末だ。これを早く落ちつかせねばならぬ。

東久邇宮稔彦王殿下が組閣の大命を拝せられた。そして赤坂離宮が組閣本部となつて、閣僚の決定が進められたが、夜更けに至るまで親任式を執り行はせられるには及ばなかつた。

米国との停戦協定は敵側の決定に従つて、マニラで行はれることになつた。陸軍は梅津参謀総長、海軍は豊田軍令部総長もしくは小沢聯合艦隊司令長官が軍事代表として出てゆく、敵側はマッカーサーが代表で、わが方の代表は明日にも東京を立つて現地に乗込むことになつてゐる。これとは別に英、ソ、支三国との停戦協定も行はれなければならぬ。

軍令部次長大西滝次郎中将が今晩自決したとの報がある。しかし海軍では大西中将が軍令の中枢にゐるので、このことを厳秘に附してゐる。かういふことは今後もなほ続いて起るであらう。

夕方、東芝の金子副社長に招かれて築地の錦水で食事をする。こゝは目下東芝の寮になつてゐるのである。阿倍賢一、塚田一甫が一緒だつた。そこから社に帰る。今夜は宿直に当つてゐるのだ。編輯局内のあちらこちらに三三、五五かたまつて慷慨激論を戦はすものがある。都内に流れてゐた不穏の空気は今日あたり一通り治まつたやうである。

八月十七日　　曇り、晴れ

宿直の夜は明けた。余り暑くなかつたので何時もよりはいくらか安眠が出来た。きのふ組閣の大命を拝された東久邇宮殿下は昨夜を通して閣僚の銓衡を急がれ、今朝に至つて顔ぶれが決定した。殿下の陸相御兼摂、外務兼大東亜重光葵、内務山崎巌、大蔵津島寿一、海軍米内光政、司法岩田宙造、厚生兼文部松村謙三、農商千石興太郎、軍需中島知久平、運輸小日山直登、国務近衛文麿、国務兼書記官長兼情報局総裁緒方竹虎、法制局長官兼総合計画局長村瀬直養と云つたところである。午后一時親任式が執行せられた。戦争収拾の努力がこのやうに進められてゐる一方で、これと反対な気運も濃厚に動いてゐる。敵の有力艦隊が昨日大阪湾に侵入した。これに対して我が特攻隊は午后七時過ぎからの薄暮攻撃を皮切りに、夜半に至るまで襲撃を続け、敵の軍艦十一隻を撃沈したのである。停戦協定はまだ調印されてゐないので、今はまだ交戦情態に置かれてゐる。敵の攻撃があればわが反撃も当然であるが、こちらは降伏者の立場であるだけに、それだけ分が少い。

宿直明けの朝は暇がある。その暇を利用して黒駒へ電話を架けてみた。上黒駒二番が村役場の番号である。至急報で呼んだら一時間余りで出た。そして役場から使ひがわが家へ走つてくれたら、二、三分して豊子が電話口に出た。桂が膝小僧を擦りむいて、そこが少し化膿したが、この間僕が送つてやつた陸軍第七研究所の創成した新薬「虹波」がとゞいたので、早速それを使つてゐると云つてゐた。この電話の後で、三好勇が黒駒から託されて来た豊子の手紙を送りとゞけた。

（中略）

東久邇宮内閣成立にあたつて閣僚の名を連ねた特報六千枚を刷つて頒布した。

今日陸海軍人に対して勅語を賜つた「鞏固（きょうこ）なる団結を堅持し出処進上を厳明にし千辛万苦に克つ忍ひ難きを忍ひて国家永年の礎を遺さむことを期せよ」と仰せられてゐる。また陸軍大臣としての東久邇宮殿下は全軍将兵に訓示を送られ、「粛然たる軍容を正し承詔必謹の一途に徹すべし」とのお言葉を拝した。陸海軍の動きは目下の情勢を左右するほど大きい。陸軍部内、海軍部内とも戦争持続を強硬に主張する一派がまだかなりの勢力を持つてゐるのである。その主張を持つて一般国民をも引張つてゆかうとしてゐる。危ないところだ。夜首相宮さまがラヂオ放送をされたさうだが、僕は聞かなかつた。なかなか立派な御演説で歴代首相でこれほど実のある話しを堂々となし得た者は少いと云はれてゐる。

大西滝治郎中将自刃のことは今日に至つてやうやく公表せられた。遺書も発表されたが次の通り

特攻隊の英霊に曰す。善く戦ひたり。深謝す。最後の勝利を信じて肉弾として散華せり。然れどもその信念は遂に達成せざるに至る。吾死をもつて旧部下の英霊とその勇武に謝せんとす。

次に一般青壮年に告ぐ。吾死にして軽挙は利敵行為なるを思ひ、聖旨に副ひ奉り自重忍苦するの誡めともならば幸なり。隠忍するとも日本人たるの矜持を失ふ勿れ。諸子は国の宝なり。平時に処し猶克く特攻精神を堅持し、日本民族の福祉と世界人類の平和の為最善を尽せよ。

といふのであつて、情理兼ね具はつて誠に立派なものである。

八月十八日　曇り時々晴れ

毎日新聞社がこの際如何にあるべきかといふ論議は、社内でもだん〳〵高くなつて来た。今日も午后三時から各局幹部会議が開かれたが、その席でも、この問題に関する討議が行はれた。なかでも毎日新聞解消説といふのがある。この説を主張する者の立論の根拠を見ると大体二つに分れてゐる。第一のものは戦争が失敗に終つたことについて新聞社としての責任を取るといふのである。また第二のものはこ

れから新聞による国家への奉仕をしようと思つても米国はじめ敵国の保障占領下にあつては、それが不可能である。だから止めるに如くはなしといふのである。この二つの意向は毎日新聞社の解消まで発展するものと、声明の発表とか、陣容の立直しとかで面目を改めてゆかうといふものとに分れるが、実際の問題としては何れもなかく困難なものである。敵が本土の保障占領に上つて来るまでの間に一切の準備を整へて後の方途を決めておかねばならぬ。今度のやうな事態に当面せずとも社の陣容は当然改変せらるべきものであると僕は考へてゐる。高石、奥村の両老人が過去の功績が大きかつたからと云つて、何時までも社の最高地位に止まつてゐるべきものではない。社からも社員からも世間からも遊離した存在が社を統率してゆかうといふところに矛盾があり無理があるのだ。今度はまたとない機会である。両老人は社を去り、その後に組立てられるべき新しく強い陣容に総てを委ねるべきものである。意味は違ふが徳富蘇峰が社に辞表を提出した。昨日のことである。その辞表を受けつける前に徳富老人と意志を述べ合ふ必要があるといふので、社長が今朝山中湖に出かけた。徳富老人はもう筆を執る力がないといふのである。あの老人の性質として大ていのことならば平気で頬かぶりをして、昨日の説を今日の議論に変へてゆくくらゐのことは何でもないのであるが、今度といふ今度はさすがに左様は参らぬのである。

陸軍海軍とも全軍を挙げて承詔必謹で進むこと、苟も聖旨に反するやうな言動のあるものは反乱者として取扱ふといふことが今日に至つて本決まりに決定した。中央がとうくそれに徹したのである。これからは出先きを締めることである。

夕方特報の仕事をしてゐるところに大作の岩田から「残念会をやりますから」といふ誘ひが来る。昨夜も昭和寮で思ふ存分ビールを飲んだところだが、ともかく出かけてゆくと、また生麦酒があつて、その一樽を席の傍に置き、工藤、塚田、岩佐、森などともに痛飲した。飲んでゐる最中でも、ふと話しがと切れたりすると敗戦のことが頭のなかをかすめて通り、急に沈痛になり、ゐても立つても居られぬ気分となる。

八月十九日（日曜日）　晴れ

ひる食を終へてから社に出る。前橋の疎開地から上京して来た阿部真之助が訪ねて来て、例の辛辣な論鋒で事こゝに至るまでの当局者たちの所業をこきおろした。——我儘勝手のし通しをしやがつて、この土端場（ママ）になつて来ると、責任をみんなお天子様のところへ持ちこみやがつたんだから許しちやおけない——といふのである。この人のいふところは愚痴ではないのだ。

特報部の者も坂上、石井、塙などが出社してゐた。明日あたりから出発して塙を東北へ、佐々木、柴田を千葉県へ出張させることゝする。主として農村に出向いて騒然たるこの空気のうちで農民たちに食糧増産に努力させるやうに仕向ける一方、最近の農村の時局に対する考へを偵察させることが目的である。島田一郎が訪ねて来た。てうど僕が社から出て帰宅のために日比谷で電車を待つてゐると、そこへ下車したのが島田で、社へ訪ねようと思つてやつて来たのだといふから、また一緒に社に戻り、いろいろ話しをする。彼は水戸の部隊に入つたのだが、最近は松戸にゐる。どうしても時勢がどう動いてゐるのか見当がつかないから、一つ東京へ出て情報を得て来てくれといふのが部隊長の依頼であつたさうである。近状をかいつまんで聞かせたのである。どうせ彼も数日中に召集解除となつて帰つて来るであらうが、勤め先の台湾総督府も看板をおろすはずだから、別に仕事を見つけなければなるまい。それと同じ状況が三好勇である。満州国大使館ももうおしまひだ。彼にもまた仕事の口を探してやらなければならぬ。

この間の講演のお礼に麦酒統制会の米沢が麦酒を二打くれた。そのうちの半打が家へ持つて帰つてあるので、夕食には桑原と二人でそれを飲む。今夜から灯火管制が撤廃される。

停戦協定のわが代表は今日飛行機でマニラに出発した。河辺虎四郎中将（陸）、横山一郎少将（海）、岡崎勝男広報部長（外）の三人で伊江島までこちらの飛行機でゆき、そこから先方の飛行機に乗換へるのださうだ。マニラではおそらく先方が提出する停戦条件を示した文書を受取るだけで、調印はその後対四国別に行はれること丶ならう。

八月二十日　　晴れ

敗戦に痛憤して死んだ者のあることをちよいく聞く。戦争の責任を感じて自決した将軍、提督もあり、おなじ理由から代議士を辞任したものもある。新聞記者にもおなじ責任を見逃がすわけにはゆかない。まして戦争に直接関係をもつ論説を担当してゐた僕などは新聞記者のうちでも誰よりも先に責任を自ら問はなければならないのだ。事実僕は過去一週間そのことを思ひ続けて来た。しかし責任を感じた結果において、どういふ処決をすべきものであらうか。けふは編輯局の部長会議があつて部長たちは、さういふ理由で一同辞表を提出したといふことだ。朝日新聞社でも全部ではなく、また特に会議などで打合したわけではないが、部長連が個々に辞表を出したさうである。しかしこれはどんなものであらうか。後図に関する準備も決心もなくて、一片の辞表を出し、それで責任が償へたと思ふことが正しいか。その責任たるや実に大きいのである。責任が大きければ大きいほど身を引くことくらゐでそれが償へるものではない。このことについて僕は既に永戸論説委員長にも所見を述べておいたのであるが、そんな処決をもつて甘んじてをられないのである。なるほど、あゝいふ戦争のやり方では勝利へ結末を持つてゆくことが甚だ困難であることは、僕たちもよく承知してゐた。またこの戦争のやり方をまづくしてゐるものが軍であり官僚であり、この両者が誠に度し難い存在であることも知り抜いてゐた。しかも僕たちはその非を剔決(てっけつ)し、正しく強い力を戦争遂行のために盛り立てゝゆく能力を持たなかつたのである。そのことは僕達が為さねばならぬ責務であつたのである。だから今日に至つて僕たちの負ふべき責めの極めて大きいことは云ふまでもない。だからと云つて今筆を捨てゝ辞表を提出し言論の陣営から逃避してしまふことが最善の途であらうか。左様ではないのだ。真に勇気があり、真にこれから後の国家の重大時期を考へるならば、むしろその逆を進まなければならぬ。敵が保障占領の挙に出で、監理の軍隊を本土に入れ、厳重な見張りと干渉とをするさ中において、国家再建設の大事業を指導し掩護してゆくことが、如何に困難であるかは今日からよく想像される。それは戦争中の言論奉仕にも見られなかつたほどのむつかしいものであらう。その一途へ、今なほ持ち合せる限りの総ての力を傾倒してゆくべきではなからうか。新しい激戦の日々を迎へるのである。そして精根をつくして奮戦するのである。この戦ひを通して国家に対する過去の責任を償ふのである。かくしてゐる間にも、力が尽き果てるやうなことがあつたなら、その時に至つて始めて筆を折るのだ。華やかな途ではない。景気のよいやり方ではない。しかし、そこに文章報国を生涯の事業として志した者の真の路が存するものと思ふ。勿論この路を歩んでゆくには大勇を必要とする。だが僕はこの路を進まうと思ふ。もし僕に別の才能があり、その才能によつて今日の国家に奉仕すること、新聞記者として奉仕するよりも更に有効であるといふのならば、志の立てかたは他にもある。しかし僕においては左様いふものを発見することが出来ないし、また言論人たることが他の何ものであることよりも、今日の国家に奉仕し得る有意義な職能であると思ふ。

夕方の五時から東洋経済倶楽部で「ときは会」の臨時会が催された。防空活動中足を傷めて房州館山で療養してゐた河野老将軍が上京したのを歓迎する会である。この計画はかなり前から立つてゐたのであるが、つひに敗戦後第一回の例会となつて現はれた。河野少将は元気であるが、跛になつてしまつてゐた。すき焼きを食ひ、日本酒と麦酒を飲み、国家とわれ〳〵の歩いてゆくべき今後のことについていろ〳〵と語る。

八月二十一日　晴れ

マニラでの会議は十九、二十の両日と続けられ、代表たちは先方の提示した条件文書を携へて帰つて来た。そしていよ〳〵聯合軍の部隊が本土に進駐する次第が明かにされたのである。それは明日の新聞とラヂオで公表されるはずだが、東京方面では二十五日に先道の飛行部隊百五十が厚木へ、二十七日には艦隊（戦艦八、重巡八その他と云はれる）が相模湾へ、二十八日には空路一万三千の兵員が厚木へ、海からは二万四千が横須賀に入つて来る。別に九州方面には九月一日に鹿屋に航空部隊、高須湾に海上部隊が入つて来るのである。これが第一次進駐であつて、九月十日ごろには第二次の大部隊進駐が行はれること丶なつてゐる。そこでわが方は来る二十五日までには彼等の進駐して来る地帯からわが武装部隊を移動させなければならぬ。その地帯といふのが次のやうに示されてゐる。すなわち千葉県鴨川東端――千葉市――多摩川河口――府中――八王子――大月――伊豆半島南端、その他に先方から東京湾地区と称するものが示されてゐる。それは利根川河口――熊谷――大月――山中湖――御殿場――沼津といふ連絡線の内側であるが、両者が占領軍によつて、どう使ひ分けられるものかははつきりしない。前者であれば東京市は圏外におかれ、後者であれば含まれる。黒駒はほんの少しのところで双方から外れてゐるのである。

熊谷寛一来訪。あそこの家も久ケ原で本家、分家とも焼かれ、数寄屋橋で事務所を焼かれ、さんざんな目にあつたらしい。午后一時から特別報道隊の会合。この情勢下における社員の進退の件、すでに部分的には着手した地方工作の件について話す。夕方は久しぶりに論説の会を昭和寮で開く。この間僕がやつとの思ひで手に入れた濁酒があり、岩田が特に努力してくれた肴がいろ〳〵あつて、みな大変な喜び方であつた。たゞ新井達夫が病気で欠席し、横山五市はこれから家庭外で酒を飲まぬといふやうなことを主張してやつて来なかつたが、上京中の阿部真之助が出た。そのほか丸山、永戸、佐藤など。

八月二十二日　　曇り、午后に入つて雨をもよほし、風加はり、夜にかけて物凄き台風となる。

次の日曜日にかけて黒駒にゆかうと思つてゐたら、今日から当分の間、鉄道が一般旅客の旅行を停止してしまつた。関東南部にゐるわが部隊が撤収するので、列車の混雑を避けたためである。黒駒の疎開生活は当分の間あのまゝにして置かうと思ふ。東京の住居と食糧の問題が安定するまではむかふに家族を置いた方がよいし、もう一つ考へるところは敵の軍隊がのさばつてゐる場所に桂を住はせて、この民族の屈辱を子供心に植えつけたくないのである。しかし黒駒の生活も今後は大いに模様を変へて来るだらう。いろ〳〵な困難が伴ふに相違ない。この間はまだわが国の降伏が決定しない以前であつたので、豊子にも十分心構へを訓へることが出来なかつたが、これは是非とも必要なことである。遠くないうちに一度黒駒へゆかなければならぬ。

社説「聯合軍の進駐を前にして」を書く。

おそろしい荒天となつた。今日から天気予報が復活したが、その報ずるところによると台風は房総沖から鹿島灘東北東海上を緩慢に北東進してゐるといふ。夕方ぐしよ濡れになつて家に帰つたが、間もなく停電した。桑原とビールを飲んで夕食をしたが、起きてゐても仕方がないので二階に上つて床に入つたところ、風のために家がおそろしく揺れる。そのうへ十三日の爆撃で瓦が一面にずる下つてゐるので、やがて襲つた大雨のために雨漏りがして二階には寝て居れない。夜具を持つて降りて階下で寝る。

八月二十三日　　風雨強し

気象台は昨日から天気予報を復活したが、その早々失策である。余りにひどくないやうなことを云つてゐたが、なか〳〵左様でなく、この雨風には東京の被害も少くない。桑原家も雨漏りのほか、板塀が飛んだり、瓦が落ちたりしてゐる。昨夜風の最もひどい時は壕舎のトタン板が天空に舞い上つて四散するので、危険で街を歩くことも出来なかつたといふ。

谷水真澄は一たん却下された辞表をもう一度出して、どうしてもこの際一応は社をやめることにすると意中を述べて来た。そして暫くの間、国内をあちらこちらと旅行して地方の人々と真面目に交渉を持ち人心の動きを把握したいといふのである。さういふことは僕もやつてみたいが、左様はゆかないところがある。谷水が出ること丶なると特別報道部の細い仕事まで僕が目を通さねばならぬことにならう。しかし僕も何時まで社に居るか分らない。善後策がはつきり立ち、後に心配を残すやうなことがなくなれば、責任を行動によつて明かにしなければならぬ。その善後策について考へたのだが、方法は一つに帰した。すなはち社の運営について中間的責任機構を造ることである。社に関係を持ち、戦争期間中社の仕事から遠ざかつてゐた人格識見のある人（なか〳〵さういふ人を求めることはむつかしいが、まづ松内則信などといふところか）を中心に臨時の中枢機関を形成する。そして社長、会長、編集総長、編輯局長等は一応社をやめるのである。しかしそれ等の人々による社務遂行の諮問機関のやうなものを隠密裡に造る必要がある。かういふ体制で一定期間（その期間の長短はこれからの客観的情勢にも左右されるであらうが）それを経過した後一人また一人と、是非とも社に戻つて貰はなければならぬ人を社員の総意によつて呼戻すのである。かういふ過程を通じて社の衣替へをやるのだ。心的に人的に社が更正するのである。この案についてはもつと構想を練つてみたい。

夕方新名丈夫が海軍から葡萄酒を二升提げて社に現れた。それを飲まうといふことになつて大作の岩田に無理を云ひ席を設定させた。何にもないとは云つてゐたが、出て来る料理に肉あり魚の煮たもの、酢のもの、その他いろ〳〵あつて、谷水、大橋、岩田を加へた五人で二升の酒をたちまち飲み乾してしまつた。雨のぢやん〳〵降るなかを帰宅する。

八月二十四日　曇り驟雨

小野田一夫が社に訪ねて来た。四月の初旬に会つて以来始めてゞあるが、この病弱の友人は最近また心臓を悪くして弱つてゐる。海軍衣料廠の依託でやり出した養兎事業も、今度のことで一段落を告げたので、海軍の手を離れて当分そのまゝ続けてゆくといふことである。明日も海軍へ行かなければならぬから国府津へ帰るのも億劫だといふ。そこで永井に電話を架けて丸の内ホテルに一室を契約してやつた。

満州に入つたソ聯軍は略奪、暴行等の蛮行を続けてゐるといふ報がある。ハルビン、新京、奉天が既に彼等に占領せられ、旅順、大連にもその空挺部隊が降つたさうである。北鮮の諸要地も次ぎ〳〵にソ聯軍によつて押へられてゐる。夕方、報道部の佐藤海軍中佐、山下海軍少佐を大作に招いてすき焼会を催す。その席で聞いたことであるが、軍令部々員の国枝兼男少佐が去る二十二日未明自決した。かつて予科練の教官をしてゐて、その教へ子のうちから沢山の特攻隊員が出てゐる。それ等の教へ子を先に死なせ、しかも戦争はこのやうな終末になつた。相済まぬといふ心に耐へられなかつたのである。最後まで役所の仕事は滞りなく片づけ、土浦の自宅に帰り、夫人に決心のほどを語りて納得させたうへ、拳銃で二人の子供を殺し、夫人をも同様の手段で殺した後、自らの頭に銃弾を打込んで果てたのである。立派な死に際であつたと褒めぬ者はいない。

東京放送局の送信所が今朝から陸軍の一部隊のために占拠されたため、ずつとラヂオを聞くことが出来なかつたが、夕方の六時半ごろになつて占拠部隊が撤退して旧に復した。

八月二十五日　雨時々止む

けふから米軍の飛行機が監視飛行と称して本土上空を飛びまはること丶なつた。朝早くからその爆音がしきりである。明朝は厚木に先遣部隊が進駐して来るし、二十八日大部隊がやつて来る。九州にも九月一日から進駐部隊の上陸がある。いよ〳〵戦敗者の悲惨な心持ちをしみ〴〵と味はねばならぬ。今日は東京地区からわが軍部隊が撤収するために交通機関の一般使用制限が行はれ、八時半から四時までは乗車しないやうにといふ布令が出てゐる。そこで八時に家を出て社にゆく。社では昨深夜、田中静壱陸軍大将が自刃したと聞いた。

漸次に責任をとるべき人が、その責任のあるところを自ら明かにしてゐる。その時、本社ではまだはつきりした態度が決定してゐない。昨日の重役会議では、高石会長居すはり、奥村社長が退いて顧問、高田総長が編輯の部面から退いて平の取締役、吉岡編輯局長とか加茂次長の辞表は受理されたといふのである。奥村社長の引退はよいが、会長が依然として今までの地位に留つてゐるといふことはいけない。

彼こそ総ての責任を一手で背負ふべきものだと思ふ。月曜日に社員会議が開かれるといふが、おそらくこのやうな重役会議の取極めをもつて全社的の措置として全社員に認めさせようとするのであらう。ところでわれ〳〵論説委員としては如何にすべきか。これも決定されてゐない。しかしこれは決して論説委員の総てが会議のうへ決めるべきことではない。個人としての気持ちから出た行動がなければならぬ。僕としては飽くまでも言論人として今後の御奉公をし、戦争中に及ばなかつたところを埋合せたいのである。しかし左様なる希望だからと云つて、過去を頬かぶりして通せるものではないのだ。一応のけぢめをつけなければならぬものと考へてゐる。その時機は余りおくれてはならぬのである。

戦時中に出た一切の新聞雑誌記事取締の禁止事項は新聞紙法による在来のもの以外、今日から全廃されることゝなつた。情報局は出来あがつた新聞を見て取締りをするといふ。つまり新聞製作者が責任を背負ふことになつたのである。ところが、かういふことになつて何でも書ける何処からでも取材が出来るといふ場合、新聞記者の素質の問題が差当つての大事になつて来た。満州事変以来、新聞記者の活動が窮屈になつて、つひには発表ものだけで新聞を造ると云ふ程度にまで押込まれて来た。記者はそこで特に勉強しなくてもやつてゆけることになり、殊に取材の苦心、記事の書きこなしなどといふことを知らなくなつてゐる。若い記者の再教育、新しい記者の養成が当面の大きな問題となつて現はれて来たのである。

海軍省の軍務二課、中山中佐、福山、土居両少佐を「大作」に招く、木炭を社の資材部から貰つて持参し、すき焼を食つたが、主客ともに満足した。

八月二十六日（日曜日）　雨

社に出る積りで家を午前中に出で、渋谷で康徳会に寄途して三好を訪ねる。三好はゐなかつたが、神戸と内藤とがゐて、ひるまでには帰るから待つてくれといふ。三好には最近の満州関係情報を知らしてやりたかつたので、帰宅を待つことにした。満州の事情は大ぶんひどいらしい。樺太でも左様であるが、ソ聯兵の暴行が頻々として伝はれてゐるほかに、満軍の反乱が相次いで起り、満人や鮮人の暴徒が邦人を襲つたりしてゐる。関東軍は武装解除をしたのだから、もう何の力もないわけである。そして醜態を現はしてゐるのは、関東軍の将校たちで、いち早く三個列車を仕立てゝ自分たちの家族をまづ避難さした。満鉄社員、満州国の日系官吏がそれに続いて家族を避難させ、取残された一般邦人がひとりさんざんな目に遭つてゐる。戦争情態に入つた新京では親衛隊が離反して皇帝の身辺が危くなつた。そこで通化にお遷ししたのだが、通過（ママ）からさらに日本にお遷しするために、奉天の飛行場までお連れして来たところを、降下したソ聯の空挺隊のために抑へられてしまつた。それは十九日のことであるが、それ以後今日まで、皇帝の御身体は赤軍の手中にあるのである。三好が帰つて来てからそんな話しをしてゐるところへ、弘島昌が来訪した。そこで酒となつた。日本酒を飲みビールを飲み、ウィスキーを飲み、酒瓶はどん〳〵空になつて林立する。談論また盛んであつて、何時の間にか時間がたち、もう社にゆくことも出来なくなる。弘島が先に辞去し、なほ暫く三好と話し合つた後に僕も帰宅した。三好は満州国の方の後始末がついたら運送業を始めると云つてゐた。この間終戦の情報をいち早く僕から聞いた三好はその足で満州中央銀行へ行つて支店長の大月に話して二千万円の応急措置金を供出してゐる。もちろん終戦のことは大月に話してゐない。大月はそんなこと少しも知らずに金を貸したのであつた。

八月二十七日　　晴れ風あり

アメリカ軍陸海空部隊の第一次本土進駐は、天候が荒れたため、すべて予定から二日おくれとなつた。従つて停戦協定の調印式も三十一日であつたのが九月二日延期された。昨夜のラヂオを聞いたものの話しでは下村陸軍大臣の将兵に送る言葉と頭山秀三の放送とは双方とも近来にない立派なものだといふ定評である。陸相のものは今朝録音されたものを再放送したので、これを聞いた。頭山のものは新聞（うちの紙面だけであつたが）に再録されたものを読んだが、なるほどよろしい。ラヂオ放送も今度のことを機会に一画新することが望ましいのである。明日は三好と一緒に満州国大使館の自動車で黒駒へゆくことになつたので、その準備をする。

社の善後措置について今日三時から社員会議を開くことに予定されてゐたが、それは明日に延びた。ところで奥村社長は引退しても高石会長が新しく社長に就任して居据はるといふことは俄然編輯局内の問題となつた。今日政経、社会、東亜、特報の各部では全部員の連名でそれぞれ決議を行ひ、（一）社長、会長は共に引責辞職すべきこと。（二）社は罪を全読者に謝するために紙面にその旨の社告を掲ぐべきことを申合して社の当局に提出した。吉岡が編輯局長をやめて後は塚田がやることに決つたさうだ。その塚田が午后になつてから僕に話しがしたいといふから何かと云へば、社会部長をやつてくれといふのである。趣旨は高石、高田両氏の選定で是非とも僕の社会部長を実現さしたいといふことであるから引受けぬかといふのである。新聞もいよ〳〵新聞製作上の受難時代を過ぎて今度は自由競争時代に還るのである。勿論この時期の仕事は別の意味では頗る多くの艱難を伴ふにちがひないが、これは実にやり甲斐のある仕事である。すでにこの前社会部長を断つたことがあるから、今度引受けることには少しをかしなところがないでもないが、情勢は当時に比べて大いに変つてゐる。一つやつてみたいと思ふ。しかし僕は論説委員の他の連中、永戸、横山、新井、佐藤と共に今朝上原主筆宛に辞表を書いて送つたばかりである。それが如何に処理されるか解らないのに、先のことを取決めるわけにはゆかない。僕の今日出した辞表は

　私儀今次戦争期間を通じ戦争に直接関係する社説を執筆し来り候処、戦局は我が敗北を以て終結致候段顧みて責の軽からざるを思ひ茲に辞職願出候也

といふものである。他の連中もそれぞれ各個に自分の意の存するところをもつて理由としたので、決してこれは相談づくのことではない。また論説に関する後の社務を考へずにやつたことでもない。更にどうしても筆を折り社をやめようとする考へに出たといふほどのものでもない。われ〳〵の心の奥に蟠るどうしても相済まぬといふ気持ちを表明し、責任を償ふ手段として差当つて取り得るのが、かういふ形より他になかつたからである。塚田には左様いふ返事をして一たん別れたが、夕方になつてまた彼がやつて来た。そして先ほど僕の彼に伝へたことを高田総長に話したところ、総長は早速大阪へ電話を架け、上原主筆の意向を訊ねたら、僕が論説陣営を去り社会部長となることに異存はないと云つたさうで

ある。だから引受けてくれといふのである。しかし僕としては論説陣営の後のことについても永戸委員長や同僚とも話しをする必要がある。今日は皆が帰つてゐない。明朝僕は黒駒へゆく。即答は出来かねるむねを伝へて、一応話しを打切つておいた。

敗戦の結果、当分の間わが国には航空事業といふものが、どんな形でも許されないであらうと思はれてゐた。従つて本社の航空部のごときも廃止するよりほかに途がないとされてゐたが、どうも左様ではないらしい。連合国側に通告をして許可を経たなら、民間航空に限つて差しつかへないことになるらしい。その際には一定の標識を機体につけなければならぬ。日の丸はいけない。胴の横に白地に緑の十字――在来の安全標識のやうなものを描いたうへ、さらに尾部には赤い吹き流しを引張るのださうである。勿論飛行機の性能については一つの水準以下のものに限定されるものと思はれる。しかし航空機の製作は許されないのだから、今後アメリカあたりから純商業用の飛行機が輸入されて来ることであらう。アメリカも将来の市場としての日本を考慮しながら、あらゆる手を打つてくるのである。

八月二十八日　　黒駒　（省略）

八月二十九日　　晴れ　――帰京――

三好がサイド・カーで石和駅まで見送つてくれた。三里半を二十分足らずで走るのだから便利なものである。汽車は石和駅を十時半ごろ出たが、非常に混んでゐる。そして後れてゐたので、社に帰つたのは午后三時頃であつた。編輯局へ入つたが誰もゐないので、どうしたのかと聞いてみると、今、社員会議の最中だといふ。昨日のはずであつたのに、また一日延びたものと見える。五階の会場に行つてみると高石老人が壇上にゐた。演説は半分どほり済んだところである。社の新態勢について弁じてゐた。それが終つて高田総長の話しである。もう総長の役柄を離れてたゞの取締役になつたのだといふことだ。会議は終わつたが、僕は途中からのことで一かう要領を得なかつた。しかし編輯局へ帰ると僕の社会部長が決定して、会議の劈頭発表せられたのださうだ。引受けるも引受けぬもない。僕の留守中に左様いふ風に取極められてしまつてゐるのである。この決定があつたから至急帰れといふ電話が黒駒へ架かつたのであつた。社会部長就任は去る四月に要求されて断つたばかりである。それから半年も経つてゐない。しかし情勢は違つてゐる。だからそのことにはこだはる必要もなからう。「社会部長を命ず」といふ辞令には「理事とす」といふのが付け加へられてゐる。今さらにたゞの部長でもあるまいからといふところから、かういふ辞令が出たのであらう。まづ〳〵この辞令をおとなしく受けてやるより他にない。論説の方は永戸政治が主筆になつた。他の連中は、そのまま居据りである。今日の決定はかねて聞いてゐた通り奥村社長が辞して顧問となつたこと、大阪の上原主筆、下田主幹、東京の高田総長、阿部主幹が、それぞれ編輯関係の地位から去つて、たゞの取締役となり、編輯の残る陣容は高石会長の一元的統率で、東京が塚田編輯局長代理、大阪が本田の編輯局長、西部が神田編輯局長代理といふことになつてゐる。この人事に対して非難の声は依然として社内に高い。それは高石会長が居残つた理由を不可解とするものである。

高石会長と高田重役、その他社内の誰彼に就任の挨拶をして廻る。社会部の仕事も戦争中とちがつて、いよ〳〵自由競争時代に入つた潑剌たるものとなるであらう。たゞその一時に多大の期待を懸けることが出来る。努力と勉強とで、ともかくも良い新聞をつくることに邁進したい。

夕方、桑原、上田、北条等と「大作」で会食した。高石会長も今晩は昭和寮泊りだと云つてその会に顔を出したが、老人の気焰なか〳〵旺んなるものがある。社内の若い者たちが頸に縄をつけて引張つてみたところで、この勢ひならばなか〳〵社から身を引かうなどとは云ふまい。

八月三十日　　晴れ驟雨

昨夜は社で泊まつた。白金三光町の家へは昨日帰るとは云つてなかつたので食事等の用意が出来てゐないと思つたからである。桑原も宿直であつたので、朝は二人で米を炊かせ、味噌汁をつくつて食つた。

けふはマッカーサーの主力部隊が最初日本に乗り込む日である。マッカーサー元帥自身は午后二時過ぎ、厚木飛行場に着陸し、護衛隊の固めを厳重にし、自動車を連ねて厚木街道を南下し、横浜税関に仮設された総司令部に入り、つゞいて宿舎ニューグランド・ホテルに落ちついた。マッカーサーと一緒に厚木に降りた兵量は千二百名、別に横須賀にも一万三千の海兵隊が上陸した。今朝から聯合軍の船舶続々相模湾に入つたが、その数はニミッツ元帥の旗艦ミズリー、ハルゼー大将旗艦アイオワ、英国のキング・ジョージ五世、ヨーク大公以下戦艦十五隻、空母はエセックス、ベニングトンを初めとする十一隻、すべてゞ三百八十隻に及ぶ大勢力である。

社会部を強化改造する仕事のほかに、僕は特別報道部を改組する大きな仕事がある。特別報道部の仕事も一段落であるが、今後も新しい見地からその活動に期待されるところが大きい。しかし今日の特報部をそのまゝで置いては新しい仕事に役立てきることが出来ない。僕の案では将来社から各方面に出てゆく口伝工作員のために整理された資料と一定の措置方針を与へるための小ぢんまりして同時に強力な機関を必要とするので、それを特報部の後身として設置する。かつその機関は在来の編輯局内各研究委員会の推進と連絡の任に当る。こゝに廻る少数特報部員以外のものは、それぞれ元の部署に返へすか、あるひは新しい任務に振当てるのである。今日はほゞその目鼻をつけることが出来た。夕方五時から社会部の部会を開く。今社会部々員と称する者は六十何人かあるが、応召、徴用のものはまだ帰つて来てゐないし、仕事の関係で出て来ないもの、病気で休んでゐる者などがあつて、この会合に集つたのは二十人ばかりであつた。僕は

（一）今後の新聞は八月十五日以前の新聞とはちがふ。今やそれは完全な自由競争時代に入つてゐる。これに応じた勤務振りと、記者的心構へが必要である。

（二）そのために部員の再教育、再訓練をやる。

（三）実力第一主義でゆく。

（四）部員の活動になくてはならぬ設備、通信機関、自動車、連絡員、原稿係等の改革には別に努力する。

（五）注文は社務に関するもの、個人的のもの、その何れもどし〳〵云つて来い。真面目に相談に乗

らう。

といふことを伝へた。夕方は芝に帰つて食事をする。砂長の一家が茨城の郷里から桑原家に帰つてゐた。

八月三十一日　曇り雨あり

十一時過ぎからデスク会を開く。これは高石会長の要請によるものである。社会部のデスクの人たちと懇談したいといふのだ、いろ〳〵な話しが出た。しかし会長の話しには高踏的なところが多かつた。新しい情勢に処する新聞のゆき方といふものは、われ〳〵も大いに考へてはゐる。しかし会長のいふやうに急速な転還[ママ]が出来るものではない。ともかくわれ〳〵はこの戦争期間を通じて戦争一本でやつて来たのである。国民（読者）もそれに変りがない。新情勢をうまく取入れた新聞を造ることはわれ〳〵も十分考慮苦心してゐるが、今急に百八十度の方向転換をすることはわれ〳〵自身にも不可能であるし、読者の受入態勢のうへから云つても尚早の感がある。高石老人はどちらかと云へば、この戦争期間中、われ〳〵と同じ気持ちで過して来なかつた。旧態のまゝの世界に生きて来たのである。いま旧態に近い情勢が来たといふので、老人はその気持ちのありのまゝを出せば好いのであるが、戦争中の一時機を心の底から生きて来たわれ〳〵には左様は参らぬのである。

きのふは上原重役に挨拶の手紙を書いたが、今日は大阪の奥村、鹿倉両重役に手紙を書いた。ともに僕のたゞ今の気持ちを率直に伝へたものである。また大阪の社会部長小林信司から手紙が来た。先方から直に挨拶を寄せたのである。それにも返事を書いた。

出版局では今度、出なほしの意味で綜合雑誌の「新日本」といふものを出すといふので、僕もその編輯委員とされて、今日は第一回の編輯会議に列席した。十月号から初版を出すので、その内容を協議した。

本社の記者たちの齎らしたところであるが、アメリカの新聞記者たちの本土に来てから話したところによると、彼等の疑問は、日本がなぜあんな風に戦争に入つたのかといふことゝ同時に、何故このやうに急に――だし抜けに戦争を止めたかといふことである。□陛下の御考へ、御命令といふものについてアメリカ人に、もつとゆきとゞいた説明が出来ないものかと思ふ。

今晩は幹部宿直に当つてゐる。この制度も今日限りであり、僕は最後の廻りに振り当たつたのである。夕食を何処かで食はなければならぬので、「大作」にそれを注文し、厚生部の中尾から清酒一升を手に入れ、高原、高松、鈴木二郎の三人と共に小宴を催す。

九月一日　（二百十日）　雨

　やはり宿直の夜はよく眠られない。九月一日から幹部宿直は止めになるのだから、僕は昨夜の十二時以後は勤務から解放されたわけだが、帰る乗物もないのでそのまゝ泊つたのである。一緒に泊つてゐた高松棟一郎は四時半ごろに起きて横浜に仕事に行つた。社員食堂で朝食を食つて床屋にゆく。二百十日であるが、風はない。たゞじめ〳〵とした雨がしきりに降つてゐる。

　横浜、横須賀、厚木、館山など、米兵の進駐地では彼等の暴行沙汰がはやくも現はれて来た。巡査が打たれたり、通行人の所持品が掠奪されたり、婦女にたいする凌辱事件があつたりする。婦女凌辱は厚木で一件、大森海岸で一件、横須賀で三件、館山で三件である。これを新聞はどう取扱ふべきものか、発表をすれば人心も動揺するし、報復しようとする暴力沙汰も出て来ないとは限らない。しかし同様の事件がこの後も頻々と発生したら黙つてゐるわけにはゆかぬ。その時には運輸省に婦女子のために臨時避難列車を出させ、カソリック教会人にローマへ電報を打たせ、日本に来てゐる赤十字の代表者たちにも運動を起させ、あらゆる方面から防止と糾断（ママ）の工作を取まとめて書きたてようと思ふ。

午后二時から事業委員会。三時から復旧対策委員会。社の復旧事業も大変な仕事である。大きなものでは舎屋の修理、疎開輪転機の復帰、小さなものでは電話機や照明装置の修繕がある。ともかく少しでも早くもつと楽に仕事が出来るやうにならなければ困るのである。

夕方の六時からエーワンで部会を開いて生麦酒を飲む。伊藤実が今夜郷里へ帰るのだが、二十人ばかりしか集らなかつたところへ三樽の麦酒があつて、ふんだんに飲むことが出来た。社に帰ると皆が騒いでゐる。何事かと聞くと、自動車部へアメリカ兵が自動車を乗りつけ、娼家に案内しろと云つたり、ガソリンをよこせと迫つたりしたのださうだ。これからも、こんな事件はしば〲起ること〻思ふ。エーワンで飲み残した麦酒を社に持ち込んで、また一しきり飲む。さて僕は今夜からホテル生活だ。桑原の家にもずる〲と四ケ月も逗留した。近く女中が疎開するし、砂長の一家が転り込んでゐるし、この間の空爆で家ががた〲になつて一雨降ると雨漏りがして夜など寝て居られないのである。そこで何処か落ちつく先を見つけるとして、それまでは丸の内ホテルに宿をとることにした。永井が無理をして部室を開けてくれたのである。五〇六といふさゝやかな部室であるが、ひとり落ちつくのには十分である。ぐつすりと寝て、昨夜の睡眠不足を取戻す。

九月二日（日曜日）　曇時々晴

わが国史のうへに永久に大きな汚濁をのこすべき国辱の日である。□陛下はその使臣に対して降伏条件をしるした文書に調印すべしといふ勅語を賜ひ、その調印式がわが代表使臣重光外務大臣、梅津参謀総長と連合国側代表マッカーサー元帥その他との間に行はれたのである。

日曜日だから三好が渋谷にゐるだらうと思つて訪ねたら、てうど一時間ばかり前に出発して甲州へ行つたところだといふ。留守してゐる内藤と暫く話し合つて帰つた。三好の行くことが判つてゐたら黒駒へ託送したい品物もあつたのだが惜しいことをした。そこから社に行つたら十一時過ぎだつた。きのふ伝言をよこして宿の設定を頼んで来てゐた藤田信勝が朝早々汽車で着いたと云つて待つてゐた。ひる食を藤田と社員食堂で共にする。近衛師団の松崎少佐といふのが部の吉田軍曹と一緒に来て、師団から復員してゆく兵に頒布するための印刷物を依頼した。八月十四日の詔書を始めとして、降伏に関する尊いお言葉や記事を一まとめにしたもので、帰つてゆく兵たちの心の頼りにしようといふのである。これ等の兵たちは部隊を去るに当つて、故郷で早速家業につき、今年の新穀をまづ□陛下に献じ奉り、つゞいて東京都民にも贈ることを申合してゐるといふ。これは是非とも新聞に書きたい。

降伏調印式は午前九時、横浜湾外の米戦艦ミズリー号甲板上で行はれた。その時刻を期して十機前後からなるB29の編隊が幾つとなく帝都や横浜や東京湾の上空を縦横に飛びまはるのであつた。調印式は二十分間で終り、各国代表の署名が済むと、式場のマイクロフォンから連合国側を代表するマッカーサーが放送した。勝つた者と敗れたものとの身分が明かに世界の隅々まで伝達されたのである。新聞記事と写真とは同盟のみを許可するといふことになつたので、各社からはミズリー号に乗込まなかつたが、本社は記事をユーピー特派員に写真をアクメ特派員に依嘱した。その記事の方は成功したが、写真の方は余りよくなかつたのである。横浜や横須賀から米兵や外国新聞記者が頻々として東京へもやつて来るやうになつた。そしてその米兵による蛮行は次第に募つて来た。昨日は山本為三郎が日比谷公園の傍で乗つてゐる自動車を強奪されたといふ。神宮外苑では兄妹で散歩してゐた二人を米兵が襲つて兄の方を射殺した。今日の昼過ぎには社の自動車部へ来た米兵が腕時計を強奪した。被害者は小林豊樹と前に社にゐた野原飛行士である。米兵の東京に来るのは米軍から許可されてゐないはずである。禁を犯して東京へのり込んで来て、このやうな暴行をするのだから始末におへない。夕方は昭和寮にゆき藤田と大作の岩田と三人ですき焼を食ひ、また社に帰つて九時頃まで仕事をする。

九月三日　晴れ時々曇り

また台風が来るといふので誰もが心配してゐたが、それは多分南朝鮮から日本海上へ抜けさうだから、日本本土は難をまぬがれるだらうといふ気象台の予告である。

朝食はホテルで食つた。旅行者外食券がまだ手に入つてゐないので米飯を食ふことが出来ず、代用食を食はされた。一昨日から横浜の家に帰つてゐた永井が今朝はホテルに出勤したので、食後に会つて彼の労を謝した。社に出て新聞を見ると朝日が外人兵の日本婦女に対する暴行事件を取りあげてゐる。僕はこの事件の取扱ひには慎重を期した。といふのは事件の内容を発表することによつて、日本婦人たちの自省を要求することゝ、米国側に処置を促進すること、の効果はあるとしても、一方で人心を動揺させ、そのうへ血気にはやるわが一部人士の激昂も徴発(ママ)して、これが敗戦国日本の情態を一層窮地に陥入れるといふ懸念があつたのである。午后一時から生活科学化協会が女子講習生のために時局談を聴かせてくれといふので、保険協会の講堂で一時間余り話しをする。三時半からは情報局で開かれた各社社会部長の会議に臨む。外人兵の暴行に関する当局からの注文があつた。煽情的に記事を取扱はぬやうにしてくれといふ。何の変りもない要請があつた。夕方秋田の大助君と田原代議士が来訪した。大助君は城の崎の疎開地の一同が元気であることを伝へ、事業の前途に見透しがつかぬことを語つた。

豊子から手紙がとゞいた。

（中略）

陸軍報道部にゐた親泊大佐が昨晩自決したといふ報あり。二児を毒薬で先に死なせ、夫人を拳銃で死なせ、最後に自らも立派に死んだのださうだ。親泊君は沖縄の王族の出身であつた。遺書のなかには祖先墳墓の地を敵手に渡したといふことも理由の一つに挙げられてゐた。

九月四日　曇り

第八十八議会の開院式が行はれた。

朝から芝白金へゆく。荷物を運ぶためでもあつたが、ホテルにゐると旅行外食券がなければ米食をすることが出来ない。その手続きをして券を取らうと米の配給所に行つたところ、係の者がゐないので急には出せないといふ。仕方なく引きあげた。後のことを桑原に依頼する。

松本於菟男上京。ひる食をエーワンで共にした。宿がないといふので丸の内ホテルの永井に電話を架けて頼んでみたが、どうにも都合がつかぬといふことだ。そこで狭くはあるが、僕のゐる部室へキャンバス・ベッドを入れて、他の部室の空くまで同居するやうに交渉して成功した。新井達夫の夫人来訪。新井の病気はいく分か良い方である。今日はカタクリ粉と豚肉を調達して持つて帰へらせる。
夕方、小林豊樹が築地の南洋産業の寮で食事をしようといふので出かけた。小林と一緒にしてゐる吉本祐一といふヨット界で知られた仁、誉田実といふ弁護士などがゐた。酒とサントリ十二年があつて、あるだけの量をみなで飲んでしまふ。社に寄りホテルに帰つたら松本が待つてゐた。

九月五日　曇り後晴れ

親泊朝省大佐が自決する二週間前の八月二十日に書いた「草莽の書」といふものがある。小林幸祐が軍から借りて来たのを読んで感ずるところが少くなかつた。降伏といふことゝ国体護持といふことゝは両立しないといふ意見を持つてゐる大佐であるが、一たび大命の下つたうへは、たゞ命のまゝ行動することが忠節をつくす唯一の途であることを強調してゐる。そしてアンガウル、ペリリュー方面の昭部隊長の電報を揚げて、これを範とすべきものとしてゐるが、これはポツダム宣言受諾の詔書の御趣旨によつて電命を受けた際、これに答へたものである。曰く、
須く私心我見を去り、あらゆる感情をも擲ちて、ひたすら天皇陛下の御命令のまゝに随順し奉ふ。それ以外に大義名分のなく臣道実践も亦なかるべし。茲に承詔必謹、大命下り次第、直ちに隷下全将兵に停戦を命ずると共に、大命とあらば内に血涙を堪へ長恨を呑みつゝも矛を捨てしめ、而も兵一員をも剰さず全島を陛下の御下に復帰せしめることこそ先づ第一に行ふべき真乎の忠節なりとの決意を

固めたり
親泊大佐は敗戦の原因について詳細に所見を述べてゐる。その第一は陸海軍の思潮的対立である。陸軍はドイツ流に仕立られてゐる。陸大にはメッケルの胸像が日本戦術の開祖として立ち、その講堂にはヒンデンブルグとルーデンドルフとが作戦を練る図が掲げられ学生の憧憬の的となつてゐる。これに反して海軍は兵学校の講堂に東郷元帥の遺髪とともにネルソンの遺髪を安置して精神教育の資としてゐる。しかもこの相背く二つの思潮に立つ陸海軍が日本的に結合しようとするところに云ひ知れぬ困難を伴ふのである。また陸軍内部ではドイツ班の勢力がロシヤ班や米、英班を凌ぎ、その結果は正衡な戦政局の判断が出来なかつたのである。第二には満州事変以後、事変を単に軍の一部の力で推進して来たといふ幕僚統帥の弊風が挙げられてゐる。第三には軍人が軍人に賜はりたる勅諭の御旨に反して政治に介入し、軍本然の姿を失つたことである。第四が人事の大権が派閥的に行はれ東条人事とか梅津人事とか呼ばれるに至つたこと、更に甚しいのは第一線に出されることが懲罰を意味するといふに至つては言語道断である。第五には軍の割拠主義である。作戦面にまで陸軍地区とか海軍地区といふものが分れてゐた結果、戦勢を不利に導いたことは少くないのである。――この一文で親泊大佐は後輩を戒めて「死に急ぎをする勿れ」と強く言つてゐる。その親泊大佐が自決したことは不可思議のことである。
迫田鶴吉が訪ねて来た。一昨日三好の自動車で黒駒から上京したといふのである。明日はむかふへ帰るといふので、かたくり粉と海苔とを託送した。てうど忙しい最中で手紙を書いてゐる暇がなかつた。また山下仲次郎が訪ねて来る。この男やつて来れば何かの頼みごとを持つて来るに決つてゐる。今度は外国人目あてのキャバレーを東京で開かうといふのである。軍需工業も駄目だし、それでこれまで儲けた金も少しあるし、知り人で出資しようといふ者もあるから、四、五十万円の資金はそのために用意されてゐる。かつて十銭スタンドを開設して一儲けした彼は、今度もあの味を改めて味はうといふのであらう。聯合軍が日本全土に軍政を布くといふことを云ひ出して、大衝動を起したが、重光外相が二度も横浜のマッカーサーを訪ねて折衝した結果、先方の主張はかなり緩和されたとのことである。しかし、いよ〳〵東京にも八日から兵力が入つて来る。兵二万二千、将校六千といふ量だ。立川、上野原、御殿場、小田原、平塚などにはすでに進駐を始めてゐる。やがて何処を歩いてもアメリカ兵と鼻をつき合はすことゝなるのであらう。その間いろ〳〵不愉快な事件も発生するに相違ない。夕、小滝顕忠が会食したいといふことだつたので、折から上京してゐる加藤、藤田などを伴つて代々木の「美吉野」といふ家に行つたが、当の小滝は急に軽井沢に出張して出席しない。山木その他東京急行の若い幹部たちが接待してくれて、麦酒、日本酒、焼酎等を飲む。

けふ桑原忠夫が「えらいことだつたよ」と云つて伝へるのに、あの家の屋根を修理するために屋根屋を呼んで調べさせたところ、大きな穴があいてゐる。爆弾の破片でも落ちたところにちがひないと思つて、さらに調べると大きな爆弾の破片が天井裏にひつかかつてゐたさうだ。しかもそれは当時僕のゐた位置のま上になつてゐたといふ。思ひかへしても、ぞつとする気持ちである。

けふの議会で東久邇首相宮殿下が施政演説を遊された後、政府から戦争によるあらゆる部面の損害が計数的に発表せられた。その略数は

戦没将兵　五十万七千（陸三五万、海一五万八千）
戦傷　々　一四万六千（陸軍のみ）
戦病　々　四四七万（陸軍のみ）
艦艇損耗　六八四隻（戦艦八、空母一九、巡艦三六その他）
飛機損耗　五万〇一〇〇（陸二万五五〇〇、海二万五千六〇〇）
船舶損耗　二千隻強――約七八〇万トン

この議会を契機として新政治結社の組織運動が各方面で活発化してゐる。保守主義派と目される日政を根幹とするもの、鳩山一郎を中心とする自由主義派、そのほか無産系各派の単一政党組織も注目されてゐる。

九月六日　晴れ

朝寝をしてホテルの朝飯を食ひはぐれたので、出社の途中康徳会館の昭和にゆき、立花に頼んで食事をする。

八八議会はけふ閉院式が行はれた。一方アメリカ兵の東京進駐はいよ〳〵八日からと決定し、一部は麻布三連隊へ、一部は代々木練兵場に入るといふことだが、それを皮切りに続々入京して来るはずである。この関係から丸の内ホテルも聯合軍が使用することになつたので、僕の仮の宿も明け渡さなければならない。渡辺隆雄に大森山王の貸家を手に入れるやう努力させてゐるが、決つた住居に落ちつくやうになるまでは昭和寮でも寝泊りしやうかと思ふ。午后小滝顕忠が「昨夜は失礼した」と云つて訪ねて来た。てうど社のビール会が銀座七丁目のビヤホールにあるので二人でそこにゆきジョッキに三杯づつのビールを飲む。さらに僕は政経部の連仲〔ママ〕は「大作」に行つたが、酒あるのみで、肴なく、連仲の議論がたゞやかましいだけだといふので、酒代を支払つたうへ、ひとりで帰る。

九月七日　曇り

平野義太郎博士が太平洋協会の支那専門委員会でソ聯の支那政策について話しをしてくれと頼みに来たが断つた。このところ忙しくて、とても他からの原稿注文や講演依頼には応じて居られないのである。近衛師団の河合参謀といふのが清酒一升を持つて社にやつて来た。この間本社で刷つてやつた帰郷将兵に贈る印刷物のお礼である。これは二升めである。吉田軍曹がもう一升持つて来ると云つてゐる。さらに今日は共済課でも一升手に入れた。高島屋の宿谷女史も一升持つてゐるから差上げますと云つてゐた。このところは暫らくは酒も涸渇しないであらう。正木夫人が珍しく電話を架けて来た。それによつて谷川少将が憲兵隊司令部に勤務してゐることを知る。そして憲兵隊へ電話を架けてから判つたことであるが、その谷川君が丸の内ホテルに泊つてゐるのである。夜ホテルに帰つてから九二一といふ部屋を訪ねてノックしてみたが、もう寝込んでゐるのか応答がなかつた。

金子秀三が上京して来たので、夕方「大作」でフィリッピン関係のものと一緒に歓迎会を開いた。しかし僕はおなじ会場で海軍の軍務四課、高瀬大佐たちを招いてゐたので金子の席には殆ど行けなかつた。

久しぶりに鰻を食ふ。

九月八日　曇り後晴れ

今まで八日といふ日は大詔奉戴日となつてゐたが、今日のこの日からそれは取りやめとなつた。あの宣戦の大詔を奉戴した記念の日の代りに、今のわれ〳〵は八月十四日のポツダム宣言受諾の大詔をいたゞいたことを記憶してゆかねばならぬのである。今日は代々木練兵場と麻布三連隊跡に米軍が入つた。八千である。近日中にこの数は増加して二万数千人となるはずである。だが今日入京した部隊の動静は平穏だ。騎兵第一師団といふこの部隊は軍紀も厳正であると云はれてゐる。東京に入れる兵力の素質についても米国側も相当考慮を払つたものであらう。谷川少将にホテルで会へず。正午から昭和寮で日本光学の労務関係者と食ふ。これは北条清一の肝煎りで、社からは横山、佐藤、大川なども出た。談多岐に亙る。そしてまつ昼間飲んだビールによい心持ちとなる。その席へ電話が架つて来て、三時から情報局で各社社会部長の会合があるといふので、中座してそちらへゆく。緒方情報局長が第八軍総参謀長スーザーランドと昨日会見した結果、先方が新聞の監督行為を始めると云ひ出したことについて談合があつた。今後ある事項（おそらく米進駐軍の動向等に関するものであらう）については一定の方針を示指(ママ)して此方の情報局に検閲をさせ、また先方が新聞に発表することを必要を認める事項については、情報局を通じて新聞発表方を要請するといふのである。社に帰つてこの件に関する社の対策を協議する。

谷川少将と電話連絡がついたので、夕方は昭和寮で食事を共にすること丶した。高石晴夫も同席する。

今夜の鰻は特にうまかつたが、客の二人は余り酒を飲まず。用意した一升の酒が、かなり沢山余つた。

九月九日（日曜日）　晴れ　――丸の内ホテルより昭和寮に転住――

（省略）

九月十日　曇り小雨あり

僕の腹痛は朝になつてすつかり治まり、下痢も止んだ。桑原の方はどうも良くないので今日は休むといふ。白米の粥を煮て貰つて朝食を済まし、金子と同道して社に出る。

午后三時から幹部会があつて、社の新機構が発表された。文化部、体育部が新設され、政経部は政治部、経済部の二つに分れ、事務課が事務部となり、検閲部が廃止され、別に僕の提案した調査室が設けられた。文化、体育両部の新設には僕は反対であつた。文化部もゆく〳〵は、必要であらうが、今それを設けてみたところで紙面がない。今の二面の狭いうちに、文化欄といふやうなものを設けるとなると、一そう紙面が窮屈になる。体育部のやうなものも準備をしておくのはよいが、紙面もなく、仕事の対象となるスポーツもなか〳〵復興の時期を迎へられさうにないのだ。今俄かに社内にこの部を設けるには当るまいと思ふのである。専任の編輯局長は楠山義太郎に決定し、塚田の局長代理が解かれて次長になつた。楠山は人柄が良いといふだけで、これからの新聞編輯の中心人物となつてゆくには至つて心細いのである。それに高石―高田―楠山といふ系統で社の主流を決定したといふことは、時局に照合してみる余りに現金主義ではないか。世間の批判の如何はともかくとして、この大勢に順応するためには、他の総てを顧みぬこのゆきかたは、僕の採らぬところである。

午后五時からときわ会例会があつて出席したが、井口貞夫は病気で出て来ず。来るはずの加瀬情報局第三部長も来ず、小汀、高杉、堀、重徳、四方田等とすき焼を食ひ、時局を談じて帰る。昭和寮泊りの第一日で、金子とおなじ座敷に寝る。

九月十一日　曇り

けふも桑原は休んだ。僕の方は昨夜から酒を飲んでゐるが腹の具合すつかり良い。写真部に頼んでおつた桂の写真の焼付が出来た。一部は堀崎へ送つてやらうと思ふ。

午后三時過ぎアメリカ新聞記者筋から東条英機大将に戦争犯罪人としての拘引状がマッカーサー司令部から発せられたと聞く。時を移さず僕は「はり込み」を命じた。そして部からは警視庁詰の石口と松村とを送り、写真の門奈をこれに配した。これが成功したのである。最初はアメリカ軍が何時になつて連行に求めに来るか判らないので、相当長時間はり込む必要があると考へた。そこで食膳や金の用意までして出さしたのであるが、彼等が世田谷区用賀の東条邸に着くと間もなく、午后四時にアメリカ軍の係員がやつて来た。そして窓から首を出した東条大将とアメリカの係員との間に問答があつた後、東条は部室に退き、ほんの一、二分の後に拳銃自殺を企てたのである。銃声に驚いた係員や日米の新聞記者たちは戸内に踏込んだところ、東条はソファーに身を休めてゐた。そして一同を前にして、なが〳〵と心境を語つたのである。自殺はどうやら失敗したらしい。左第六肋骨と第七肋骨との間から心臓をめがけて引金を引いたのだが、弾は心臓の下をくゞつてゐた。そして背に突抜けてゐる。医師が来て手当をした。それから間もなくアメリカ軍の救急車が駆けつけて代々木の騎兵第一師団幕舎に連れて行つた。その経過は詳細に記事になつた。朝日は現場に来てゐたが英語を喋る記者が来てゐたといふから、記事の不十分なことは想像される。読売は来てゐなかつたといふ。写真も社で撮つて来たものは良かつた。自殺前に窓から首を出して喋つてゐるところが一つと、自殺を企て後に下面から撮つたものと側面から撮つたものと一つであつたが、紙面は最初のものを採つた。後の二つは余りむごいからである。一通り仕事が終つてから「大作」にゆき、この間吉田軍曹の部隊から贈られた酒二升でデスクと整理部の山下、大屋の二人とを招く会を催し、同時に海軍報道部の松岡大尉が復員したので、そのための会にも顔を出す。

九月十二日　曇り

豊子は今朝の汽車で九州に立つて行つた。新聞を読みくらべてみると東条大将自決未遂は記事も写真も本紙が目立つて優れてゐた。石口、松村、門奈の三人に編輯局長賞を出すことにする。これからも局長賞、部長賞をどし〳〵出して、良い働きを顕彰する一方、怠慢や過失はどん〳〵処罰することにしたい。横浜の収容所に連行された東条の容態はその後良くなる一方だといふ。アメリカがどんな手当をしてゐるか、新聞としては狙ひどころであるので、方々手をつくさせてみたが、詳しいことが判らない。

それはそれとしても東条の今度のことは全くなさけない仕草である。紙面の扱ひには、かつてのわれ等の宰相であつた彼の面目を保たせるやうに努めたもの丶、本とうの国民の批判は彼の行為にたいして酷しいのである。宰相の器でもなかつたし、人間としても落第だ。

特別報道隊は特別報道部とともにいよ〳〵近く解体することになつた。しかし特別報道の仕事は短期間ではあつたが非常な効果を挙げた。この運動を再開出来る日もまた来ること丶思ふ。さういふ時のために特報の仕事の一部を今度出来る編輯局調査室のなかに残しておくやうにした。僕の案である。今日は特報隊の解散会を兼ねて、終戦前に展開した地方工作に出向いた人たちの慰労会を催す。ビールを二樽とりよせて、別館の二階でそれを痛飲した。午后五時半、谷川少将が自動車で迎へに来たので、同乗して約束の正木家へゆく。田園調布である。先方では正木夫人のほか、むかふの親戚に当る美学者の児嶋喜久雄、正木家に家を貸してゐる鉄道病院の外科部長水島博士などもゐた。シャンパンを抜き、いろ〳〵と馳走してくれた。談しは戦争と戦後の問題と、美術や科学など丶多岐に亘る。飲みかつ談じてゐるうちに、かなりおそくなつた。おそらく電車に間に合ふまいといふことになつてしまつたので、とう〳〵正木家に泊ることにした。

九月十三日　　雨、時々止む

正木家は朝日と読売とだけしか取つてゐない。朝の食卓でそれを見ると朝日に杉山元帥の自決が出てゐる。本紙はどうなつてゐるのかと急いで出社する。社に出て、新聞を開くまでもなく、宿直の石田が、朝日に抜かれた経緯を報告に来た。昨夜九時のラヂオがこのことを報道したので、同盟に問合してみると同盟も知らぬといふ。放送局へは軍から通知があつたのださうだ。軍は時間がおそいので新聞は間に合ふまいと合点して知らさなかつたと云つてゐる。朝日は別の口から聞込んだものにちがひない。杉山は小山和男の義兄であるし、僕の方も筋を持つてゐないわけではなかつたのだが、運の悪い時にはこんなこともある。すぐ後を追ふやう命令する。やがて副部長たちも浮かぬ顔をして出て来た。そこへ外から報告があつて杉山夫人が元帥の死に続いて自宅で自決したことが判る。小山の実姉である。杉山夫人の死は実に立派なものであつたことが相次いで出る原稿で明かになつて来た。鈴木貫太郎前首相が自決したといふ報せもあつたが、調べてみるとこれは誤りであつた。昨晩のやうな失敗をしてはならぬと、出先きの固めを厳重にした。しかし今日の紙面の黒星を取戻すやうなものは一つもなかつた。

戦争犯罪人の追加として、今日、緒方竹虎、広田弘毅、橋本欣五郎、死亡した内田良平、中野正剛の五人が決定通知されたが、そのうちの緒方、広田の二人は間もなく取消しとなつた。一切の戦争犯罪人は東条大将以後、みなわが官憲が拘引してアメリカ軍憲に引渡すことになつたので、その引渡しが終わるまで姓名も新聞に書いてはならぬ、といふ情報局の示達である。おそらく内務省の意向に出たものであらうが愚かなること甚しい。新聞に出なくてもアメリカ側の報道がどんどん内地に広がつてゆく。頭隠して尻隠さずの流だ。役人の頭は依然として切換へられてゐないのである。

奥村前社長に招かる。高田、大原両重役以下十人ばかりが招かれて、賑かに飲む。ところが、宴終つてもう一度社に出かけた僕は実に馬鹿馬鹿しい目に遭つた。羽太文夫と列んで第二有楽橋から有楽町ガードへの暗い路を歩いてゐると、突然二人の米兵が前に立ちふさがつて自動小銃を擬して「手を上げろ」といふ。さてはこれがこの頃街を騒がしてゐる強盗兵かと思つた。下手なことをして怪我をしたり、命を失つたりしてはならぬ。まづ手を上げた。彼等二人は身体検査をする。そして羽太からは腕時計を取り、僕からは二百円ばかりの金を奪つた。まづ左様させておいて、僕は僕たちが新聞人であることを語り、欲しいものがあるのならいくらでもやるから、すぐそこにある事務所まで来いといつて、社へ連行しようとした。ところが有楽町ガード下のまつ暗な場所まで来ると、彼等は銃の引金を引き、今にも一発打ちこまふとするやうな態を見せかけて遁走した。今日はたしかに厄日だ。

九月十四日　晴れ時々曇り

豊子から手紙が来た。桂は非常に元気であるといふこと、列んで豊子自身の方は食欲が進まないと書いてある。おそらく勝気な彼女に敗戦からの衝動が強くこたへたためであらう。桂が僕のゆくことを毎日〳〵待つてゐるとも書いてあるが、この忙しさではなか〳〵その暇が出来そうにない。しかし気候も変る。合着類を取寄せなければならぬので、余り涼しくならぬうちに是非とも一度黒駒へゆかねばと思ふ。自決するもの、報が頻々として入る。昨夜は小泉元厚相が死んだ。今日は吉本陸軍大将が東部軍司令部の杉山元帥の死んだ部室で死んだ。続いて橋田元文相も自殺した。夕方になつて後宮大将の自決説が伝はつたので、最終版の締切りぎりぎりまで真否を確かめる努力をしたが、どうも誤報であるらしい。戦争犯罪人と定まつた人、未定の人でかういふ最後を遂げる者は今後もなほどん〳〵増へるものと思はれる。

夜になつて厄介なことが起つた。マッカーサーの司令部から情報局を通じて必ず新聞紙に掲載するやうにと押しつけられた「比島解放戦における日本軍の典型的暴行」といふ報告書がある。それは一昨日原文のまゝで渡された。そして必ず載せなければならぬが何時載せろといふ指示はない。たゞ載せない場合はその新聞紙の発行を抑へるといふ脅かし文句がついてゐた。別にその脅かしを恐れたわけではないが、どうせ載せるのなら早くやつてしまほうといふので、本紙は今日組込みの一版から載せたのである。ところが情報局から、その一版を刷り終わつたころになつて、掲載を見合してくれ、兎かくのことは此方で決定したうへで知らせると云つて来た。こちらはもう刷つてゐることを告げると、発送したものは発売停止処分にするといふのである。そんなことならば何故原稿を手渡す時に、そのよしを注意しなかつたのかといふのが、此方の云ひ分だ。かなり長い時間、彼我の押問答があつた。先方は首脳部が集まつて協議をしてゐるらしい。此方も万一を考慮して、一応市内版ではあづかりにすることにした。ところが程経て、取扱つてよいといふことを云つて来た。全くあきれたことである。別に近衛公とユーピー記者との会見記といふものが情報局に抑へられてゐて、これをどう処置するのか、最終版締切りまでには決定しなかつた。また今夜同盟通信が業務停止の命令を米軍司令部から受けた。理由ははつきり解らないが、誇大に事実を曲げて報道したかどによるとも云はれる。しかし、その理由の裏には更に更に、深刻なものがあるであらう。

九月十五日　晴　小雨あり

　同盟の業務停止はけふの正午になつて解除された。しかしそれは国内通信に限られてゐて、対外国通信業務は依然禁じられてゐる。昨日情報局の河相総裁が米軍側とあつた時にも先方の言論に対する態度が頗る強硬であることが示されたといふ。「今日の日本の新聞を見るとその内容に敗戦国らしいところが些かも現れてゐないではないか」と彼等は云ふのである。今日の紙面に本紙が載せた押しつけ記事「比島における日本軍の暴行」は朝日も読売も掲げてゐないが、今日でなくとも明日でも明後日でも、これは必ず載せなければならぬことになつてゐる。昨晩の情報局のこの記事に対する措置から、いろ〳〵うるさい問題が起り、各社打合して載せるべきはずであつたのを毎日が出抜いたなどいふものも出て来てゐる。全く馬鹿げた話しである。どうせ載せなければならぬものを打合せだの何だのあるべき筈がないではないか。われ〳〵新聞人はこの長い戦争期間中、軍閥と官僚との桎梏のもとに、悩み多い歩みを続けて来た。そして今や米軍の進駐下に第二の受難時代を迎へたのである。われ等の自由を縛る一つの手は払いのけられたが、新しい一つの手はおなじ圧力をわれ等に加へて来たのだ。この荊の道をゆく忍苦は決して小さいものではない。娚来る。この間やつて来て、江州へ帰るから汽車の切符を世話してくれと云つて来た。その日を使ひのものが間ちがへて昨日手に入るはずのものが今日になつたのである。それを受取り、今日は沼津までゆき明日小松へ帰ると云つてゐた。

　高石の千葉の実家から牛肉を貰ひ、大迫定雄から大きな南瓜を貰つたが、自分で処理することが出来ないので、大作に渡す。

大阪へ赴任する後藤基治が夜おそく昭和寮に来て、一たん寝込んだ僕を起こす。明朝は早く出発するといふので、蚊帳のなかで後藤持参の火酒を飲んだ。けふは終日ドライで通すことが出来たと思つてゐたら、とう〳〵こんなことになつたのである。

九月十六日（日曜日）　曇り時々晴れ

朝めしとも昼めしともつかぬものを食つて社に出る。

けふは鈴木も、高松も連日繁忙で疲労の色が見えるので、二人を休ませ、狩野近雄にデスクにやらせることにした。狩野を社会部に迎へたことは僕の決断であつたが、その後も方々から忠言を受ける。狩野を使ふことには注意しろといふのである。しかし僕は彼の長所も短所も知つてゐる。他人との妥協性がないとか、気ざだとかいふ批評はあつても彼の力量には買ふべきものが頗る多い。その長所をこれからの社会部の仕事のうへに活かしてゆかうと思ふのである。使ひかたについては十分考慮してゐる。

軍に徴用されてゐた部の田代継男が昨日朝鮮から帰つて来た。けふ終戦前後の朝鮮を書かしたが、なか〳〵立派なものである。この人物を僕はよく知らない。しかし聞くところによると腕があるだけに使ひにくひ、といふことだ。木村一郎もその一人で腕があつて使ひにくい。木村は前部長当時すつかり気分を損ぐて出社しないこと長期に及んだが、このほど僕のところへ出て来て、考へを持ち直して一心に働くからと云つて来た。いろ〳〵な性格を持つた者がゐる。これを使ひこなしてゆくうへには大きな努力が必要だ。

敗戦後一ヶ月が過ぎた。聯合軍の進駐状況はこの記事に見るとほり、明日はマッカーサー元帥の司令部が東京に入る。すでにけふは日曜日で都内のいたるところ米兵が夥しく出歩いてゐる。銀座などは日本人の数よりも米兵の数の方が多いやうに見うけられた。横浜などは平日でもさういふ風景だといはれる。

社から早く帰つて昭和寮で夕食を食ふ。岩田が黒鯛だとか、牛肉だとかいろ〳〵馳走してくれた。

九月十七日　曇り時々晴れ

聯合軍最高司令部は今日横浜から東京に移駐した。午前十一時半マッカーサーは宮城と向ひあはせ第一相互ビルに設けられた司令部に入つたである。

警視庁の坂総監を訪ねた。京都以来十五、六年ぶりに会ふのである。彼は当時の一課長から今の総監まで、役人生活の順道を歩いて来た。風采など余り変つてゐない。彼も僕が変つてゐないことに驚いたと云つてゐた。いろ〳〵話しをしたが、そのなかで社会悪の清掃に彼が渾身的努力を続けるやう僕から要望した。第一にやらなければならぬことは、戦争期間に役人、軍人、軍需会社の連中などが地位を利用したり、間道を抜けたりして犯した罪悪の究明処断である。これをやらなければ国民の心を一新して新しい建設に進ませることは出来まい。彼はそれについて大きな計画を持つてゐると語つてゐた。

夕方出版局から招かれる。そこで大いに飲み、つゞいて文化部の会合に廻つて生麦酒を飲み、長野から上京してゐる中山善の泊るところがないので、僕の部室へ泊める。土産の林檎を食はせた。

九月十八日　　曇り暴風

満州事変記念日である。あれから十三年、変つたものだ。例年なら当時の本社特派員たちが集つて思出の会合を催すのであるが、もうこんなことをやる気持ちにもなれない。昨夜来風の勢ひ強く、今朝はこれが都内を荒らしまはり、焼跡のトタン板などを中空に舞ひあがらせ街頭に叩きつけるので危くて歩くことも出来ぬほどである。午后になつて、その風はます〳〵ひどくなつた。情報では西部日本が最も大きな被害であるらしい。

米沢、大迫など社に訪ねて来る。黒駒へ電話を架けて様子を聞いてやらうと思つて試みたが、上黒駒の二番は電話器がこはれてゐるらしいといつて結局出なかつた。午后一時から編輯会議、部長新任挨拶をそこでやる。夕方「大作」で、米沢、桑原の二人と会食、ビール一ダースを米沢が持つて来た。それに続いて大佛次郎を招いてゐる文化部の会に現はれ、また生麦酒一樽を擁して持て余してゐる整理部の会にも呼ばれる。昭和寮の宿泊も良いが酒を飲む機会が余りあり過ぎる。昨夜は中山だつたが、今日は小野三千麿が僕の部室に泊り込んだ。

朝日新聞が業務停止を聯合軍総司令部から命令された。今日の午后四時から明日の午后四時まで四十八時間仕事が一切出来ないのである。理由ははつきり判らない。しかしこれは決してひとごとではないと思ふ。

九月十九日　快晴　後や、曇る

朝日の発行停止処分は方々に大きな衝動を与へた。社でも十一時から部課長会議を開いて、これについての協議をした。マッカーサー司令部のやり口には腑に落ちないところが多い。今度の朝日の例にしたところで、かなり無理を伴つてゐる。あの筆法で来られては、どんなに注意をしてゐても、先方でやらうと思へば何時でも処分出来るのである。しかしある程度は此方の注意を厄(ママ)を避けることが出来ぬものではない。その方法について相談をした。午后三時からは情報局で各社の社会部長、政治長(ママ)たちと聯合軍最高司令部新聞情報班ミッチェル少佐との会見があつた。ミッチェルといふ男は日本に十数年勤務したことがあるといふ。日本語もよく解る。けふの会見は主としてわれ〳〵の希望や要求や質疑を先方が聞きとらうとするのであつたが、先方の希望では、戦争中の日本が米英兵を呼ぶのに「鬼畜」といふ言葉をもつてした。今日さういふ感念(ママ)で米英兵に対することはいけない。そこで占領軍将兵と日本民衆との間の感情的な融和をはかる目的で、占領軍将兵の善行美談といふやうなものを日本の新聞に載せてくれ、またその材料を各社社会部からミッチェルの事務所へ提供してくれといふことが述べられた。これについては勿論先方の要求に応ぜざるを得ない立場にあるし、また他の関係を抜きにして考へても、さういふ記事を掲載することは、今日の日本新聞として悪いことではないと思ふ。そこで僕はこれに関連して、米兵と日本民衆との意志を疎通せしめる一法として、現在米英軍の手中に置かれてゐる日本人俘虜が何処にどのくらゐの数であつて、どんな待遇を受けてゐるかといふことを、一まとめにして調べて貰ひたい。その材料が日本新聞社に提供されて、それを新聞に発表することが出来たら、彼等の望むところにも沿ひ得るわけである。これについてミッチェルは非常に良いアイデアであるといつて喜び、早速この手配をすると語つてゐた。さらに記者側からマッカーサーとの共同会見を斡旋しろといふ申出があつたり、対外記事の提供と同時に日本新聞に対する記事の提供活発にしてといふ要求が出たりした。概して今日の会見はいろ〳〵彼我ともに得るところ多かつた。

午后五時から部会を開く。五階大会議室の一角に席を設け三十数人が出席した。およそ部会といふからには全部員漏れなく顔を出すべきものだと考へて、そのやうに手配させたが、なか〳〵うまくゆかないのである。けふの部課長会議にも出た聯合軍の新聞政策に応ずる対策について、また部員の勤務について話しをした。その後は宴。生麦酒が三樽あつて、社員食堂で造らせた料理もかなりのもので宴はなか〳〵賑つた。女の部員は食ふだけ食ふと退席したが、飲み手は何時までも残り、つひにはテーブル・マスターを選んで競演が始まるといふ有様である。

京都に病を養つてゐた村田忠一が今晩の列車で東京に帰るといふので、迎へてやる積りで九時半まで社に残つてゐたが、その列車は大ぶん遅れると聞いたので、鈴木、藤田の二人に出迎ひを頼んで帰る。

今日はニッポン・タイムスが二十四時間の業務停止を食つた。明日の新聞は出せないのである。

九月二十日　　快晴午后曇る

きのふも今日もうつくしい秋晴れである。昨晩の部会で全舷上陸をやらうといふ声が大ぶ出たが、全くどこかへ旅行にでも立ちたいと思はせる日和だ。しかし、おそらく何処へ旅をしても、心から旅をたのしむやうなことは出来まいと思はれる。

村田忠一は昨晩おそく東京に着いた。出迎ひに行つたものゝ話しでは非常に消衰(ママ)し、声なども枯れ、顔色は胸の患ひがひどく昂進したことを示してどす黒くなつてゐたといふ。おそらく医師がどうせ助からぬものならといふので東京へ帰ることを許したものと思はれる。十二分の寝間着を買つて寝台車一輛を買占めて来たのである。惜しい男ではあるが、かうなつては如何とも仕方がない。

午后渋谷に小滝を訪ね、借家のことを頼んだ。売家はあつても借家といふものはないと云つてゐる。しかし努力してくれるさうだ。そこから三好のところへ行つたが、不在であつた。一昨日黒駒から帰り、明日は北海道へ旅立つのださうだ。

三原信一が紀州の郷里から上京して来た。余り出てくるのがおそいので催促の電報を打つたのである。彼を社会部の副部長に迎へたいといふ僕の意向は彼に手紙で伝へてあるし、社の方の諒解も得ておつた。けふ彼が出社すると同時に副申書を認め、人事部に提出した。三原の副部長が決まれば、次に東亜部あたりの優秀なものを数人を社会部に入れたいのである。益井、磯田、矢加部、朽木などを好いと思つてゐる。東亜部でも出し惜しみをすることゝ思ふが、社のためにも、本人たちのためにも、かういふ人材を今の東亜部に縛りつけておくといふ法はないのだ。三原を歓迎するために、新名と三人で昭和寮で小宴を催す。三原がはるばる紀州から持参した大きな鯛の浜焼きが二尾もあり、招いたのやら招かれたのやら解らぬといふことゝなる。

九月二十一日　未明雨、曇り

畏きあたりでは、一昨日藤田侍従長をマッカーサー元帥の許に差しつかはされた。極秘事ではあつたが、すでに外人記者のうちにこの事が知れて、シカゴ・デーリー・ニュースは、この事実から□天皇陛下の御退位説を東京から打電したといふ。このことを聞いたユーピー支社は狼狽して真否を責任当局について問ひたゞしてくれと依頼して来た。そこで藤樫に電話を架けて宮内大臣の談をとつて貰つたところ、石渡宮相「さういふことは絶態にありません」と答へたといふので、そのまゝをユーピーに知らせてやつた。しかしこの問題についてはいろ〱考慮される。

内務省の記者倶楽部では、けふ会合して毎日の仕事を自由競争によつてすべきか、従来通り発表本位とすべきかといふ協議をして、後者に決定したといふ。司法省の倶楽部でも先日発表と申合せを行つたといふことだ。おそろしく馬鹿な話しである。自由競争にこそ新聞記者の生命と興味とがあるのに、これを自ら退けようとする気持ちが解らない。そんな申合せはおろか、記者倶楽部、記者会などといふ有害無益な存在は、この際無くしてしまはなければならぬ。これは各社の編輯責任者会議の問題に採りあげて処置するやうにしたい。

岩沢が訪ねて来た。いろ〱話しをして行つたが、肝心の要件は小林元をうちの社では使はぬかといふことである。僕の考へでも、あゝいふ人物の一人くらゐは社が持つてゐてもよいと思ふのであるが、この際、他から人を採用するといふことが許されるかどうか。山下仲次郎が訪ねて来た。これは例のキャバレーを開くことについて助けを求めて来たのである。この骨の髄まで金儲け根性の浸み込んだ男の意中はよく解るが、そんなことに真面目にかゝり会つてゐられる今の僕ではない。

東部軍の稲富大佐を夕方昭和寮に招く、その席で軍の持つてゐる宣伝用自動車を社に譲つてくれぬかといふ話しを出したところ、もう暫く待つてくれとのことであつた。この会を終へたところへ、小野三千麿と松浦吉松とがやつて来て、再び飲む。土肥原大将が米軍に喚ばれたといふ説が伝はり、方々調べさせたところ虚報と判つた。

九月二十二日　曇り夕より雨

昨夜騒いだ土肥原大将召喚説は必しも噓ではなかつた。同大将は今日午后零時十八分米軍司令部に出頭したのである。前朝鮮総督阿部信行大将も督促令をうけてゐるが、肝臓ジストマで臥床中で出頭を延期されてゐる。同大将が自決する予想が方々でしきりであるので、こちらでも注意してゐる。

明日はいよいよ黒駒ゆきを決行する。そのことを知らせようと思つて電話を架けたら、なか〱出ない。ちようど僕が中食に出てゐるうちに通話したので、デスクのものが気を利かして「明日はゆく」といふことを伝へてくれた。田中香苗が出社したので、東亜部から社会部に貰ひたい人物の件について相談する。村上といふ部長代理がゐるのだから、田中の留守中にでも話の出来ぬわけはないのであるが、理屈ばかりでは参らぬところがあり、田中が出て来てから話しをすると、あれは困る、これは待つてくれと、なか〱人間の出し惜しみをして話しが進まない。僕の欲しいのは益井、磯田、橋本、矢加部といふところだが、益井と矢加部、橋本とは、どうしても出せぬといふ。

海軍軍務課の連仲を招く。中山、福山、土居が来た。雨しきりに降る。

九月二十三日（日曜日秋期皇霊祭）　雨　　——黒駒ゆき——

子供が学校の遠足にゆくやうに、僕はけふ嬉しいのである。黒駒へ行つて、何時だつて忘れることのない桂に会へるのである。心配してゐた空模様もそんなに悪くないとこを五時前に起きて窓を開いて空を仰いで知つた。六時には昭和寮を出る。岩田は早くから起きて土産の蟹を冷蔵庫から出して荷造りなどしてくれた。黒駒への土産はそのほか、バター一ポンド、鰊粕漬一貫め、乾麵麭二斤、絵本などいろいろある。リュック・サックは重い。一食分の弁当も岩田のところで造つてくれた。有楽町から八王子にゆく。実は列車時刻表によつて九時七分同駅初の列車に乗る積りであつたのだが、八王子で聞くと、その列車は最近浅川から出るといふので浅川へゆく。列車は発車一時間前で二等車輛もがら〳〵に明いてゐた。ゆつくり座を占めて朝食の弁当を食ふ。十二時近くになつて甲府に着く。調べて見たら岳麓バスは五時半でなければ出ないので、一時半に錦生に向つて立つバスを選ぶ。それを待つ間にひるの弁当を食つた。錦生でそのバスを降りたら雨が降り出した。黒駒までの上り一里の路を歩くことが大変だが、一層困つたことは雨がいよ〳〵強くなつたことである。三時前ずぶ濡れになつて着いた。家では昨日の電話を僕の昨日着と聞いて昨夜はおそくまで待つてゐたのださうだ。桂は踊つて喜んだ。雨に濡れた着物を着かへて、まづ〳〵くつろぐ。（以下略）

九月二十四日　　朝時々曇り夕雨　　――黒駒滞在――

（省略）

九月二十五日　　曇り、晴れ　　――黒駒より帰京――

けふは豊子の誕生日であるが、もう一日こゝにゐて、その日を共にすることは出来ない。仕事が東京に待つてゐるからである。五時に起きる。桂も間もなく起きて来て、三人で食卓を囲む。窓ぎはの食卓からは、すがすがしい朝早い山が、横に一本ながく雲をたなびかせて、手を伸ばせば届くかのやうに仰がれる。二人に送られてバスの停留所に行つたら、運悪くけふは一時間もバスの来るのが遅れた。それでもやつと乗ることが出来て、甲府に行つたが、もとより七時半の汽車はとくの以前に出た後、そこで支局にゆき、阿部の跡に今度支局長になつた田中義高に本社へ帰る時間がおくれたことを電話して貰ふやうに頼む。そして十時発の汽車に乗つたが、これが超満員、立ちつくして浅川までゆき、そこから省線電車に乗換へて、予定よりも三時間おくれて帰社した。心配してゐた仕事の方には異状がなかつた。土産の葡萄を皆に頒ける。

けふ□天皇陛下には午前十時にニューヨーク・タイムス支局長に、午後四時にはユー・ピー社長に拝謁を仰せつけられたさうである。二人とも握手を賜り、畏さに何事も発言申あげなかつたさうであるが、ユーピー社長には　陛下から「近く帰るであらうが、一路の安全を祈る」と仰せられたので、大いに恐縮したといふことである。事業委員会があつたので顔を出す。その席で朝日は各大都市に朝日会館を設立するといふ噂が伝へられた。別にそれに対抗する意味ではないが、僕は各都市にスポーツ殿堂とでもいふべき、「毎日スタヂアム」を建設することを黒崎に提議した。要らなくなつた飛行場を利用するのもよし、電車会社と連繫をつけるのもよし、たゞこれは建築学者などをも動員して、競技場建築のうへで画期的なものとして、その方面にも寄与することが必要である。月給だが会計がのろ〳〵して六時を過ぎても出ない。昭和寮に帰り、岩田と持ち帰つた葡萄酒を飲む。

聯合軍最高司令部の新聞、ラヂオ等に対する圧力はいよ〳〵きびしくなつて来た。下記の根本方針は二十一日から実施されてゐる。困ることは余りに漠然としてゐる個所が多く。取締当局の解釈如何では、どうにも出来る性質のものであることだ。同盟通信社は、一時業務を停止され、その後国内通信に限りて許されたが、それも厳重な検閲をうけての業務許可で、非常な困難を味はされてゐたが、いよ〳〵近く一切の仕事を放擲しなければならぬことゝなるらしい。政府からの特恵待遇をうけてゐるやうな通信社の存在は許されないといふのである。その後にはおそらく数多の新聞社の合同出資になる通信社を始め、旧電通の後身のやうな通信社が現はれて来ることゝならう。

（「日本に与ふる新聞紙法」一九四五年九月十九日聯合軍最高司令部が貼付：省略）

九月二十六日　　曇り時々晴れ

村田忠一の病気見舞に金一千円を集めて、その金で白米を買つて与へようといふ儀あり、発起人となる。正午過ぎ弘島昌が訪ねて来た。時事を談ずる。いろ〳〵話してゐるうちに、この男は珍しく良い役人であるといふことを改めて感じた。東亜部々員を社会部に引込むために、田中香苗と折渉したが、欲しいと思ふ人物はむかうでも手離せないといふ。なか〳〵困難な仕事である。

夕方、渡瀬亮輔をまぢへ、何といふことなしに数人のものと一緒に昭和寮で飲む。そこで少々蟹を食ひ過ぎたのが原因か、腹痛をもよほした。

九月二十七日　曇り夕より雨

小林豊樹来訪。山県大将の葬儀を十月七日の日曜日に逗子の山県宅で行ふのについて、新聞記事や広告のことで相談があつたのである。貸家を借りるために見つけ出してくれるやうに頼む。迫田鶴吉が黒駒からやつて来た。豊子に命じておいたズックの鞄を持つて来た。豊子へは昨日手紙を書いたばかりだから別に託すべき言葉もなかつた。佐藤八郎の妻来訪。

天皇陛下、米国大使館にマッカーサー元帥を御訪問遊ばされる。戦敗国の元首が戦勝国の最高司令官を自らの城下に迎へて儀礼の訪問をする。それは歴史のうへでいくらも見られるところである。しかし、今それがわれ〳〵の国の現実の事となつた。かういふ現実はわれ〳〵の歴史だけは今日まで持たなかつたのである。重苦しい敗戦感はこの日また一入強くわれ〳〵の胸に迫る。

午后三時から「旅行座談会」を開く。東京鉄道局から磯野旅客課長ほか六人が出席し、約二時間話した。それらの人たちと共に軽い晩餐をして昭和寮に帰つたら、生ビールを飲んでゐる新名、立石、大橋、白石、柴田、工藤、高原などの一団あり、迎へられてその席に列つたが、工藤などの酒の勢ひを借りた軽薄な議論を聞いてゐるに耐へず、いい加減に切りあげて、ひとり部室に帰る。そして蚊帳のなかに入つて読書をしてゐたら、余ほど時間が経つてから新名が部室にやつて来た。「いま工藤にビールのコップをなげつけて来ました」といふ。僕も早くからこんなことにならうと思つてゐたのだが、聞けば工藤は調子の乗るがまゝに新名を「海軍の御用記者」だと放言したので新名もおさまらなかつたのである。工藤は敗けた。

九月二十八日　雨　午后快晴

昨夜はひどく雨が降り通した。風もなか〲強かつた。朝になつても止まない。その雨に濡れて出社する。けふは先日来良い記事を書いた五人——朝居、塙、大川、杉山に特賞を出す。杉山の取つた今朝紙上の記事は国鉄全線の電化計画といふ興味あるもので、しかも特種であつた。内務省の記者倶楽部がこの間申合せをして自由競争をやめようと決定したのは、今日に至つて解消されたが、時の新しい流に逆行することは許されないのである。司法省も左様いふ方向を取らせたい。続いては現在の記者会、記者倶楽部といふものを無くしてしまふことが理想である。

天皇陛下がマッカーサー元帥をお訪ねになつたのは昨日のことであつたが、その御写真（陛下が元帥と並んで御起立遊されてゐるもの、陛下にはモーニング・コートをお召しになつてをられる）が発表されて、今日組込みの紙面に掲げられた。

夕、市川三郎ウィスキー一本を持つて来たので、森本太真夫と三人で昭和寮に小宴を催す。

九月二十九日　晴れ時々曇り

いくら待つても昭和寮に新聞が配達して来ないので、待ち切れずに社に出ると、本紙も朝日も読売も発売禁止になつてゐることが判つた。昨夜六時五十分に情報局から処分を通告して来たのである。理由は本紙はユーピー社長ベーリーと天皇陛下の御会見を朝日は陛下とニューヨーク・タイムス記者と、読売はこの両方の会談記を掲げたのがいけない。それは八月二十五日に情報局から通告した趣旨にもとるといふのであつた。しかし今度の記事は宮内省にたいしても掲載さしつかへなしといふ許可を得てある。元よりマッカーサー司令部に異存のあるはずはない。要するにわが内務省と情報局との合意による暴挙であると云はねばならぬ。殊に本紙のごときは一版からその記事を載せてゐて、地方には発送ずみであるし、都内でも取押への手際が悪いところから今朝発送されたところも少くないといふ。俄然この事は三社にとつて大きな問題となつたばかりでなく、政府の内部――内務、外務、宮内三省および情報局の紛糾が生まれ、外国新聞記者たちもこれを日本言論界の大問題として打電をするし、特にマッカーサー司令部はこれを決して看過しない。そして検閲部長フーヴァー大佐は「日本政府の処置には大きな矛盾あり」と声明したが、つひにマッカーサー司令部からは日本の現存する新聞紙法その他新聞、通信、ラヂオ、映画等を縛つてゐた法令の殆ど全面的な撤廃を政府に命令して来た。そして午后五時過ぎてから、三紙の本日朝刊はいづれも発禁解除となつたのである。

けふは終日こんなことでいろ〱手を焼かされたが、午後四時から記事審査委員室で店開きの小宴を催すといふので、五階の大会議室のその催しに加はり生ビールを飲む。夕方は立石が除隊祝ひに僕たち数名を昭和寮に招いたので、おそがけにその席にも顔を出す。ひる清水の前島が来社した。それを機会にして面白い計画を一つ立てた。それは十月十日の桂の誕生日を一家揃つて興津で迎へる案である。僕は十日に清水の連中に時局談をやる。そこへ迫田を付添ひにした豊子と桂とが身延線まはりでやつて来る。そうして僕の講演が終つた後で、揃つて興津に行く、興津は水口屋がまだ店を開いてゐるが、前島が適当な宿泊所を定めておいてくれるはずである。新鮮な魚を手に入れて、そこで一夕の団欒をする。僕はその翌日帰京するが、万事の条件さへ悪くなければ豊子たちは一週間か十日間興津に滞在するといふことも考へてゐる。そのよしを今日豊子へ手紙で通知した。

（中略）

九月三十日（日曜日）　晴時々曇り

新聞の仕事も活況を呈して来たと云ふものゝ、日曜日の社内など極めて閑散である。出先きからもこれといふ珍しい材料を持つて来るものもない。高石、高田両氏は出社してゐたが、編輯局長も次長もゐない。部長で出てゐるのは僕と整理部の岩佐の二人だけであつた。

同盟通信社は、いよ〳〵廃業することに決定した。すなはち今日開かれた同社の理事会に高石理事長以下が出席して、古野社長以下常務理事一同の辞意が表明され、同社を解体して新通信社の結成に寄与する旨が取決められたのである。正式決定は十月十二日に開かれる臨時社員総会によつてなされる予定である。当然の帰趨と云つてよい。
夕食は大作の料理を独りで食ふ。珍しくドライの一日だつた。

十月一日　　晴れ夕方くもり

月曜日の新聞は文化欄が四段喰込むことになつたので、誠に窮屈である。このまゝで今後ずつと続くとすれば余ほど考へなければならぬ。何を措いても早く実現させたいのは紙幅を拡張することであるが、今もつてその点では望みを持てない。

（中略）

午后四時から部長会あり。同盟通信社の解消に続いて誕生する新通信社の件、次の総選挙を機会として社員の立候補者をどう取扱ふかといふ件、新しく社に設けられた記事審査部活用の件などについて話しがあつたが、第二の問題は軽々に取決められるものではない。僕も席上所見の大要を述べたが、云ひ尽さぬところが多かつた。もつと慎重な討議を重ねなければならない。夕方は桑原が白金の宅へ鹿倉専務と上田人事部長とともに招いてくれた。脚の腫物の関係で酒はひかへたが、実に豊富に料理があつた。ところが迎ひに来るはずの自動車が約束の時間を過ぎても来ないので、何か事故が起つてのことだらうと判断して電車で帰る。まづ社の自動車部に立寄つてみたら想像の通りであつた。そこから自動車を出させ鹿倉氏を築地の岡本旅館に送り込んでから昭和寮に帰る。

十月二日　　曇り雨あり

（前略）

昨日は東亜部から磯江仁三郎、氏森励、矢加部清美、浅岡光正、佐々木芳人の五人を社会部に取るやう稟議書を出したが、今日は見習生の武石が社会部に帰つて来た。かうして新しい人を迎へる一方、出したい人間も少くない。しかしその方はむつかしいものである。早稲田の教授で川原田といふ工学博士が中尾の紹介で訪ねて来た。この人は戦争中に音響魚雷をやつてゐた発明家で、今度は農村電化と電気玩具とをやらうと云つてゐる。昼食を共にして科学者の街頭進出について語る。その面談中に小林元が訪ねて来た。今度は僕の席で話す。彼の新聞に対する批評は鋭いものがあつた。また歴史を専攻する彼が今日のわが国家的変動をどう見るかといふこともなか〳〵興味があつた。もう一度ゆつくり会つて話す機会を約束して別れる。村田忠一を見舞ふ積りでゐるのだが、今日も忙しくてとう〳〵行けなかつた。今日は医局へ外科の医者が来る日だから脚の腫物を診て貰つたが、別に変つた治療法があるわけでない。しかし腫物は今朝二十分ばかり石英紅をかけて湿布をしておいたら、中央部に突起が出来て、そこから破れて来た。膿も少々出た。モスクワで咽喉部にアンギーナー腫物を出来して悩んだ時のことを想出す。四時正来訪。

夕方の五時半ごろ、社の（毎日館）五階から飛降り自殺を遂げた二十才ばかりの青年があつた。身許も判らない。原因もとより判らないが、若い男が自殺する時勢になつたかと思ふ。大阪では二、三百円の金を懐中にして行路死人が頻出してゐるといふことである。食糧事情は関東より関西の方が悪いのである。この冬はどんなことになるかと按じられる。社からの帰りは歩くことがむつかしいので自動車を頼んだ。出版局の会と立石隆一の会との二つがあり、その両方に出る。

十月三日　　曇り湿度きはめて多し

大作の岩田が網船にゆかふと先日から誘つてくれてゐる。今日はその当日であるが、とてもそんな暇はない。嶌、森下その他の連中も来て朝の八時に皆は出かけて行つた。歩行困難、自動車に迎へられて出社。腫物を医局で手当てしてもらつたが、患部は完全にようの形態をそなへて中央部に四つか五つの小さな口を開け、そこから膿を出してゐる。

この戦争中に、いはゆる自由主義者と呼ばれるものが、約三千人法に問はれて拘禁されたが、そのなかで獄死したものが少くない。最近では三木清、その前には戸川潤(ママ)その他がある。今日はさういふものに対する総括的記事をつくつた。東部軍司令部から宣伝用自動車を譲受けることは現物が破壊されてゐてものにならなかつたが、その代りに可動式拡声装置といふものを二基貰ふことになつた。稲富大佐の好意に負ふところが多い。その受渡しのために、けふ狩野君を東部軍司令部にやつたが、それと入れちがひに東部軍から前田中尉といふ連絡将校が来てくれた。明日の午后トラックを川越街道の現物疎開先に送つて受取ることにした。

海軍々務課の山下中佐が大阪人事部に赴任するので夕方大作でその送別会を催す。席上、高瀬大佐に貸家のことを頼んだ。心当たりがある様子である。

十月四日　未明より大雨あり、夜明けに至つてやむ、ひる曇り、また雨

天候が悪いので昨日東部軍と約束しておいた、いはゆる可搬式拡声装置の引取りは出来なかつた。ただその部品の一部が朝日新聞に持込まれてゐたのだが、それだけは庶務部に手配して受取りにやらした。僕の腫物は今日に至つていくつかあつた小さな穴が開き、そこから濃い膿がどん〳〵出て、乳のかたまりのやうな芯がその後からピンセットでつまみ出された。それで余ほど楽になつた。手当ては午前と午后と毎日二回づつである。

情報局を受け持つてゐる小林孝裕の齎らす情報によると、今日の見込みでは十一月から新聞紙の紙幅拡張が出来るといふのである。十月一ぱいに一万トンの紙を北海道から運搬することになつてゐるので、それが出来れば十一月一日から四ページ新聞が出るわけ、しかし今日のところ、青森、北海道の米軍進駐で青函連絡船が暫時的に止つてゐる。そんな関係から一万トン運搬は三十パーセント減程度になるかも知れない。さういふ際は一週二回の四ページ紙が出ることになるといふのである。最小限度四ページなければ、今日の新聞はとても遣つてゆけないといふことは毎日痛感してゐるのだ。高石の真弥君がパラチフスと診察されたと聞く。つひ一昨日社に来てゐたのだが——。それよりも驚かされた情報は、尾川多計が死んだことである。この若い美術評論家は社が明日から開く日米親善美術展覧会といふのに関

係して、その仕事に力を入れてゐた一日の夜やはりその仕事を手伝つてゐるアメリカ兵と一緒に大作で酒を飲み、かなり酩酊した米兵運転手の操縦する自動車に乗つたのが間ちがひのもとで、その自動車が何かに衝突して尾川は腰に打撲傷を負つた。そして日大病院に担ぎ込まれた。手術の際の麻酔が過料で心臓を犯されて死んだのだといふ。昨夜のことである。フィリピンからも暗い情報が伝へられて来てゐる。正富笑人と石川欣一は生存してゐるが、福本福一、南条真一の二人はすでに死んだらしい。他のもの、生死は判らぬといふのである。

夕方になつてマッカーサーの司令部から重大な発表があるといふ。何事かと思つたら、まさに重大な発表であつた。それは内務大臣以下警察行政にたづさはつてゐる一切の首脳者の罷免と治安維持法をはじめとする諸法令の撤廃、政治犯人の釈放等を含んだ指令が日本政府にたいして発せられたのである。この指令は「政治警察廃止に関する覚書」と呼ばれ、主題は「政治、信教ならびに民権の自由に対する制限の撤廃」と銘うたれてゐる。法律、勅令、命令、省令、取締規則等で一切の条項の廃止と効力の即時停止を求められたものは

治安維持法、思想犯防護観察法、思想犯保護観察法施行令、保護観察所官制、予防拘禁手続令、予防拘禁処遇令、国防保安法、同法施行令、弁護士指定規定、軍用資源秘密保護法、軍用資源秘密保護法施行令、同施行規則、軍規保護法、同法施行規則、宗教団体法

の十五とその附加、附随一切のものである。そしてこの覚書のAの（一）に「思想、信教、集会、言論の自由に対する制限を確定または維持する法令」を撤廃しその効力を即時停止するといふ項目には特

に（天皇陛下、皇室制度ならびに日本帝国政府に対する自由なる附議に対する制限令を含む）といふ割注が入つてゐる。

また「保護ないしは観察」の名の下に現に拘留されてゐる人々の即時釈放が指令され、内務大臣、警保局長、警視総監、大阪警察部長その他の道府県警察部長、各警察部の全部員を来る十五日までに罷免し、それ等の人々が如何なる警察機関の如何なる地位にも再任命せられないことを指令してゐる。夕方から編輯局内沸きかへる。

けふはめづらしく酒を一滴も口にせず。

十月五日　　夜来の豪雨。都内にも浸水多し、終日雨降つて止まず
連合軍総司令部が昨日日本政府にたいして採つた措置はつひに東久邇宮内閣の総辞職となつた。辞表は午後零時五分に提出された。理由として「終戦事務が一段落を告げたから」といはれてゐるが、それは公表された表面上のことであつて、官庁筋では昨日のやうな措置が採られた以上、治安維持の憑りどころがなくなるし、不敬罪に対する法的取締も出来ぬやうでは国体の護持も不可能だからといつてゐる。しかしそれも本当の理由ではなからう。この宮様内閣は近衛がゐたり、緒方がゐたり、時の動きと歩調を合してゆくには不都合な素質があつたうへに、戦争犯罪人として挙げられさうな人間も関係してゐる。それでは実のある仕事を今後やつてゆける道理がない。早晩やめなければならぬといふところへ、昨日のことがあつて、その機会を造つたまでのことである。後継内閣についてはいろ〳〵評された。たゞ従

来とちがふところは重臣の発言といふものが後継内閣の銓衡に無力となつたことで、今度は現内閣首班と内大臣との二人が詮議したところを御前に奏上するのである。吉田茂、若槻礼次郎、野村大将、幣原喜重郎、有田八郎などが挙げられたなかで、首相宮と内大臣との意見に一致を見たのは吉田一人だけだといふから、あるひは吉田と決定するかも知れない。しかしどんな内閣が出来ても、陛下の大臣がマッカーサーの命令一つで首を飛ばされるのであるから、何も彼もあつたものではない。

腫物を溝淵博士に見て貰ふ。これまでこの腫物には酒を飲んでは悪いものとばかり思つてゐたが、溝淵さんの話しでは、「なんの、ちつともかまひませんよ」といふことで大いに気を好くする。

昨日から今日に亘つての雨は実にひどかつた。台風が関東へ上陸するだらうとかなり脅かされてゐたが、それはうまく抜けたらしい。夜、岩佐と狩野との二人を昭和寮に招く。

十月六日　曇り時々晴れ

組閣の大命が吉田茂に下るであらうと考へたのは当てが外れて、けふ幣原喜重郎が拝受した。吉田説は内務省も本社の政治部も左様と信じてゐたのであつた。けふ中には組閣は出来なかつたが、吉田茂は外相として留任するらしい。その他文相の前田多門なども残るだらうといふことだ。それにしても七十四才の老人の幣原をこの時期の総理大臣とするのである。勿論これとても中間的のものであるに相違ないが、何とかもう少してきぱきとした新鮮味の味はゝれないものか。

中山博栄来訪。旅行座談会について読者から毀誉さまぐ\の投書が来る。午后三時から芝増上寺で執行された山県正卿大将の葬儀に参列した。世が世とはいへ余りに淋しかつた。

十月七日（日曜日）　曇り雨

山県大将の告別式が二時から逗子の大将邸で行はれる。組閣の方がけふ決定するやうなら参列出来まいと思つてゐたが、その方は幣原が「巧速主義でゆく」といつた言葉に反して、なか〳〵はかどらないので、この間にと逗子へ出かけた。十一時四十六分東京発の列車に乗り、桑原と同道した。亀岡もおなじ列車だつたが、切符が買へなかつたと云つてこれは三等だ。列車で行つてよいことをした。実は小林豊樹が自動車でゆくからそれに乗れと誘つたが、切符もすでに買つてあることであるし、その方には写真部のものを乗せて僕たちは最初の計画通りにしたのである。ところがその自動車は途中でパンクしたり、小林の運転だものだから何処かで溝にはまり込んだりして、東京―逗子間を三時間もかゝつて到着したのであつた。同乗の笹川良一もさすがに弱つてゐた。逗子では昼食を馳走され、告別式に列し、写真を後に残して一足先に帰る。社に着いたのは四時五分。組閣の模様はどうかと聞くと「何時になつたら埒が開くことやら判りませんよ」といふ話である。外相官邸の組閣本部に出入りする者も少い。次田大三郎が組閣委員長といふ格であるが、「過去十年間指導の地位に就いてゐなかつた者のうちから銓衡する」といふ方針なんださうだ。それは戦争犯罪人を避ける一案かと思ふが、かなり窮屈なことである。六時過ぎまで社にゐたが別に変りもないので組閣本部の部員を後退（ママ）させて帰宅する。帰ると岩田が鰻を割いてゐるので「珍しいぢやないか」といふと、折角の鰻だから今晩は丼にして森さんに食べて貰はうと思つてゐたら味醂も砂糖もないので垂れが出来ないから、明日まで待つてくれといふ。その代りうまい車蝦を焼いて夕食を食はしてくれた。

昨日に続いて今日もドライで終るかと思つてゐたら食事を終つたところに連合軍最高司令部宣伝部長のミッチャー少佐がやつて来た。彼は戦前の十三年間英文毎日の記者として日本にゐたのである。その夫人は日本人で、いま昭和寮に泊つてゐる。ミッチャーと彼の持参したウィスキーを飲んでかなり夜の更けるまでいろ〳〵と語りあつた。「文明と戦争」の話題がその主なものであつた。

十月八日　雨

夜ふけてから降り出した雨は容易に止まない。さうして今日は終日の雨であつた。今度の雨で静岡県がひどくやられる。田畑の流出や村落の水びたしなどが多い。関東地方も方々に水害の声を聞く。その水害のために一両日来身延線が不通だといふことだ。折が悪いのである。十日の興津ゆきを前にして豊子がどんなに気にしてゐることであらう。もし行けないといふことになつたら桂はどんなに残念がることであらう。そこで三好がうまい具合に訪ねて来て明日は黒駒にゆくといふから「十日に行けなくても後からでも興津にゆけ。手配はととのへておく」といふ伝言をした。その三好は北海道へ母親を迎へにゆき、その母親を暫く黒駒に住はせておくといふのである。それにしても今年は災厄の年である。敗戦は人為であるが、稲の生長期の気候はずつと悪かつたし、風水害が方々に発生した。国民は所詮どん底まで行かねばならぬであらう。米の暗値次第に吊りあがる。東京では俵二千円といふところ、大阪では二千五百円から三千円するさうだ。甲州黒駒などでも千五百円である。

幣原男の組閣工作は遅々として進まなかつたが、今日はかなりの速力を出し、夕方には顔ぶれが揃つた。しかし云はれたやうに「巧速」とは義理にも申あげられない組閣ぶりであつた。閣僚の顔ぶれは左の通り

首相　幣原喜重郎　　内相　堀切善次郎
外相　吉田茂（留）　　文相　前田多門（留）
陸相　下村定（留）　　海相　豊田副武
大蔵　渋沢敬三　　運輸　田中武雄
農相〔ママ〕　小笠原三九郎　　商工〔ママ〕　松村謙三
厚生　芦田均　　司法　岩田宙造（留）
国務　松本烝治　　国務　次田大三郎
書記官長　次田兼務、法制局長官　楢橋渡
情報局総裁　河相達夫（留）

御親任式日時午前中に執り行はせらる御予定である。

けふニューヨーク・タイムスの週刊写真帳がとゞいたのを見ると、米国の爆撃によつて焼かれた宮城内部の写真が空中撮影で掲げられてゐる。実に暗澹たる光景である。それを紙上に掲げようかどうかといふ論議が編輯局内にあり、僕は極力不掲載を主張した。そしてその写真は載らなかつた。

夕方待望の鰻を食ふ。肉の厚さが三分もあらうかといふ江戸前の大串である。一皿で十二分に満足した。

十月九日　雨

早く社に出た。新名が来て、閣僚の顔ぶれに変更があるといふ。聞けば昨夜豊田の外相（ママ）が取りやめになつて、米内の留任になつたといふ。各紙ともそのことを伝へてゐない。理由として云はれてゐることは、豊田はかつて軍政、軍令の首脳が一人で兼ねることに反対した。今まで彼は軍令部長であつた。その意味で就任を拒絶したといふのであるが、それはこぢつけであらう。副武はたしかに戦争犯罪人としては米内以上のものとされてゐると思はれる。彼にケチをつけたのはマッカーサー司令部ではなからうか。勿論米内だつて五十歩百歩だが、暫く留任することは見逃がされたのではなからうか。

　このごろの東京の市内で見る風景にはをかしなものが少くない。殊にその風俗である。図にはその一端を示した。特殊慰安施設協会といふものが出来て、米兵のお相手をするダンスホールやキャバレーや娼家が出来た。そこらあたりの女たちが、大きな米兵の腕にぶら下がるやうにして街を歩いてゐる。男の服装で戦闘帽といふものはすたりがない。おそらく便利だからでもあらうが、代りがないことにも起因するだらう。戦闘帽の名前を今となつては変だからと云つて健康帽など丶云つてゐる。男も女も肩に懸ける鞄は依然として愛用されてゐる。これも頗る便利なものであるからだらう。もんぺの女はやはり多い。たゞをかしなのはもう戦争も済んだのだから何を持ち出しても支しつかへがないと思つたか、婦

人の帽子が街頭も散見される。しかしそれがよれ〲のワン・ピースに鉢形帽子、しかも足はと見ると下駄を穿いてゐるといふ珍奇なものがある。
親任式が予定通り午前十一時に行はれたので、後はごた〲したことがなくなり、新聞も知恵と工夫で作れるやうになつた。明日あたりからかねての計画による報道班員の真の手記を続き物で載せることにしよう。土方与志が仙台の刑務所から出た。政治犯人解放の一つであるが、その記事を仙台支局に注文しておいたら、かなり良いものがとゞいた。それと並んで天気予報の記事がある。このごろの天気予報がどうもうまく当らない。何か理由がなければならぬと思つて調べさせたら、ソ聯占領下にある満州、朝鮮からの気象通報が入らないからださうだ。誠に面白い。
その気象についてのことだが、豊子と桂とを興津にやることは按じてゐた通り駄目になつた。身延線の運行状態について甲府支局に問合したら、鉄橋の流失があつて、一ヶ月くらゐは不通状態が続くといふのである。そのことを電話で黒駒へ連絡し諦めるやうに話した。その節桂が夕方になると微熱を出して困るといふことを云つてゐた。心配でならぬ。夕方編輯局調査室の第一回会合が昭和寮であつた。鯨のすき焼を食ふ。惜むらくは酒が乏しかつた。

東部軍から譲り受ける「可搬式高声装置」——つまり移動ラウドスピカー・セットなんだが、それを川越街道大井国民学校の疎開地に取りにゆくやう庶務部に手配しておいたのに、なか〳〵行かない。やかましく督促して、今日やつと運搬させた。夕方東部軍から技術将校の前田中尉がわざ〳〵その点検に来てくれたが、なか〳〵立派である。二基だけ譲つてくれるはずであつたが三基あつた。無償でといふ先方の話しを「それではおもしろくない」と云つて金を払ふことにしたが、一基分わづか二千円で、原価の十分一くらゐ。嘘のやうな値である。軍ではまだ一度も使つてゐなかつたが、これからは社で積極的に活用したいものである。

十月十日　風雨強し　——清水、興津——

（省略）

十月十一日　雨　——帰京——

一晩ぢう小止みもなく降り通した雨は夜が明けても止まない。幸に宿はすぐ前であるから豪雨も余り苦にならず、蜜柑などをどつさり入れて重量を増したリュック・サックを背負つて駅にゆき、六時八分発の汽車に乗る。静岡仕立ての列車だからがら〳〵に空いてゐる。昨晩庵原茶屋で造らした松茸めしの握り、佐野屋で用意された焼き魚と野菜の揚物のお菜で朝の弁当を食ふ。小田原からドイツ人が三人僕の席に近く乗つた。反ナチの連仲で今はアメリカ軍に使はれてゐるらしい。おそらく最近拘禁から出て来たのであらう。その辺から車内は混み出して来る。東京への通勤者が乗込むからである。新橋で乗換へ、有楽町に着いても雨はざんざん降つた。十時半ごろ社に出る。留守中には何も異変がなかつたらしい。今の仕事は一日社を留守にしても気がかりで仕方がない。手紙が数通来てゐた。そのうちには上原虎重からのものがあつて、張といふ台湾人の青年を台湾に送りとゞける方法を講じてくれといふ依頼であつた。それについて台湾総督府出張所の多田と連絡をとらうとしたが成功しなかつた。

マッカーサー司令部が日本国内へ民衆の必需物資を輸入する件について許可を与へること丶なり、まづ米、塩、綿花がまつ先に運ばれること丶ならうといふ発表があつた。これは確かに最近にない朗報である。農民が米の供出を渋つたり、米の闇値が際限もなく昂騰してゆくのも、これでいく分かは緩和されること丶ならう。しかし一方において国民の勤労と自制心とが食糧問題の解決にもつと積極的であらねばならない。さういふ考へから今日の社会面を造ること丶した。今日の組込みで「秘められたる戦記」といふ続きものを掲載する。これは著名な戦闘を海戦、空戦、陸戦ともに赤裸々に報道するので、筆はそれ等の戦闘に参加し、もしくは関係した報道班員を選んだ。もつと早く載せるはずであつたが、最初に載せるべき「ミッドウェー戦」の記事を、担当者の新名がなか〳〵書かない。勿論政治部の彼が政変の仕事に追はれてゐたといふ点を考へないわけではないが、さんざ督促して、やつとそれが出来上つてきたのである。十数回に亘るこの続きものは、単にわが社会面の記事として面白いばかりではなく、日本の戦史として立派な価値を認められるに至ること、思ふ。

岩田が社に来て鰻を焼いて待つてゐるといふので、早いめに社を退き、帰つて風呂に入り、うまい夕食をする。

十月十二日　快晴

久しぶりに青空を見る。しかも一かけらの雲もないすがすがしい秋空である。さわやかな風の音が聞えるやうな写真を一枚紙面に使ひたいと思つて、写真部に注文したが成功しなかつた。外濠の魚釣りといふ狙ひは良いが図がらがなつてゐない。熊沢秀内が社に訪ねて来た。ちつとも知らなかつたが、彼も六月に応召して九州の部隊に入つてゐたさうだ。いま九州から北海道の自宅に帰る途中だといふ。四方山の話しをした。年末にはまた出てくるから、その節は酒と新巻の鮭を提げてくるといふことだ。ニューヨーク・タイムス週刊誌にのつてゐた宮城焼跡の空中写真は紙面に出さないといふ僕の主張であつた。そして今日までその主張を通して来たのであるが、今日はそれを覆した。といふのは売勲事件の天岡の社に宛てた投書がもとで宮城再建の儀が□陛下のお志によつて取止めとなつたことが判つた。下戦災者の身辺のことゞもをお思召されて、このうへとも御不自由な御日常にお忍び遊されるお心うちを拝して感涙するほかがない。そこでその記事とともにこの写真を出そうと考へた。これほどまでに惨憺たる状(マ)

形(マヽ)になつた宮城であるにも拘らず、このやうな有難いお心を拝したのであるといふところを読者にしみじみ味はしたいと思ふのだ。

けふは良い記事の氾濫する日である。大阪からは判、検事が一万五千斤の砂糖を横領してそれを山分けにしたといふ記事が来た。此方では昨日からの「秘められたる戦記」の続きもの丶ほかに、飛行場の塩田化、海軍々法会議が不正軍人の一大処断に乗出したといふ記事その他いろ〳〵と多い。なほ載せ切れなくて明日の組込みに廻したもの少くない。夕方平田外喜次郎と小林信司の二人が大阪から来たのを大作に迎へて会食する。

十月十三日　晴れ

すつきりした、そして内容の豊かな好い社会面が出来てゐる。けふのやうな新聞を毎日つくることが出来たらば――と思ふ。宮城内の再営お取りやめの記事と写真とは一面にまはつたが、これも各紙の追随を許さないものである。朝日は聯合艦隊の戦つた跡を続き物として今日から頭を出した。本紙の「秘められたる戦記」を見て狼狽して追つかけたものであることは瞭然としてゐる。

選挙法の改正が閣議で本極りとなつた。婦人参政権の許容、選挙権（二十才）被選挙権（未定）年齢のひき下げ、大選挙区制などが決つたので、婦人参政運動の経過その他で読みものを造つた。＝後日記、被選挙権は二十五才と決る。

豊子から手紙が届いた。（以下略）

十月十四日（日曜日）　晴れ時々曇り夜雨降る

社に出たが閑散。そこで昼食を外食券食堂スエヒロに食ひにゆき、それから渋谷の三好を訪ねたが、二宮に家を探しに行つたといふことで不在であつた。内藤と暫く話しをして社に帰る。日曜日の街頭は米兵で一ぱいだ。驚いたことにはお濠端の芝生のうへなどに米兵と日本の女学生らしい若い女たちが何を何語で喋つてゐるのか、面白さうに語り合つてゐる。米兵と腕を組んで歩いてゐる女もかなり沢山見うけられる。良いことであらうか。心配なことであらうか。俄かには云へない。日比谷から渋谷にゆく都電の沿道に、いろ〳〵な英語で書いた立札を見る。Root 4 Tokyo などとあるのは、交通標識であらう。部隊の所在を示したものらしいのに47th DIV. MSR→とか 1 st Covartg Div. とかいふ文字も見える。電車の主な停留所にも、その地名をローマ字で書きしるしてある。どんな電車にも米兵の二人や三人が乗つてゐないといふことはない。殊に自動車などは日本側のが少くて、馬力の強い、車体の大きいアメリカの星のしるしの附いたトラックや、軽快なジープや、車体の両脇に US Army としるした乗用自動車がおびただしく走つてゐる。もう僕たちの目もこれ等の風景に馴れて来たとはいふものゝ、考へれば驚くべき変化を来したものである。だがアメリカの兵士たちはほがらかだ。親しむべき国民性が窺はれる。この性質を受入れることの最も早いのは子供たちである。子供たちは何の臆するところもなく米兵と友だち付合ひをしてゐる。つひ一両日前も大作の岩田の子供でふみちやんといふ六つの少女が「おじちやん、あたい英語知つてゐるよ」といふから「何て云ふの？」と聞くと、「ハブユーシガレット」

と答へたのには驚かされた。街頭でジープを取巻いた子供たちが、米兵と何かしらの方法で意志を通じてジープに乗せて貰つてゐるのを見ることも珍しくない。これこそ自然の誘つてゆく姿であらう。夕食は宿に帰つてした。岩田が取つておきの日本酒を飲ませた。今日で四日間ぶつゝづけに夕食の卓に鰻が出た。

十月十五日　　晴れ片雲飛ぶ

夜半雨の音が止んで風が少し出た気配があつたが今日はよい天気になつてゐた。早く宿を出て銀座を散歩する。すつかり焼け払はれた街であるが、この頃になつてぼつ〳〵焼跡の清掃も出来、歩道には露天店がならぶやうになつた。何よりもよいのはさわやかな空気と秋の日ざしだ。社では十時から部の研究会をやる。けふは加藤勘十を招いて、暫く僕たちが忘れてゐた労働組合運動の日本における発展史といふやうなものを聞き、今また新しい発足をしようとするわが労働運動と左翼政治運動の展望に触れた。かういふ種類の会合をこれからしば〳〵催して部員の教育に資したいと思ふ。社用と私用と他人から頼まれた用事などでおそろしく忙しい一日であつた。

豊子から電報が来て甲府発黒駒ゆきのバスの時間を知らしてきた。しかし今度はタクシーで行けたらそれにしようと思つて甲府支局の田中へその手配を伝言した。

夕方は「大作」で奥村信太郎老を招く、この間御馳走になつたので、招きかへしたのである。高田、大原、永戸俊、横山、岩佐、羽木、和田、塚田、工藤などが集り、北条と岩下が欠席した。

十月十六日　晴れ

脚のようはすつかり治つた。今日医局に行つたらもうどんな手当ての必要もないと云つた。こんなに速く治つたのは医局の看護婦たちの努力によるものか。石英光線の照射によるものか。あるひは新薬「虹波」の力によるものか。あるひはまたこれ等の綜合した力によるものか解らない。

外務省の岡崎勝男を招いて最近の対聯合軍最高司令部接衝の跡を聞く。その会合の半に岡田啓治郎が訪ねて来た。彼もこの政情の変化に処して地方政治家としての行き途に悩んでゐるらしい。いろ〳〵政界情報を集めて彼のために研究しておくことを約束した。岡田が帰ると美山大佐のところから迎ひの自動車が来た。美山要蔵はいま陸軍大臣の高級副官をしてゐるのである。招かれたのは彼の官舎で牛込の南町にあるなか〳〵立派な邸であつた。惣菜料理ではあるが、かなり食へる料理があつて、酒とビールを飲みながらいろ〳〵話しをしたが、終末期の陸軍内部の情況について多くの知識を得ることが出来た。

僕の住む家を探すことを彼に頼む。そして社に帰つてから宿に戻つた。

けふの岡崎の話のうちにはいろ〱の秘話が含まれてゐた。その第一はアメリカ軍が□天皇陛下と皇室に対し奉つて慎重な態度を採つてゐることである。九月二日の終戦（降伏）に関する詔書の内容は、マニラ会談で聯合軍側から押つけられたものであるが、その詔書が日本文で書かれ、それに□陛下の御璽が押されるべきものであるが、英文で認められて□陛下の御署名があるべきかは日本側で迷つたのである。そしておそる〱マッカーサー司令部の意向を窺つてみると、日本文のものでよいといふことであつたといふ。□陛下がマッカーサーと御会見になつたことも、実は日本側の思ひ過ぎた考慮から出たもので必しもあゝいふことをしなくても過んだのであると見られる。これは（一）マッカーサーが宮城に参内するか、（二）□陛下がマッカーサー司令部を御訪問するか、（三）何処かのある場所で□陛下がマッカーサーにお会ひになるかの三つの場合が考へられるが、（一）の場合は戦勝者の面目からは彼等の側で許容するはずがない。（二）か（三）の何れになるかと心配された時、先方の提示したのが（三）の場合である。その時においても□陛下が軍服を召されてお出ましになつたら戦勝国の代表と戦敗国の代表との会見といふことになる。しかし今度は□陛下はモーニング・コートを召された。そこでこの会見は結局ジェントルマンとジェントルマンとの会見となつたのである。またこの会見で□陛下がマッカーサーを何と呼ばれるか、マッカーサーが陛下を何とお呼びするかゞ問題であつたが、アメリカ側の意向を聞いてみると□陛下はマッカーサーをたゞGeneral McArtherとお呼びになり、マッカーサーはYour Majestyとお呼びすることになつた。たゞYour Emperial Majestyとは呼び奉らなかつたまでも、これはアメリカ側が□お上の御威光を冒瀆し奉るまいとする考慮のほどを思はせる。

御会見のあつたアメリカ大使館では□陛下着御の時にはマッカーサーの幕僚の少将が玄関まで出てお迎ひ申あげマッカーサーは会見室の入口まで出てお迎ひしたさうであるが、退御の節にはマッカーサー自身が玄関までお見送り申上げたさうである。

きのふで日本軍の内地における武装解除は一わたり完了した。マッカーサーはこの機会に彼の日本における成功を全世界に向ってラヂオ放送で告げた。彼の云ふごとく、この事実は「世界史上かつて見ることの出来なかつた成功」である。外地にある日本部隊が全員内地に帰還するまでには、なほ多くの日月を要し、それは昭和二十四年の春までかゝるであらうと云はれてゐるが、内地部隊の復員を機会として陸軍省、海軍省は十二月一日以後廃止され、その後には復員省といふものが出来る。復員省は第一（陸軍）第二（海軍）の二つに分れるが、これは明春から内閣に所属する第一復員局と第二復員局とに縮小されることになつてゐる。参謀本部と軍令部とはすでに昨日解体された。

十月十七日（**新嘗祭**）　晴れ　――黒駒行――
（省略）
十月十八日　黒駒滞在
（省略）

十月十九日　雨、後止む　――黒駒より帰京――

雨のなかを傘をさした桂が豊子と一緒に見送つてくれた。最近国道バスのほかに甲府の開発バスといふのが朝の七時半に黒駒の若宮を発つて甲府へゆく。けふはそれに乗つた。迫田の顔が利くので発車の直ぐ前に行つたのに、混みあふ車のなかに一つの席が取つてあつた。葡萄酒と日本酒をおの〳〵一升づつ、米一升五合その他を入れたりリュック・サックと冬もの、衣類を入れたスーツ・ケースが一ツあつて今日の持ちものは特に厄介である。甲府では汽車が三十分も延着して、その時間は新宿に着くまで取戻すことが出来なかつた。そのうへ新宿からの電車の具合も悪く、結局社に着いたのは三時過ぎのことだつた。留守中特に変つたこともなかつたやうである。浅岡が今日から社会部に来てゐたし、戸川が病気恢復して出社してゐた。楠山が編輯局長に就任した披露だといつて四時から別館の会議室に招くといふ。それに出席したが、この会といふのが主人公楠山に応しいものであつた。部課長たち三十人ばかりを招いてゐるのに生麦酒が五十リットル一樽しかない。もう一樽入るはずだつたと楠山はいふのだが、「はず」［ママ］飲むことが出来ないのである。しかしいろ〳〵聞いてみると、そのもう一樽といふものも楠山の考へちがひで、そんな樽はどこにも無かつたといふことだ。僕なんかそれでも、五杯も飲んだが、おそく来た者はやつと一杯の麦酒を飲むのがやつとのことだつた。そこで招かれた連中の決議でこの催しはもう一度やり直せといふ話しになり、楠山もやむを得ずこれに同意した。

荷物が多いので自動車で昭和寮に送つて貰ふ。部室で着物を着替へてゐると岩田が来て、生麦酒が飲み切れなくて困つてゐるのだから助けに来てくれといふ。行つてみると岩田と部の見谷と金光庸夫の息だとかいふ男とで飲んでゐたが、なるほど麦酒はふんだんにあつた。ただその金光といふ男がかなり酔つぱらつてゐて、さかんに理屈を捏ねるので、折角の生麦酒も味が半減した。

十月二十日　曇り雨あり

海軍の柴大佐が東横沿線の住宅を開けるといふことを聞いたので、早速海軍省に会ひに行つたところ、二日ばかり以前に他に借す約束をしてしまつたといふことである。和泉良之助老人が住んでゐた家といふのが阿佐谷にあるが、これは黒田乙吉が知つてゐてあるひは人に借すかも知れぬといふ。黒田乙吉が社で出て来るのを待つてゐたが、なか〳〵現はれない。

「秘められた戦記」の続きものはなか〳〵評判がよい。ところがこの続物が紙面に頭を出したばかりの頃、すでに出版をさせてくれと願出て来た書肆があつた。飛鳥書房とか云つたと思ふ。なか〳〵良い見透しを持つたものと思ふが、今日になつて社の出版局がやうやく単行本を出したいがといふ話しを持つて来た。これは方々の評判を聞いてから価値判断をしたのであらう。今日はビールが社内に氾濫してゐる。四時から防護団員慰労の会が五階のホールであつて、豊富にビールを飲んだ。それに引続いて五時から別館の二階で社会部の部会をやり、こゝでも浴びるほど生麦酒を飲んだ。もう一つ生活科学化協会の会があつてビールを飲ませるといふことであつたが、その方にはとう〳〵出席出来なかつた。

朝のうちに谷川少将から電話があつて黒駒であづかつてゐる疎開荷物を受取るために明日自動車でゆきたいと思ふがどうかと聞いて来た。日曜日でもあるし、明日なら何とか都合がつくから、同行を約束し、黒駒へは電報を打つたり電話をかけたりしたが、夕方宿へ帰つてみると、谷川君が来てゐて明日のことは仕事の都合で中止することになつたといふ。そこでまた黒駒へも電報を打つて取消しを伝へ、谷川、新名、岩田と黒駒から一昨日持つて帰つた酒を飲む。

けふの部会では僕は次のやうなことを云つて僕の方針を明かにした。

一、社会部陣容の強化——人員は現に増やしてゐる。今後も増えるであらうが、頭数の多きに併行して質的の向上、各人の努力の一そう発揮されることが望ましい。

二、勤務について——毎日の仕事に早くから取りかゝること、出先とデスクとの連絡を緊密にすること、他社記者との間において、同業者としてのつき合ひと競争とのけぢめをはつきりすること。

三、取材について——何でも書ける時代であり、取材の範囲は無限に拡がつたことを考へる要あり。官庁、団体など部員それぞれの担当先は仕事の種子を入手するところに過ぎぬ。その種子からどんな実を収穫するかは担当先だけでの活動では不十分である。

四、記事、文章について——悪文が余りにも多い。文章を練れ、速書きの技能を養へ。冗漫な文章を排撃する。早く出校することは、その記事の取扱ひをよくすることになる。没になるかならぬかを考へながら記事を追つてはならぬ。書く興味書く熱意、書く欲望をもつて仕事をすべし、自信ある記事が現にあつたり、取扱ひを悪くされた際には、文句苦情をどん〳〵持込んで来ることを歓迎する。

五、新部署割り——デスク（三原、狩野、川野、高松、鈴木、山口）宮内省（藤樫、松江）外務省（木村）内務省（名倉）大蔵省（見谷）陸軍（大綱）海軍（中島　弥）司法省・裁判所（東浦、森竹）文部省（石田、戸川）厚生省（大川、柳）農林省（伊東、朝居）商工省（鷲沼）運輸省（藤田、杉山）情報局（小林）技術院（石田―兼）都庁（石井、相原、渡辺）警視庁（野口、石田、塙、松西、吉田、谷上、今井）市場（佐藤）逓信院（田代）思想・労働関係（石田―兼、佐藤―兼、今井―兼）右翼政党関係（小林―兼）学校関係（戸川―兼）遊軍（高松、山口、田代―兼、塙―兼、岡本、林原、浅岡、井上、高橋、武石、高石）

十月二十一日（日曜日）　雨　時々止む

谷川君との黒駒ゆきは取りやめになつたし、貸家探しで久が原の出月運輸店を訪ねようかと思つたが雨がひどいし、とう〳〵午前中は宿にひき籠もつて休養をした。ひる岩田の妻君が五もく飯をつくつて馳走してくれた。この頃では、こんなものが珍しくて誠にありがたい。それから社に出たが、編輯局内は閑散。楠山が出て来てゐたので、閑つぶしに雑談をする。夕方は岩田と一緒に飲むことになつてゐたが、その岩田が数日前から神経痛で今日も脚が痛み出したといふので、飲むことはやめにした。お陰でけふはドライの一日であつた。

朝日新聞が一昨日以来騒動を起してゐる。論説委員を中心とする少壮幹部以下の全社員と最高幹部との対立である。社員側の要求は全最高幹部は戦争中の責任を負つて退任すべしといふのだが、最高幹部側は却つて騒ぐ社員の首を刎ねるぞと云つてゐる。この騒ぎは米軍機関紙 Stars and Stripes にも報道されて、いよ〳〵表沙汰になつてしまつた。こゝまで発展すると双方の引込みもつかぬことになつて、問題は極めて大きくなつて来た。そして、この騒ぎは単に朝日新聞だけの問題で止まるものとは断言出来ない。本社の場合なども、先般の応急措置で一応は治つてゐるやうなもの丶、あれで総ての解決がついたとは云へないのである。読売新聞の内部もかなり揉めてゐるらしい。

十月二十二日　雨

島田一郎が社に訪ねて来た。この間大阪の上原氏からは彼の旧友で張鴻国といふ台湾人の息が東京にゐる。張文豊といふ。これを台湾に帰らしてやりたいが方法がない。何とか手段を講じてくれといふのであつた。そこで手紙で島田にそのことを頼んだ。けふはその用件で来てくれたのであるが、終戦以来日台の交通は途絶してゐて、なか〳〵急にはいかぬらしい。そのことで上原虎重、張文豊に手紙を書く。ほかに小田原に病臥してゐる岡本に借家の件を依頼する手紙を書く。梅木の病気見舞、豊子と桂への通信など忙しいうちにけふは沢山の手紙を書いたのである。午后一時から事業委員会あり、毎日講座の開催、民芸展覧会の計画などを議す。両方ともに僕の意見を述べ、その意見を通す。殊に民芸の方は事業部の企画したやうな甘いものではいけないといふのが僕の主張であつた。日本民芸と銘うつ以上は、まさに全般的アメリカ化の傾向にあるなか丶ら、純乎たる日本の芸術味を盛つた民衆作品を残し、それを守り、それを伸してゆかなければならぬ、何処にでもあり、誰にでも造られ、アメリカ人のごときまでが喜ぶやうなお土産ものを並べて日本民芸品だなど丶云つては全くふざけた話しである。いま事業部の企画してゐるやうな万人向きのお土産もの展覧会も、一途に悪いといふのではない。それはそれとしてやつても好いが、日本民芸など丶銘打つてはならぬ。民芸の方はもつと高尚な発意から別に計画を立てる必要があるといふのである。
朝日新聞の内紛はつひに社員側の幹部に対する最後通牒にまで発展し、読売の方も明日は社員大会を開いて幹部に当るといふことである。夕方は岩田と二人で僕の黒駒から持参した葡萄酒で飲んでゐるところへ、経済部の会合から招きがかかつた。生麦酒を一人あたり五十リットルも取りよせてビールの中で泳ぐことも出来るやうな会をやつてゐる。それに加はつたもの丶結局そのビールは飲み切れなかつたのである。

十月二十三日　雨、午后やむ
谷川君からまた電話があつて彰君が甲府までゆくので一両日中に黒駒へ荷物を取りにやらせるといふ。そこで黒駒へその旨の電報を打つた。
朝日の騒動はけふに至つて社員側の意志がほゞ通つて一段落を告げたさうである。野村、新田、杉江の三人を除いた重役が退任した。一方読売では午前十時から自主的社員大会といふものを開いた。それは待遇改善を目指す会合として開かれたのであるが、そこに緊急動議が提出され、社内の戦争責任者を追窮し弾劾するといふこと丶なつて社長、副社長、局長などの一斉退社を要求する決議文を正力社長に提出したのである。両社ともに社員側から記事の掲載方を僕の方に頼んで来た。さうかと思ふと同盟通信社から記者が僕に面会を求めて来て「御社ではまだ何の動きもありませんか」と尋ねた。進駐軍について来た外国の新聞記者たちも、何か本社でもやるのではないかと今日は頻りに社を訪ねて警戒するといふ珍しい風景である。そこで社の問題であるが、社では一つの経験を経ては来てゐる。しかし、それだけでは不満足だと考へる一部の者もゐないわけではない。明後日デスク会を開いて朝日、読売で続いた事件を齟齬してみたうへ、社員の気分の動くところも一応検分してみることになつてゐる。

十月二十四日　曇り時々晴れ

読売新聞社の騒ぎは、正力社長に提出した最高幹部退陣の要求が拒絶され、反対に社員代表五名の退社が申し渡されたところから、罷業情態に入つた。たゞ新聞だけは従来通り社員の手で作つてゆくといふ。本社でも今日はデスク会を開いて社内改革の準備運動に入つた。朝日や読売がやつたから社でもやるといふ風に見えることは残念だが、両社のゆき方と本社の場合とはいさゝか違ふ。僕の考へでは争議の形式を避けたいと思ふ。たゞ本社内に改革を要求されるところのものは少からずある。最高幹部会にその改革を要求するばかりでなく全社員の自制と努力とによつて目的の貫徹を期したいと思ふ。出版委員会に出る。小林豊樹が彼の新通信社に谷水を入れたいと斡旋方を依頼に来る。信州の田舎に行つてゐた松岡謙一郎が来訪する。渡辺武富が来る。出版局のビール会に顔を出す。いろ〳〵忙しい。けさの本社社会面は非常によかつた。社内でも友人たちがその出来栄えの好さを褒めてくれた。

渡辺武富が甲州から提げて来た葡萄酒で小宴を開く。一方には松岡を迎へる会があつて、その方にも顔を出さねばならぬ。いろ〳〵と繁忙な一日であつた。

十月二十五日　晴

このごろ引続いて天気予報が当らなかつた。そして嫌な天気が続いたが、いよ〳〵空模様も恢復したやうである。しかしもう寒い。今朝は合外套を着て出社した。けふから弁当持ちにした。中食分の米だけは別に昭和寮に出すことにした。きのふは都庁に行つてゐる相原に頼んで移動申告の手続をして貰つた。それは今まで桑原のところに在つた僕の配給権を昭和寮に移したのであるが、白金三光町の配給権を喪失してから（それは十五日）京橋木挽町に新しい届出をするまでの間の約一週間は配給にありつけないといふのが、京橋の方の配給社の言ひ分である。僕のは一週間くらゐで済むが、今度僕を世帯主としてその世帯に入ること丶なつた大島鎌吉などは二ヶ月近くもの食物を犠牲にすること丶なる。そこで相原を煩はしたのであるが、それが成功して僕と林三郎と大島と、それに僕の使用人といふことになつてゐる昭和寮の炊事婦との分を合して十四キロの主食物を獲得することが出来た。

九時半から緊急部会を開く。そして昨日のデスク会の取決めに基く編輯局会議に出すべき部の代表を選挙した。当選したのは狩野、野口、石田の三人である。その三人は他の部課から選ばれた代表たちと午后二時から会議を開いて所期の運動を展開したが、けふのところでは大きな発展を見るには至らなかつた。読売新聞社の騒ぎは闘争形式をとつて続けてゐる。正力社長は頑として社員側の要求に応じないが、首を切ると宣告した五人の代表者に対してはまだ免職の辞令を出してゐない様である。しかし読売の場合は何と云つても正力を除いては社の経営のうへで大きな困難に逢着するに相違ない。

石本静枝で僕たちが古い記憶を持つてゐる加藤勘十夫人が訪ねて来て、在外邦人の帰国を推進する婦人運動を起そうと思ふから援助してくれと頼んで行つた。夕方広瀬都長官に招かれる。会場は千駄ヶ谷の葵会館（旧徳川公爵邸）で先方からは広瀬、町村、此方からは高田、楠山、永戸俊、佐藤、池松などが出た。広瀬は初対面であるが、官僚としては出来が良いと思ふ。

十月二十六日　曇り後晴れ、寒し

日本の外交権停止が昨日マッカーサー司令部から指令された。それは終戦直後口頭でわが政府に要求され、わが政府の懇請でそのまゝになつてゐたものが、今度は正式に文書をもつて指令されたのである。これによつて日本は現在なほ駐派してゐるスウェーデン、スヰス、ポルトガル、アイレ、アフガニスタン、ヴァチカン等の外交官、領事館等一切を引揚げさせなければならぬ。わが政府はこの要求を回避するやうに、なほ一度の試みをしようとしてゐるが、その希望は貫徹させることは不可能と見られる。

社内の新運動について正午には社会部々会を開き、午後二時から五時まで各部代表者会議が開かれ、この運動を通じて社内の空気を見ると傍観主義者が数的に多く、社員の福祉と社業の発展を目指す従業員組合の結成に目的をおく真面目な考へのものと、時流に乗つた戦争責任追及を目的とする運動を発展させようとするものが、おの〳〵少数づつ存在してゐる。僕は戦争責任を追及するといふことを不必要とは考へない。しかし、誰が戦争の責任を負ふべきもので、誰がその責任を脱れ得るものであるか。またその負ふべき責任の限界はどの範囲に存するかなどの認定が頗る困難であると思ふ。正力読売社長の云ひ分ではあるが、戦争責任がもし在るとすれば、それは上層幹部のみに求められるものでなく全社員的のものだといふことも、必ずしも不当の言葉でないと思はれる。また社員自らが戦争責任者を社内で求めるとすれば、対称(ママ)に当てられた人々が戦争期間中新聞を指導したことから生ずる罪科と、ながい新聞社の行路のうへに、その人々が新聞を通じて残した社内的社外的功績との取捨を如何にすべきかの点がむつかしい。アメリカが戦争責任者を追究するといふのならばよい。しかし、われ〳〵の手でわれわれの戦争責任を明かにすることは、どんな方法を講じてみても、理想的にゆくものではない。その問題は、こゝにおいて各個各個の自己反省による自責感において解決されるのではなからうか。まじめに自(ママ)個を反省して、我は責任なく彼のみにそれが在ると断定し得るもの果して一人でもあり得るや、だが社内に戦争責任の追及を行はうとする者があるなら、それを行はしめるべきで、決して抑制すべきことではない。しかしそれは秩序の上に行はるべきものである。その意味からも社内を一丸とする組合の必要が存する。そしてこの組合を結成することにおいて、そこで社業の向上と社員の幸福とが論議され推進されることゝなれば、誠に結構である。

各省、各団体の倶楽部に所属する各社記者を横に糾合した団体を造ることも別に考えられ、今日は内閣記者倶楽部でその結成準備会が催された。三好勇使ひをよこして麦酒を返へす。和田伝五郎上京。夕方遠藤静一に高田馬場の中央ゴム会社迎賓館に招かれ、同社の山田社長等と会食する。

十月二十七日　　空晴れて雲なきも秋冷殊のほか厳し

現在新聞用紙は日本新聞連盟、雑誌・書籍等の用紙は日本出版協会の権限内で配給されてゐるが、けふマッカーサー司令部はその機能を停止するやう命令した。そして十一月一日以後は両方とも日本政府内に設けられる新機関によつて配給されることになつてゐるが、この機関は政府官吏、大小出版業者代表、少くとも三名以上の著明かつ公平な個人によつて構成されるものと規定された。新聞用紙の配給は今のところ十二月から増加され、四ページ紙の実現が予想されてゐるが、それは新配給機構の出現に左右されまいと思はれる。

志村冬男の弟が訪ねてきた。阿波丸で死んだ兄冬男の意志を継いで新聞記者になりたいから世話してくれといふのである。社では今のところ社員の新規採用を中止してゐるが、僕の考へでは現在の社員のなかには当然整理しなければならぬ屑ものが多いし、一方好い素質の青年が氾濫してゐるので、それ等のものを試験によつて採用すべしといふのである。この考へが社で用ゐられたら志村の弟のためにも骨を折つてみようと思ふ。中谷宇吉郎来訪。忙しいので後に改めて会談することにした。社内改革運動けふは新しい展開なし。

豊子から手紙が来て、三好のところやその他の黒駒疎開者たちはだん〳〵東京に帰つてゆく、いよいよ寒くはなるし、食糧事情は悪くなる一方、早くこの住み悪いところを離れて東京で一家団欒の生活がしたいと訴へてきた。無理のないことゝ思ふ。だが家の方はなか〳〵見つからない。松岡謙一郎が大丈夫引受けたといつてゐた赤塚の家も、その後何の通知もないところをみると恐らく見込みがないのであらう。
食糧問題は一般に深刻になつて来た。東京高等学校のドイツ語教授亀尾英次郎といふのが栄養失調で死んだ。その一家七人もみな栄養失調に陥つて、妻君もいま死に瀕してゐるといふ。これは「〔ママ〕教育者である以上、闇の物資は買へないといふ考へから公定価額と配給一本の生活をして来たからである。この問題は紙面に取りあげて世間の真面目な研究題目を提供した。このほか日本大学予科では学生の栄養不足から土曜日曜の両日休業すること丶したといふし、新潟医大では同じ理由から体操科を廃止した。かういふ傾向はこの後いよ／＼劇しくなるであらうと思はれる。夕方東芝に招かれる。会場は築地の錦水、先方から加賀谷と大迫、こちらから阿部、塚田と僕が出た。そこから帰つて、岩田と二人でまたビールを飲む。

十月二十八日（日曜日）　快晴

ゆつくり朝寝をする。それから地下鉄で渋谷にゆき三好を訪ねた。豊子はこの間来、黒駒から相州の二宮に行つてゐたが、二、三日前にまた黒駒へ帰つたさうである。今日は女たちが一人もゐないので、朝のうちに用意してあつた卵焼きのお菜の食事を馳走になつて雑談をしてゐるうちに、三人の米兵がやつて来た。三好にも家を探すことを頼んであるんだが、一かう頼み甲斐もないらしい。けふは滝ノ川に一軒売家があつて値だんも按外安いといふことを話したから、早速それをはつきり調べてくれと依頼しておいた。二時過ぎ社に出る。変つたこともなし。読売新聞から原稿の依頼があつて、あそこでは正力社長が鈴木東民等五人のいはゆる闘争委員会幹部を首切つたので、紛争は俄かに激化したことを聞いてゐる。明日は本社の広場に屋外大会を催して気勢を挙げるさうであるが、それには新しく結党した日本社会党から加藤勘十などの党員が出て応援演説をするさうだ。かうなると紛糾処理はいよ〳〵むつかしからう。早く宿に帰る。けふは大作への宿料などを支払ひした。黒駒への土産など立替へて貰つてあるので心付なども入れて四百円余といふのが今日の払ひである。黒駒では殆ど暗値ばかりの物資で暮らしてゐるし、僕は僕でこのやうな生活をしてゐては財政的にやつてゆけるものではない。

昨日からの約束で夕食は岩田と二人僕の部屋でする。すき焼きに酒、岩田一升を準備し、僕のところには五合ばかりの葡萄酒とビール数本あり。大いに飲んでゐると、岩田の妻が握りずしを造つて持つて来てくれる。これがまたうまい。そこへ松浦良松来り、ほとんど酒もなくなつたところへ割込んで歓を共にする。日曜日の宵としてはまさに満点の効あり。

十月二十九日　快晴

常陸の郷里で病を養つてゐた伊藤重任がけふやうやく出社して土産をくれた。それは三尺五寸もある鮭一尾といふ素晴しいもの、家庭を持たない僕には全く勿体ない話しである。そこで全部を大作に渡して今晩の宴会に利用させること丶した。谷川一男来訪。この間彰君が黒駒を訪ねていろ〳〵厄介になつたと礼を述べ、黒駒では石鹸がないといふことだつたからと、それを数個持つて来てくれた。

盛岡支局からの通信で、伊藤某といふ二十一才の青年科学者が八万メートルを距つたところから発射して空を飛ぶ飛行機、行動中の軍艦などをめちやくちやに破壊する新兵器を発明してゐた――といふことを原稿にして来た。そんなものが出来てゐたら何も降伏する必要もなかつたのだし、どうもをかしなところがあるが、原稿は細部にわたつて例証的なので棄てゝしまふわけにもゆかぬ。伊藤某といふのが東京帝大の助手であつたといふし、湯川秀樹の弟子であつたといふし、以前講演をしたことがあるといふから、それ〴〵その関係先にいつて調べてみたところ、この原稿に書かれた総てが虚構であると解つた。こんなことで沢山の人間を動かし、平日の時間をつぶしてしまつた。地方部長に原稿の出所を調べて大いに戒めておくべきことを要求する。

五時から部会を開き、部から出してゐる社内会議の三代表から改革運動の経過を聴く、大阪の浅井良任からも手紙がとゞいて、東京の運動はどの程度に進んでゐるのか、大阪でも大いに努力したいから連絡をとつて貰ひたいと頼んで来たので、差しあたりこれまでの経過を知らせてやつた。この運動ももつと能率的に進めてゆく必要がある。そこで今日の緊急部会では運動の急速展開を要求する緊急動議を社会部選出代表から提起するやうに議決した。

夕方早大の川原田博士を大作に招く。この人の話は殆ど全部をそつくり新聞記事にすることが出来る。けふの会は料理を此方で持ち、酒二升を先方で持つて来たので招いたのやら招かれたのやら解らない。

十月三十日　快晴

この頃の社会面はよくない。こんな新聞を造つてゐてはいけないと思ふのだが、なか〳〵思ふ通りにはならない。僕がいろ〳〵な雑用に追はれてゐるやうなことでは好い新聞は出来ない。三原がもう上京して来なければならないのになか〳〵やつて来ぬ。彼が来たら三原と狩野とにデスクの主任をやらせ、現在デスクをやつてゐる川野と鈴木とをその補佐役にしたい。さうして僕が頭を冷静にしておいて好い紙面計画を立て、デスクの活動を内部と外部との連繫ならびに外勤者と遊軍との巧妙な提携によつて活躍化してゆきたいと思ふ。けふは杉浦が出社したが、もう一週間家の始末のために余裕をくれといふので許した。

松岡謙一郎に頼んであつた借家問題が好転しさうである。それは赤塚にある家で、渡り廊下で分れた洋館と日本館との二部分からなつてゐて、洋館の方が内閣の倶楽部となり、日本館の方を僕が借りようといふのである。うまく決ればよいが——

政府は復興院といふものをつくり、小林一三をその総裁にする。

日本が超大型潜水艦を造つてゐたことは、もう新聞にも発表されてゐるが、それを用ゐてパナマ運河、ニューヨーク、ロンドンなどの攻撃を作戦してゐたことは知れてゐない。その潜水艦に乗組んでゐた士官の一人に欧米部の光田の甥がゐる。その士官を光田と共に大作に招いて、記事にするための話しを聞いた。記事は海軍報道班員として潜水艦のシドニー攻撃に参加した名倉に書かせることゝし、名倉、新名、光田が今夕の会に加はつたが、当てにしてゐた生麦酒がなく、なほしを二升手に入れてこの催しに当てた。話しは非常に面白かつた。好い読物が出来るであらう。主客は早めに帰つたが、名倉、新名の二人は酔ひつぶれて寝てしまつた。

十月三十一日　雨

なるほど秋の空模様はおそろしく変る。ゆふべ床につく時には美しい星空であつたのに、夜明けはかなりはげしい雨だ。

工藤と池松が社のなかに現在進行してある社員の運動に関連して部長会議を開いてはどうかといふことを僕に相談した。僕の考へでは今回の運動は編輯局の個々が同一のしかも自由な権限を持つ立場から、その意志を明示して発展させてゆくべき性質のもので、些かでも部長会議やその他の勢力が意識的にも無意識的にも影響を与へるやうなことがあつてはならぬ。その点慎重な態度で開かれる部長会議であるを要求する。議題はこの運動の情勢に暗い部長のために認識を深からしめること、この運動展開中やゝもすれば編輯局の活動が阻害されようとするを技術的に救ふことゝを選んで午后一時から開いた。その会議の後で午后三時から編輯局代表の全体会議が開かれ、五時からは編輯局員大会が五階大会議室に催された。ところがそこで説明されたところでは、重役に明日午前十時に手交するはずの上申書なるものが、編輯局員一同の名でなされること、従つて他の局員および大阪、西部における社員の総意を盛つてゐないことになつてゐて、僕の賛成しがたいところである。そこで上申書提出の時機を数日延しても、全社員の総意によつて行ふべきことを動議として提出したが、通らなかつた。けふの会議にも見られた空気では闘争形式を採らなければ、かういふ運動が成立しないと思ひ込んだ一部の考へが全般の働きを動かしてゐることである。実行委員会の起草で今日造られた社内に対するビラなども往年の左翼分子の用ゐた下品な言葉の羅列が嫌な感じを与えた。些かでも文章をもつて業とするものが、そんな表現を用ゐなければ目的の主張を強力に表はせないとすることは嘆しい。会議は七時を過ぎて終る。この運動に関して上京するやう奨めておいた大阪の浅井良任が明日上京するといふ。ひる迫田鶴吉来訪。些かの品物を黒駒に持つて帰るやうに託送した。

十一月一日　晴　時々曇り

けふは朝の空はうつくしく晴れてゐた。早く社に出る。昨晩は一たん床に入つたところを永戸と塚田に起されて、かなり夜の更けるまで社内改革についての談義を続けたので、今朝はやゝ眠い。けふ社員代表——といつても東京編輯局のものを中心としたものだが、それ等が高石社長に上申書を提出することになつてゐる。それが十時の予定である。その際もし高石社長が社員の動きを不埒なことゝして高飛車に出たり、上申書を突返へしたりしたら、事は俄かに険悪になる恐れが多い。さういふ点をよく社長に呑み込ませるために今朝は楠山が社長を訪ねて、社長に注意を喚起してゐるはずだ。社長と社員代表との会見は予定より遅れて午后三時となつた。そして社長の態度も至つておだやかであり、社員側も素直に上申書を出して帰つて来た。社長は「自分の一存で返答の出来る性質のものでないから、一応重役にはかつてから返事するとしよう」と云つた。これについて大阪の浅井良任が午后上京して来た。浅井は大阪で社内改革運動の中心をなしてゐる。今度のことは東京だけでやつてはまづい。全社的な動きとして大阪にも門司にも働きかけてやらねばならぬといふのが僕の所論である。そこで社会部の事務打合せといふ名目で、まづ大阪から浅井の上京を要請したのであつた。果して浅井が来たことはいろ〳〵の意味で好かつた。東京の動きを大阪に知らせることは出来たし、大阪のやつてゐる行き方が東京での試みの参考になるところも少くなかつた。大阪では戦争責任の問題には及んでゐない。今やつてゐるのは専ら社員待遇改善が土台になつて、その発展途上に社の機構改革を取りあげようといふのである。社員の待遇改善にしても単に社の最高幹部にそれを要求するといふのではなく、社員側で如何にしたらば、これを行ひ得るかといふ点について克明な調査研究を行ひ、方法を社の当局に示しつゝ要求すべきところを要求しようといふのである。門司ではまだどんな動きがあるか聞いてゐない。何れにしても東京、大阪、門司それ〴〵の案を確立して、三社の代表委員を選び、それ等のものの会同合議によつて最後の目的に向かつて進まねばならぬ。東京では今日になつて業務、工務、総務の各局が編輯局の動きに合流し、それ〴〵の代表を送つて来た。たゞ出版局の出脚だけが遅れてゐる。夕方浅井良任の歓迎宴を大作で張る。狩野、小野、鈴木が出た。別に大作では新名を慰める会といふのがあつてそれにも顔を出した。新名は先日僕たちと飲んで帰宅する途中、帽子と鞄とリュック・サックとを紛失した。おそらく酔つた余りどこかに寝てゐるところを狙つて誰かゞ奪去つたのであろう。それから間もなく留守宅を盗人に見舞はれた。洋服類などをすつかり持つてゆかれたといふのである。

十一月二日　　晴れ時々曇り

マニラにゐた本社員の安否の一部分が明らかになつた。これは鴨井辰夫が病人として同地の引揚げ婦人と一緒に帰還して齎らしたものであるが、生存の確認されてゐるものは四十名で、そのなかに心配してゐた佐藤八郎も入つてゐる。僕も嬉しかつたが、佐藤の女房はさぞかし喜ぶことであらうと、早速電報で知らしてやる。そのほかこのなかに正富笑人、板倉進、戸谷正雄、奥野正巳、石川欣一、上妻斉、草野栄三郎、内海深三郎などの名も見える。心を痛ましめるものは確認十七名の戦死者である。南条真一、栄田尭興、三池亥佐夫、相原真二などが入つてゐる。奥村福一とあるのがどうやら福本福一のことらしい。この確認されたもの五十七人以外は皆行方不明であるが、おそらくその多くの者の運命は悲しむべきものであらう。まことに大きな犠牲といふべきものである。

松岡が奔走してゐてくれた赤塚の家といふのは、けふ彼からの電話報告によると惜しいところで破談になつて、とても見込みがないとのこと、少からずガッカリする。しかしもう一つ淀橋に候補の家があるので、その方を努力してみると云つてゐた。

けふは大阪から上京した鹿倉重役を迎へて重役懇談会といふものが開かれ、その結果、重役側の従業員代表に対する昨日の回答があつた。午后三時半のことである。その回答で重役側は従業員側（編輯、総務、業務、工務各局、出版局は追加署名）の上申書の趣旨を受入れることを約した。これは各重役が辞職するといふ条項をも含むものである。ところが、その結果を紙上に発表するといふ段取りになつてから大阪からの代表者である浅井が異議を持ち込んだ。つまり東京従業員の活動は勿論東京のみに限られたもので大阪や門司の従業員の意見を代表してゐない。かういふ運動は飽くまでも全社的結束のうへに行はれなければならぬといふのである。僕が去る三十一日の編輯局員大会の席上に述べたことが、単なる杞憂でなかつたことを明かにした。これほど重大なことを猪突的に押し進めてゆくといふことは何よりも戒めなければならぬのだ。重役から回答を得るやすぐ開かれた代表者会議はこれがために論議に論議を重ねたが、結論に到達することが出来ない。五時に開くはずであつた社会部の部会もそのために一時間以上も開会を延期したが、とても待ち切れるものでないと見て、とう〳〵流会にした。代表者会議と連絡のため社に残つてゐた浅井が昭和寮に帰つて来たのは十時に近かつた。それから浅井と一しきり善後策について語る。浅井の考へ――つまり大阪を代表する彼の云ひ分と僕の考へとは大体において一致した。僕は三十一日の大会で表明した通り、この運動は従業員は横の繋がりを十分に、その総意に脚場を置いて行はれることを第一と考へる。民主々義的行動をもつて進む以上、東京の編輯局だけが、あるひは東京の社だけが他の考へを確かめてみもしないで単独に進んでゆくことは理屈に合はぬ。東京だけで早急に事を運ばねばならぬといふ理由として三十一日の大会で代表者たちの説明したところは、――ぐづしてゐると重役側で先手を打つて彼等の手になつた案を出すかもしれない。左様した場合、彼等の案がわれ〳〵の欲求するところと合致してゐても、それは民主的ではない、飽くまでわれ〳〵の方から持ち出した案によつて事を決しなければならぬ――といふにあつた。誠にをかしな説である。僕の思ふところでは左様ではない。従業員側に何等の構へも策もないところへ、重役側から何等かの案が出る。そしてその案がわれ〳〵の満足に価するものであつても、それは民主主義的とは云へない、双方に構へさへあれば、何れからきつかけを造つても、民主主義に悖（もと）つたものと云はれる筋合ひはないのである。昨日楠山が重役側がどういふ回答を従業員側に与へることが妥当であらうかと訊ねるから「重役側は上中書の主旨に素直であつて、しかも従業員側には全従業員の意見をまとめて話しをもつて来るやうに要求すればよい」といひ、さういふ趣旨を社長や高田氏によく〳〵伝達するやう話したのであるが、楠山の伝へ方に不十分であつたのか、東京の意見のみ聞いて即答を与へた重役側の態度は確かに軽率であつた。浅井が「東京だけの重役ぢあないんだから――」といふのにも理がある。

十一月三日（明治節）　晴　　――黒駒ゆき――

国旗を掲揚しても支つかへないかどうかゞ問題となつた昭和寮である。それは進駐軍の各部隊司令部でそれ〴〵発する指令によるものだといふことで、横須賀方面では禁止されたが、東京、横浜では所管の第八軍がこれを許した。横須賀は海軍の所管である。他はどうなつてゐることであらうか。

今日、明日の休みを利用して黒駒に来た。（以下略）

十一月四日（日曜日）　晴　　――黒駒より帰京――

（省略）

十一月五日　快晴

松岡が来る。三好が来る。張文豊が来る。実に来訪者の多い日であつた。三好は明日あたりトラックで黒駒へ荷物を取りにゆき、引揚げをさせると云つてゐるが、全く当てにはならぬ。松岡はなか〳〵熱心に僕の家を探してゐてくれる。赤塚の家といふのはマッカーサー司令部に取られたといふのだから問題にならぬ。淀橋のもう一軒の家と、窪井義道の妹の住んでゐるといふ池袋の家と両方に今話しをかけてゐてくれるさうだ。家のことでは今日部の佐藤信も心当りがあるといふので、それも頼んでおいた。張文豊に彼が台湾に帰るといふ希望はなか〳〵実現困難な事情を説明してやつたうへで、多田一郎宛の紹介状を持たせて台湾総督府出張所を訪ねさせた。多田がいろ〳〵骨を折つてくれることになつてゐる。その序に多田には恭彦君宛の手紙の託送を依頼した。

（中略）

僕の休んでゐる間に、社内の改新運動には大きな進歩はなかつたやうである。たゞ僕の希望してゐた通り大阪、門司への連絡が次第につけて来たことは嬉しい。勿論これは東京の委員連中の当てが外れて、かうしなければ運動の進展が望まれないといふことが判つたからである。大阪からは浅井の後を追つて編輯の坂田、業務の井上、門司からは神内その他の代表が上京して来てゐた。しかし、東京、大阪、門司の三社を貫く従業員側の意見が一本になつて進めてゆくまでには、まだ〳〵曲折を経なければなるまい。

夕方鹿倉専務と浅井、坂田の大阪から来た二人と一緒に狸穴の笹川良一のところに招かれた。笹川も昔から見ると、だん〳〵良い親分になつて来た。どうせかういふ種類の男は疵だらけ欠点だらけである。しかしその一面ちよつと常人には及ばない良さをごつそりと持つてゐる。浅井、坂田と昭和寮に帰つてから、僕の部屋でウィスキーを飲み、社の革新について一しきり論談を続けた。浅井すこぶる好い気持ちに酔ふ。

十一月六日　　晴れ

ひる社会部通信会議を別館会議室に開く。通信員のほかに、部から狩野、鈴木、塙、芳賀が出た。これから警察種子なども大いに取入れなければならぬから、通報員の活動に俟つところ少なくない。だのに、今までの通報員に対する待遇は頗る悪い。これを今月から改めることにした。手当の三十円を五十円にし、通信、交通費合して月額八円だつたのを、一切実費計算とすることに決めた。これは社会部の予算内でやることであつて特に社の承認を求める必要はないのである。

社内革新工作のため、東京では重役側と接渉するための委員を選挙することになつて、これは今日投票された。社会部では十時から部会を開いて代表委員からこれまでの経過を聞き、今日の選挙に臨む打合わせをしたが、誰を投票するかといふことは適確に取り決めなかつた。編輯局内ではそれ〴〵の部で選挙運動に似たものが行はれたが、なかでも地方部の活動は大げさで昨夜のうちに地方所在部員に電話指令を行つて、けふは電話でその投票を集めた。何しろ五百何票といふ総投票数の殆ど半分を占めてゐるのでその力は大きい。果してこの部が取決めた候補者塚田と山代との獲得した票数は五時半から開票した結果を見ると断然多かつたが、福島民報出向の社員から送つて来た投票が現地で開票され、その得点数だけの報告があつたのが不法だといふので、開票後の選挙委員会で紛糾した。この夜、岩佐、岩下、永戸と大作で会食することになつてゐたが、選挙委員長の永戸はこの騒ぎのために、とう〳〵顔を出さなかつた。

十一月七日　晴れ夕小雨

社に出たら三原信一が来てゐた。風邪をひいて上京が遅れたのださうだが、彼が来て社会部の陣容もやうやく整ふこと丶なつた。

このごろ疲労を覚える度合ひが劇しいので、高石晴夫に頼んで葡萄糖とヴィタミンA1の注射を手に入れ、今日からそれを社の医局で注射してもらふことにした。午后一時から生活科学化協会の粉食座談会が蚕糸会館の地階であつたので、ちよつと顔を出す。つひ二週間ほど以前に農林次官になつた河合良成も来てゐた。

今朝に至るまでちつとも知らなかつたが、昨日高石真五郎は社長辞任の申入れを重役会に出し、重役会はこれを承認したのである。そこで高石社長の辞任の心理だが、これまでにもちよつと耳にしたところでは、彼は戦争責任のためにならば辞任しないと云つてゐたのである。これは戦争責任を負つてやめたのでは、他の如何なる地位にも（戦争責任者といふ理由で）就きにくいのであるからと思はれる。現に高石真五郎を勅撰議員にしようと動いてゐる向きもある。本人もまんざらでないことは明かだ。これと関連して社の重役たちがけふの午前中に行はれた実行委員との会見で、重役一同も戦争責任を感じて職を辞することは賛成しない。単なる社の機構改革のためならばやめるといふことを云つたといふ。また厄介な問題になりさうであつたが、これはどうやら無事に収まつたらしい。このころ重役側も慎重性を欠くところが少くない。この前東京の従業員だけで決めた上申書を諒承したことなども左様である。また社員側もやることが地に就いてゐない。昨晩の開票は紛糾を生んだが、結局、編輯局から選ばれて当選したのは塚田と山代との二人である。山代のやうな人物が苟くも編輯局員一同の代表者として立つ、そのやうなものを代表者に当選させる――といふところにも、われ〳〵心あるもの丶満足し難いところがある。五時から東京の従業員大会あり、重役との接渉経過の報告が行はれた。宿に帰つたら夕食に葱の汁があつた。けふの昼弁当には海苔巻が入れてあつた。いづれもよし。けふは久しぶりにドライで過す。

（以下略）

十一月八日　　快晴

「東京・二十四時間」といふ五、六回つゞきの読物をつくらうと思つて、その打合せ会をやつた。けふの話しあひによるとなか〳〵面白い読物と写真の続きもの出来さうである。十一時から五階大講堂で生活科学化協会の粉食に関する講習を受けた若い女たちの修業式がある。これに臨席して社を代表する祝辞を述べた。

多田一郎が訪ねて来て、この間張文豊の帰郷に関する件でいろ〳〵と報告したが、多田が帰ると間もなく当の張文豊が訪ねて来て、アメリカ煙草を二個くれた。要らぬといふのに是れ取つて貰はなければと無理に置いて行つた。これから多田を訪ねるのだと云つてゐた。

三原が出社した機会に社会部の態勢についていろ〳〵改善すべきことを決定したいと考へて、三原、狩野を相手に相談をする。第一にはデスクをどうするかといふことであるが、それは予ね〳〵考へてゐた通り現在の川野、鈴木二人のうへに三原と狩野を置き、三原、川野と狩野、鈴木といふ二組のコンビを造つて、この二組を早番、遅番と分ち、三原、狩野が主、川野、鈴木が補佐といふことに決めた。これは来週の月曜日から実行に移したい。なほ遊軍の精神をも活発にするための方途、一般に部員の訓練をどうするかといふ条件についても協議をした。急にはゆくまいが、何とかして強固な活動力のある体制を確立したい。

三時から与論調査に関する打合会を行ふ。実は大阪からの提案で「戦争責任者は誰と誰か」といふ点を一般に示して回答を求めようといふのが来てゐるが、僕はこれに反対した。戦争責任の誰かを知るには、余ほど確実な判断の根拠が要る。しかし今の民衆はやうやく軍閥と官僚との圧政から解放されたばかりで、その準備的条件に欠けてゐる。第二には本社が今のところ社内の戦争責任追及について何等の決定を行つてゐないのである。さういふ事態に在りながら外に向つて戦争責任を追及するといふことは時期のうへから面白くない。それゆゑ僕は不賛成を称へたが、同席の者も皆僕の考へに同意した。これに代る案もいろ〳〵あつたが、結局東京の意見としては、「隣組存廃」を与論に問ふこと丶して、その案を大阪に提議すると決定した。「小国民新聞」の再刊披露会が五階の大会議室であつて、これに臨んでビールを飲み、夜に帰る。降るやうな星のまた丶く宵であつた。

ひる安岡の勇がひよつこり訪ねて来た。終戦事務に使はれて復員がおそくなつたが、二、三日前に東京に帰つて来た。会社では苫小牧の工場の方へゆけといふが、あゝいふ戦争のなかゝら帰つて来たので王子製紙のやうな会社に勤めてゆくことが馬鹿〳〵しくなつたといふ。しかし他にこれはといふ勤口があるわけではなく、王子をやめるのなら、その機会は何時でも得られるのだから、まづ北海道へ行つてみたらどうかと云つてやつた。左様すると云ひ残して別れた。

十一月九日　晴れ、初霜

東京にも今朝は霜を見た。甲州の山里はさぞ寒いことだらうと思ふ。だが家の方はまださつぱり見込みがない。進藤次郎が訪ねて来た。この才能も気力もない男は、それなりに新しい世の中の移り変りのなかに活きて来てゐる。他人に多少の迷惑をかけることさへ恥としなければ、かうしてもやつてゆけるのである。僕なんかはこれが絶対に出来ぬ人間なのだ。きのふマッカーサー司令部では「三菱が東条に住宅を贈り、三菱の郷古は一千万円を東条に贈つた」といふ発表を行つたが、三菱では昨夜終戦連絡事務局を通じてマッカーサー司令部へ事実無根の弁明書といふものを送つた。けふは三菱側の云分とマッカーサー司令部の云ひ分との両方を聞くべく人を動かしてみたが、三菱の方からは郷古自らが社に来て無根の陳弁をした。ところが醜態は、マッカーサー司令部にあつて「あれは日本人の齎らしたものであるが、三菱が否定するのなら改めて調査しよう」といふ至極あいまいな話しである。そんなことで三菱の云ひ分も新聞に掲載することは禁じられた。マッカーサー司令部のかつて無い失策だ。社内革新運動について二時半からと四時半からと二回も部課長会議が開かれた。そのため遅れて大作の会場に臨み、東部軍の福富参謀たちを招く宴と、松村統制官を招く宴との両方に顔を出す。

十一月十日　晴れ

今朝の新聞を見ると読売が一面には東久邇宮の臣籍降下御決意、二面には百円札二十二万枚が輸送の途中板橋でトラックの事故のためにバラ撒かれたといふ記事と何れも特種で書いてゐる。けふは完全に読売にしてやられた。殊に本紙の今朝の出来具合に至つては全く為つてゐない。よくもこんなくだらぬ紙面を造れたものだと我ながら呆れかへる始末である。

十時半から部会、会場に適当なところがないので旧館の屋でやつた。日当りがよく、それもなか〳〵捨て難い。そこで一昨日決定したデスクの陣容改変などを皆に話す。それから今度改選される社内改革運動の代表委員を選ぶ。選挙はやめて浅見、名倉、石田の三人を推薦した。「小国民新聞」からソ聯の子供の生活について五、六回の続き物の読みものを書いてくれと頼まれてゐたので、その第一回分を書いて渡す。夕方は明早朝大阪へ帰るといふ浅井と二人で昭和寮に飲む。

十一月十一日（日曜日）　晴れ

近所の床屋が朝から昭和寮にやつて来て調髪してくれる。朝から「小国民新聞」の原稿第二回を書き終へ、大作の細君の造つてくれた鮭の握りと海苔巻きの寿司で中食をしたゝめてから東京駅にゆく。実は鎌倉の狩野の家に招かれてゐたので、鈴木二郎とそこで落合ひ一時四十二分の横須賀線列車に乗る積りでゐたのである。ところが一時過ぎ鈴木がやつて来て、今日は神宮球場でロディオをやるので、そこへ集る米兵のために列車の乗客制限をしてゐて東京駅からは乗車券を売らない。有楽町に廻りませうといふ。それから有楽町駅に行つた。そこでも普通ならば買へない切符を鈴木がやつと手に入れてくれた。新橋から横須賀線に乗換へる。鎌倉駅には狩野が出迎へに来てゐた。混雑する江之島電車で稲村ヶ崎にゆき、狩野の住居にゆく。東京の本宅が焼かれてから狩野は母親と二人きりで老人夫婦の召使ひを使つて、この別荘に住んでゐるのである。これは幽遠な山懐にある小ぢんまりした建物であるが、庭もよいし、附近の山々のものが狩野家の庭の役割を演じてゐる。庭のどうだんと楓が紅葉の見頃であつた。家の裏には菜園があり、その辺りにはあざみと野ぎくとが咲き乱れてゐた。景色だけでも心を休めるのに十分であつたが、着くなり風呂に入れてくれた。それから酒宴だ。母堂の手料理で鯨肉のボイルしたのにアスパラガスを添へマヨネーズ・ソースをかけた皿、あま鯛の塩焼き、こちの煮付け、新鮮な菜のひたし、その他いろ〳〵あるうへに、酒が「爛漫」である。ほかにチェリー・ブランディーやドライ・ヂンがあつたがそれは無くもがな。とにかく快適な一夕であつた。東京に帰るにはまだ晩い時刻でもなかつたが、奨められるまゝにとう〳〵泊まつてゆくことにした。山気も加はつて夜冷えはかなり甚しいが酔つた揚句でそれが却つて快い。

十一月十二日　　晴れ、時々曇り

ぶつ続けに九時間余りも眠つた。最近にないことである。朝めしをうまく食つて鎌倉駅に出て、東京に向ふ。昨夜から今朝にかけての好い時を送つたのにひきかへて、この電車の混みあふのにはほと〳〵参る。社に出るなり、召集しておいた社会部遊軍の会合をやる。今日から遊軍の者たちにも担当を大ざつぱに決めて、その方面に連絡をとらせるやうにすることゝした。ひるの弁当は狩野の母親がつくつてくれたのを食ふ。狩野家にはこの食糧不足の時代にとんだ厄介をかけたものである。

松尾惣一郎が訪ねて来た後に遠藤静一が来る。遠藤のはこの十八日の日曜日に古いボートの連中で中野一九会に会合を催さうといふのである。参会を約した。

けふから社会部で英語講座を始めることになり、その講師も二世の婦人で篠原といふのが見つかつた。しかし今日はたゞ開校式といふのに止める。夕方は大作の岩田が新進の力士千代の山と一緒に飲むといふので、それに招かれ、社の相馬もそれに加はる。

佐藤信が十一日には決定すると云つてゐた家もとう〳〵駄目だつた。また今日海軍省に行つたので、誰れ彼れに家のことを重ねて頼んでみたが、引きうけてくれる者はなかつた。

十一月十三日　　晴れ

天皇陛下には昨早朝東京を御発輦、西下遊されたが、今日は伊勢神宮に御参拝、終戦の御奉告を行はせられ、午后京都に向はせられるご予定である。かういふ行幸にはそれまでは軍服を召されたのであるが、この度は初めて今度新しく制定された天皇服といふのをお召しになつた。

朝宿で「小国民新聞」の原稿第三回めを書く。社に出るとすぐ部長会議、社内革新運動についての報告を聞いたうへで、この度のやうな運動に際して部長会が今までのやうな態度でゐてよいのか、絶えず部長会議を開いて運動の厳正な批判もし、これを間ちがひなく指導してゆく必要があるのではないかといふ意見が出た。僕はこの運動が始まつて間もなく頃、部長会議の役割について考へたが、今度の運動は社員個々の意志の凝集によつて展開されるところに意義があるのであつて、一つの特権を持つ部長などが横の連絡をとつて纏まつた意見を形つくり、それを社員の運動に反映させるのは、この運動の本義から見て採るべからざることゝしたのである。しかしその後の運動の動きを見ると必しも僕のさういふ考へを正しいとしない情勢にあつた。運動が少数の思慮の定まらない者の言動に左右されたり、運動の内部に何か不純なものが見えたりして来てゐる。かういふ際には社内の事情にもよく通じ、また一通り思慮のまとまつた年齢の部長たちが、慎重な考慮と妥当な手順とによつて運動の正しい発展を見まもつてゆくことも必要でなからうかと思ふ。

張文豊来る。父親宛の電報を打つて貰ひたいといふ希望だつたので台湾総督府の島田に依頼してやることゝした。偶然にも福湯豊が門司から伝言を寄せて「やつと帰つて来た。近く出社する。遅くなつて済まぬ」と云つて来た。どうしてあの騒ぎのなかを平壌から抜け出して帰つて来たものか、さすがは心臓の強い福湯だけのことはあると云つて部内の者みなが驚いたのである。夕方部会、やはり社内運動の中間報告をする。その後で警視庁担当部員を集めて仕事のうへの打合せをした。こゝにも改めるべきことが多い。

新しい重役の選挙については、ここに添付した印刷物のやうな方法が決定した。ところが実行委員た

新重役選擧方法

來る十一月廿六日大阪本社に開催する臨時株主總會に於て選擧すべき新重役候補者推薦方法左の如し

（一）第一次選擧

（イ）選擧人資格　毎日新聞社職員にして年齢廿年以上の者

（ロ）被選擧人資格　毎日新聞社職員にして勤續滿五年を經過し且つ年齢廿五年以上の者

但し（イ）（ロ）共待命休職員、休職員、非日勤囑託員、出向社員は之を除く

（ハ）選擧區　各局とも部及獨立したる課並に之に準ずるもの

但遞送課は獨立の課と見做す

部課を構成しあらざるもの（例之局長室附、局附等）又は部課員五名以内の部課は各局部課長會議の決定に基き一選擧區とす

（ニ）定員選擧有權者數の一割、但最高十名を超ゆることを得ず、端數の員數は五捨六入とす

（ホ）選擧は定員連記無記名とす

（二）第二次選擧

（イ）選擧人資格　第一次選擧に於て選擧せられたる者

（ロ）被選擧人資格　毎日新聞社の職員にして勤續滿五年以上年齢廿五年以上の者

但し（イ）（ロ）共待命休職員、休職員、非日勤囑託員、出向社員は

ちは新重役の資格について協議した結果、「現重役の再任を認めない」ことを決議してしまつてゐるのである。勿論これは東京の編輯局から出た実行委員を中心としたもので、工務局の実行委員たちもこれと歩調を合してゐるが、他局の考へ、さらに大阪、西部などの考へはどこにあるか判らない。これを纏めるために東京から連絡員が西下したのである。ところが問題は更に先に進んで、全くの新顔の重役を出すとなれば、誰が出るかといふことが予定される必要となつて来た。それについて今日になつて狩野が実行委員側の考へを僕に云ふところによると、社長は阿部真之助、重役には大阪から本田親男、門司から神田五雄、業務から平野太郎、主筆としての永戸政治などが予定されてゐるが、東京の編輯から出るのは僕だといふのである。それが明日あ

(二) 定　員　各局員數に比例し左の通りとす

大阪編輯局　三名　大阪工務局　二名
東京　同　三名　東京　同　二名
西部　一名　西部　同　一名
大阪業務局　一名　大阪總務局　一名
東京　同　一名　東京　同　一名
西部　同　一名　出版局　一名
計　十八名

(ホ) 選擧は定員連記無記名とす
(ヘ) 當　選　人　有效投票數の五分の一以上の得票あることを要す
五分の一の場合は之を五分の一以上と見做す
得票數右數に達せざるため定員に不足を生じたる時は引續き補缺選擧を行ふ
當選人を定むるに當り得票數同じき時は選擧管理人抽籤して之を定む

(三) 選擧期日
昭和廿年十一月廿日までに第二次選擧を完了するものとす

(四) 新重役候補者推薦會は第二次選擧に於て當選したる者を以て組織す
新重役推薦方法は右推薦會に於て協議の上小委員を擧げ重役側と懇談するものとす

(五) 昭和廿年十一月廿四日午前十時大阪本社に各代表會合し新重役候補を推薦す

たり実行委員内の決定としてはつきりするはずだから前もつて知らしておくといふことだつた。かういふ人選に当つて社内に人のゐないことは僕も十二分に認める。しからばといつて僕のところへそれを持つて来ることはどうか、僕は重役なんかになつてみようなど夢にも考へてみたことがないし、またそんな役割に向く柄でもないことは正直に云つて僕自身が最もよく承知してゐるのだ。これから定年までの十年間を本とうの新聞記者で通してゆきたいといふのが、偽りのない僕の切実な希望なのである。

おそくなつて宿に帰つてひとりで食事をする。明日から数日間、また引きつゞいて酒を飲まねばならぬことになつてゐるので、今日一日ドライで通せたことが、むしろ有がたかつた。

十一月十四日　晴れ時々曇り

社内改革運動に関して編輯局の部長たちが指導的な立場をとるべきものであるといふ議論が盛んになつて来た。そんなことは僕なんか以前から考へてゐるのであるが、さういふ運動が社内の全般的な動きに持つ響きについて慎重な考慮を払つていたのである。今になつて若い連中ばかりで、この重大事を任しておいてはならぬといふ判断がついたことは悪くはない。方法論は検討を進めたうへで、何とかしたいものだと思ふ。それは部長会議といふやうな形式をとつてはならない。思慮ある部長級のもの丶考へが自づと実行委員を通じて社内全般に伝はるやうに工作する必要があると思ふ。伊藤実を見舞ふ。張文豊来訪。おやぢが近く日本に来るといふ電報がとゞいたといふ。果して然らば結構この上なしだ。

夜、論説委員会が久しぶりにあつた。それに出てつくづく感じたことは、僕が出て後の論説陣営には頼みとすべき力が殆ど無くなつてゐることである。今晩なども僕と同様に部外者である阿部真之助に一座が牛耳られている傾きが見える。

十一月十五日　曇り時々雨

中島隆則、安達敬吾の二人を休職処分にするやうに手続きを取つた。二人とも僕が部長に就任して以来の二ヶ月半、休んだ切りで一度も連絡をとらないし、此方から連絡を取りやうにも住所すら判らないのである。かういふ者が部内にゐては部員たちの志気にも悪い影響を与へる。そこで思ひ切つてこの処置に出たのである。海軍の山口捨蔵と岡崎善吉とを大作に招く。二人とも復員関係の仕事をしてゐるのであるが、海軍報道班員として南方にゐる本社のもの、セレベス新聞、南洋新報などにゐる本社員などを優先的に帰国さして貰ふやうに依頼した。これ等の人間が一旦帰国を延したら社は数万円の金を失ふことになるのである。今夜は此方で用意しておいた日本酒のほかに山口が持つて来た海軍の甘味ブランデーといふものがあり、それがなか〳〵うまく、かつよく利いた。

十一月十六日　晴

けふの紙面から「東京・二十四時間」の続物が出る。総じて好い紙面である。これは三原が来て以来、デスクを強化したことが主な理由だ。三原班、狩野班の二つを造つて、これに紙面作製の大仕事を任せるやうになつたので、僕は企画のために頭を働かせる余裕を持つことが出来るやうになつた。この調子をもつて部内を締めてゆけば、もつと好い新聞を造ることも出来る。部長対部員の繋がりも今までやうであつてはならぬ。部員の家族がどんな生活をしてゐるか部長が知らないでゐるやうなことは許されない。そこで、身上調査を全部員に対して行ふことにして、その用紙を昨日造らせることにした。社の待遇改善をはかることも必要だが、それと併行して部長自らが部員の憂ひと楽しみとを知り、この両方を分ち合ふやうな行きかたが是非とも必要である。

四時半から部会を開く、重役選挙のための第一次選挙のための会議であるが、選挙制を用ゐず、新旧代表委員の五名、狩野、浅海、野口、名倉、石田を推薦した。この機会に部員藤野克己戦死の報告をした。藤野は去る二月十八日ツゲガラオの近くのベニヤブランカといふ部落で病死したのである。それが今日になつて判然して来た。気の毒な限りである。夜は昭和寮に大蔵省の今井を招く、このモスクワ以来の友人は今や貯金局長となつた。官僚のなかでは物の判る点で第一級の人間として僕は思つてゐる。席には経済部の久米川が加はつた。そして大いに飲み（三人で二升）。今井も久米川も昭和寮に泊つてゆく。

十一月十七日　快晴

宿酔になる。酒の方はもつと注意しなければならぬ。豊子も手紙をよこす度毎に余り酒を飲んでくれるなと云つて来てゐる。僕のためを思つてくれる友人たちも「大切な体だから酒でこはしてはならぬ」といふことを忠言してくれる。勿論僕自身も深酒のよくないことを知つてゐるのだが、つひ飲み過ぎるといふのは自制心が足りないためであらうか。

今日は特別に忙しい日であつた。九州から矢加部が上京して部の仕事に就き、朝鮮にいた福湯がまんまと脱出に成功して仕事に就くやうになつたが、この二人にゆつくり話しをしてゐる暇もないほど忙しい。おびただしい原稿に一わたり目を通すこと、一時からの時局情報編輯会議、四時からの部長会議、長野の中山から云つて来てゐる自動車の購入問題についての仕事、小国民の原稿、休職の手続をした後で今日出社した安達敬吾の身分問題、福湯が九州出張中、朝鮮に出かけたのが身勝手な行動であつたと云ふ事に対しての究明、僕を重役選衡委員にするといふ話しと、僕を重役に推さうといふ話しとに対する対処、小林信司の親戚の者といふ女のほか何人かの面会人、全くどうにもかうにもならない忙しさのなかに、夕方はデスク会を開いて倶楽部担当者の入れかへについて協議をする。そして日が暮れてからは、また宴会だ。今日は鉄道の旅客関係の役人とツーリスト・ビューローの幹部とを招いたのである。おなじ昭和寮で高松がボグスラウスキーといふ米軍の中尉を呼んでゐて、それが名の示す通りロシア人だから、僕に是非とも会ひたいといふ。それにも会つて久しぶりにロシア語で喋る。ところがこのボグスラウスキーといふのがニコライエフスクの生れで、その父親はそこの税関長をしてゐた。そして島田元太郎の一家とはかなり懇意の間柄で、現に私は島田の連れて来た日本人の医者に種痘をして貰つて当時流行したほうそうの難をまぬがれたといふ。僕が島田元太郎をよく知つてゐるし、島田の息の弘毅といふのが僕の友人だと云つたら、是非一度会はして貰ひたいと頼んでゐた。

十一月十八日（日曜日）　晴れ

ゆつくり朝寝をする。宿のものに起されて朝食をしたゝめる。一昨日から国技館の大相撲が始まつてゐるし、けふは久しぶりの早慶戦があるし、昭和寮にゐる者もそれ〴〵思ひ〳〵に早くから外出した。正午過ぎに社に出る。別に変わつたこともなし。九州の古市のところへ原稿便、豊子のところへ手紙、長野の中山のところへ自動車購入の件で伝言を出し、それから中野の一九会へゆく。外語のボートの連中で小会合をする約束が出来てゐたのである。主人公日野のほかに、イワントン、村田ドンキ、小森、植松のタコ、それに梅村の弟の金春流謡曲の大家平ちやんが来会した。この平ちやんは今では水神の八百松の主人公であることを聞き、この次の会合は平ちゃんのところで決行する約束が出来た。今夜はちようど十四日か十五日の明るい月である。もう四分の半世紀も昔のことになつた向島の話し、利根川遠漕の話などを楽しみ、もう世を去つた古い仲間を懐ふ話しもする。

十一月十九日　晴れ

昭和の初めから戦争に敗けるまでの二十年間に起つたさまざまな出来事を秘史風に叙述して上下二巻の書物にしようといふ話しが社内にあつた。そしてこれを僕の名で公刊しようといふので、かねて交渉されてゐたのをとう〱引受けた。内容は数人分担で作業するのだが、僕はその序文だけを書かねばならぬ。今日それを書いて世話人の森下に渡す。

重役選挙のために大阪へゆく代表が今日選挙され、東京編輯局からは牧野純夫、山本光晴、田中香苗の三人が当選。次点者は僕と塚田一甫である。僕に関しては是非とも大阪に行つて、この大任を果してくれといふものと、僕が新しく選ばれる重役の候補者の一人であるから、今度の代表者に加はつてはいけないといふものとの二派があつて、つひにかういふことになつたのである。「重役再選不可」論をめぐつて東京と大阪の意見に大きな紛れが予想されるので、僕は大阪へゆくことは僕自身も自らを適任者と考へてゐたのである。今度選ばれた連仲がこの仕事をうまくやつてくれたら結構だが、容易な業ではあるまい。

社会部の予算を編成して経理部に提出する。この十二月一日から始る昭和二十一年度上半期の予算である。通報員を増やそうと思ふ。大学新聞関係四人、警察、区役所担当八人で、それ等のものに対する予算は半期で二千五百円ほどになつた。部員の身上調査を始める。原籍、現住所、家族住所、家族員数とその情態、住宅関係などに及ぶものであるが、かういふ調べが今まで少しも出来てゐない。かういふ世情のうちに部員の生きてゆく途を拓くことは科学的な措置のうへに行はれなければならぬと思ふ。この次は社会部共済会の規約を改正して、この連関をもつと合理的にしたいものである。

一時から事業委員会、四時から部の倶楽部担当者の会、この倶楽部担当者の会は予想以上に有益であつた。それ〴〵の意見を聞いてゐるうちに新聞製作上の好い着想を発見することが出来る。これから毎週月曜日の午後四時から会議を開き、第一週が遊軍記者、第二週警視庁記者、第三週一般倶楽部記者を集めて今日のやうな協議懇談を続けてゆくことゝした。

台湾人青年二十人ばかりがデモンストレーションを行ひ、先日本紙に載つた台湾人暴行事件の記事の訂正を迫り、同時に彼等の生活に関する苦境の陳述にやつて来た。これを記事にする。このごろ「東京二十四時間」の続きもの記事の評判特によろしい。夕方ニュートーキョウ地下室で、今度の出版についての前祝ひ会あり、出版元鱒書房主人の招待である。一度社に寄つてから帰る。

けふマッカーサー司令部は荒木貞夫、本庄繁、鹿子木員信、小磯国昭、久原房之助、葛生能久、松岡洋右、松井石根、真崎甚三郎、南次郎、白鳥敏夫の十一人を戦争犯罪人として逮捕して、巣鴨刑務所に拘禁するやう、わが政府に命令した。そのことが伝はつたので松岡謙一郎が社を訪ねて来た。彼には僕の住宅を探すことを頼んだまゝになつてゐるのだが、さすがに今日はそれを督促する勇気が出なかつた。

十一月二十日　晴れ時々曇り

小国民新聞の原稿は今日書き終へたもので総て脱稿、都合六回分であつたが、忙しいなかによくもこんな仕事を引受けたものだとつくぐ〱思ふ。昨夕の倶楽部担当者懇談会に出たさまぐ〱な提案を中心として、これ等を如何に紙上のものにするか、デスクの者を集めて相談する。そして可能性のあるものから早速実行に移すことにした。折角皆の考へを十分のスピードをもつて実際化しなければ、部員に熱意のある仕事を要求出来るものではない。昨日受持ち部署の一部変更をしたところ、外務省から遊軍に廻ることになつた木村一郎と都庁から逓信院、技術院に廻ることゝなつた石井修二郎とが不満の意向を訴へて来たが、その理由とするところを聞くと、取りあげてみる性質のものではない。命令通りに動くやう厳達し、二人ともこれを承諾した。命は峻厳でなければならぬ。今日の朝日には東条英機の妻を福岡県でインタビューした記事が出てゐる。なか〱良い記事で、各紙とも社会面ではこれに圧倒されてゐる形だ。これについては僕の方でもかねぐ〱注意して、大阪を通じて福岡支局へ手配しておいたのであるが、つひにかういふことになつた。残念だがもう及びがつかない。

この頃顔面に少しむくみを感じるし昨夜あたりかなり寝汗をかいたので多少心配する。久しぶりに小林ドクトルを銀座に訪ねて診て貰ふ。そんなに気にすることもないと云つて注射をして薬をくれた。夜よく眠るやうにせよといふが、この頃のやうにあれこれや考へごとが多いと昼間考へてゐるだけでは間に合はず、床に入つてからあれこれと思索して、急に眠れぬことが多いのである。例によつて小林ドクトルの長談議を聞かされた。聞くだけでは損をするので、僕のために何とかして家を見つけてくれること、、この間から頼んである桂のための備薬を求めてくれることを申込んで帰社する。この往復の途上で見たのであるが、数寄屋橋あたりの露天商人の多いことは驚くばかりだ。売つてゐるものは鍋釜類からいろ〳〵な台所道具、糸、ゴム組、下駄、魚、煮魚、烏賊、干魚、蜜柑、葡萄、林檎、飴、芋、葱、とうがらし、にんにく、なんとその雑多なことよ――と驚くのみ。今夜は狩野が宿直で食事にあぶれてゐるといふので、昭和寮で夕食を共にする。四合余りの日本酒が残つてゐて非常に効果的であつた。

今朝本庄繁大将自殺。大将は戦争犯罪人として昨日招喚命令を発せられてゐたのである。

十一月二十一日　　曇り夜雨

社に出たら整のところから葉書がとゞいてゐた。去る十五日かに八丈島の陣地から郷里へ復員して二十日ごろから元の今津中学校に勤めてゐるといふ。この方はまづ〳〵好かつた。ビルマの誠、満洲の努の消息は依然として解らないのである。

秋田の大助君来訪。こんどいよ〳〵死んだ老人の地盤である徳島から衆議院に立候補することに決つたといふ。まだどの政党から立つとも決つてゐないし、政界の最近の動きや、米軍司令部の意向と日本政界の事情といふやうなこともてんで判つてゐないと云つて、いろ〳〵のことを聞いて帰つた。

今度は黒駒に何時行けるかと思つてゐたが、仕事の方もその一両日の組立ては出来てゐるし、大阪へ重役選挙にゆく必要もなくなつたので、明日は新しく結成される社の従業員組合初会合があるが、その方は失敬して、明早朝出発することにした。いろ〱土産ものを集める。このやうな時の気持ちはたまらない。明日のひる過ぎには桂に会へるのかと思ふと何だか気が浮き〱する。

十一月二十二日　　雨後止む　　――黒駒ゆき――

（省略）

十一月二十三日（新嘗祭）　　晴れ　　――黒駒より帰京――

（前略）

就寝にはまだ少し早いので新聞を読む。わづか二日間の新聞ではあるが、これを仕事の対象として一通り読み終るのにはなか〱の努力と時間とを要する。戦争中新聞紙が「統制」のもとに置かれてゐた当時は、新聞を読むことは楽であつた。旅行中でもラヂオを聞いてさへをれば、改めて新聞を読む必要はなかつた。しかし今はちがふ。

十一月二十四日　　曇り晴れ

けふは朝から整理部の部長、副部長たちと社会部のデスクとで懇談会をする予定になつてゐた。僕が黒駒から急いで帰つたのもこの用事があるためであつたし、社会部のデスク連仲は今日も早く出社して来たのであるが、整理部の方はなか〱出て来ないために今日は流れてしまつた。

好い新聞をつくための熱意がなければ駄目である。十一時から復興委員会、この会も現在の機構改革を前にして、どうも熱意に欠けてゐる。どうせ自分たちで計画してみたところで、今その任に当るはずの者がどうなるやら知れないからといふ理由で、後のことは後の人にして貰へばよいといふ風に考へてゐるらしい。今日も事務の経過報告のやうなことに終始して、新規な計画的のものは寥々たる有様であつた。社の機構改革といへば大阪で開かれてゐる重役選挙のための代表委員会はなか〳〵の困難に遭遇してゐるらしい。東京側の重役再選を許さずといふ意見に対して、大阪、西部は許してもよいといふのであるが、東京の主張する戦争責任追及に対して大阪では現重役のうちでは高田元三郎などがその責任を負つて止めればよいので、鹿倉吉次などは止める必要がない。新重役には高田を入れず鹿倉を留め置かうといふのである。これでは東京側の主張は丸つぶれだ。そも〳〵こんどのことは、東京に関する限り理想に走り過ぎて実を取ることに手抜かりがあつた。こんな情勢になるのも決して無理由とは云へない。さういふ訳で今日重役選衡をして二十六日の株主総会でそれを決定するといふ筋書きは、どうやら危まれる。――これが夕刻までに大阪から伝へられて来た内報である。

マニラからまた小林勇が帰つて来た。その話しに佐藤八郎は収容所にゐて、アメリカ兵のために頻りに似顔絵を描いてやつてゐる。これがなか〳〵の人気を呼んで本人大いに元気だといふことだつたので、その模様を疎開先の細君に通知してやつた。豊子、桂、藤井輝彦、佐山の母などへも手紙を書いて出す。けふもドライ。一昨日は黒駒でビール一本を豊子と二人で飲んだ切りだが、昨日、今日と二日間のドライが続いた。健康のことを思ふと酒を飲まなかつたことが非常に善行をしたやうに感じられるから不思議だ。

十一月二十五日（日曜日）　晴、曇

食糧事情はいよ〳〵窮迫して来た。殆ど全く行き詰りと云つてよい。当今の事情を救ふために、政府もいろ〳〵手を打たうとしてゐるが、どうもやることが手ぬるい。農民に対して供出せよ〳〵と呼びかけてみても、農民それ自体が天性貪欲であること、一面には彼等にも一通りの理屈のたつ云ひ分がある。第一に今日まで供出〳〵と要求されたのに対して、ともかくなけなしの米を出したのは一途に戦さに勝ちたいからであつた。その戦さが必度勝つと引受けた当局の言葉に反してもろくも敗けてしまつた。かうなつては、気力もなにも抜けてしまつて供出どころの話しではないのだ。それに今年の大凶作はたしかに農村を脅かし、農民は自分たちの食ふことを先に考へるやうになつた。そして農村に必要な物資——作業衣、地下足袋、農具などを求めるため、そのなけなしの米類を出して物々交換をしなければならぬ。政府は増産を叫ぶけれども、すでに長年の肥料不足で地力がすつかり衰へてしまつた田畑から増産を予期することはむつかしい。せめて肥料をどん〳〵と送つてくれたらといふ希望は大きいが、それを満たすべき方策は政府にないのである。開墾も考へられてゐる。しかしそれによつて耕地を増加し、増産の実を挙げることは、まだ遠い将来のことであつて、差迫つたこの窮局を救ふ方法ではないのだ。やうやく政府はこのほど本年産米の生産者価格を百五十円に引上げ、地主米価を五十五円に据置いたが、今度は米価に対する国庫負担力の貧弱性から消費者価格を引上げなければならぬことになつた。おそらく現行の石当り四十六円から一躍七十五円に引上げることになるだらうといふ。もしさうなれば消費者は一斗について二円九十銭の配給価増に遭ふことゝなり、一般物価に影響するところも少くなからう。だが、どうやり繰りしてみても、国内産食糧だけで国民を飢えから救ふことはどうしても見込みがない。結局外からの輸入に俟たなければならぬ。この点連合軍最高司令部へわが政府からいろ〳〵要請してゐたが、なか〳〵見込みが立たなかつた。それが、やうやく昨日になつてマッカーサー元帥から正式の命令が出て「日本政府に食糧、綿花、石油、塩の輸入を許可する」むねが明かにされたのである。しかし具体化するためには船舶問題、見かへり物資の問題等の細目取決めが残されてゐる。われ等の早く知りたいことは、これ等の細目の決定を俟つて、どれだけの量の実食物がわが国へ入つて来るかといふことである。

ひる食に岩田の妻君が鮪と鯵の握り鮨をつくつてくれる。これが非常にうまく、ひる食は抜かうかと思つてゐながら、つひ〳〵数個を食つてしまつた。それから出社する途中、銀座の露天を一覧する。こゝは見る度々づつ物資が豊富になつてゐる。こんな品物が何処にひそんでゐたのか、と思はれるやうなものが夥しい。社では変つたこともなし。たゞ双葉山が引退の届出を相撲協会に出したこと、マッカーサー司令部が軍人官吏などの恩給制度廃止の命令を出したことを知つたのみ。

きのふ大助君が来て秋田の家では物故した先主の遺骨を近く徳島へ送るので法要を営むといふこと、それが今日の正午からである。三時に自動車で駆けつけたが法事は終つてゐた。焼香をし、暫く話して帰る。すぐ自動車を東拓ビルに廻して、そこで開かれる部会に臨んだ。会場は地階の「つくば」といふ料亭である。日曜日のことではあるし、どうかと思つてゐたが、出席率はなか〳〵良く五十人近くも集つた。ビールは百リットル用意してあつたが、それでは些か不十分のやうだつた。しかし飲む、唄ふ、踊る、文字通り一同は歓をつくしたのである。ある者は社会部始つて以来の盛会であらうと云つたが、これは過言だ。しかし最近珍しい会であつたことは否めない。この雰囲気のなかにゐて思ふことはどんなむつかしい仕事でもきつとやり通せるといふ確信であつた。実に良い若ものたちが集つてゐる部であるとしみぐ〳〵感じる。

昭和寮に帰り岩田の奨めるウィスキーを飲んでゐるところへ部のデスクから電話が架つた。留守居を受持つて今夕の会に出ることの出来なかつた川崎啓介からである。伝へるところは大阪の重役選衡会でやうやく重役の顔ぶれが決定したといふことである。曰く編輯では東京の局長神田五雄、大阪本田親男、西部が加茂勝雄、主筆が永戸政雄、業務では東京が塚田一甫、大阪が平野太郎の局長、工務関係では大阪の新谷重造、そして英文主筆楠山義太郎、監査役として大石極、中島祐文、中田善雄が挙つてゐる。今さらそれを感ずることは愚であらうが、この陣容をもつて社運を興してゆくこともむつかしく、まして編輯のうへで新しい時代の良い新聞を造つてゆくことに余りにも多くの困難を予想させるのである。

十一月二十六日　　晴時々曇り

昨夜の宴会は、みんなに相当の影響を与へたと見えて、今朝の出足はかなり悪くなつてゐる。多少のことは止む得まい。それでも十時半から遊軍の例会を開いて、議会記事の問題その他について協議した。

けふ第八十九帝国議会が召集されて成立。明日は開院式。二十八日には幣原首相の施政演説がある。今度の議会は十八日間の会期が予定されてゐるが、臨時議会としてこれはかなり長期であつても、選挙法改正、労働組合法、農地整理法改正その他の重要審議事項があるので、おそらく会期の延長を必要とするであらう。新聞の方は、紙の増配がいよ〳〵実施されて、議会会期中少くとも五回の四ページ紙が出る運びになつてゐる。その第一回は二十八日組込みで首相の演説その他が載るはずである。ともかくわが国重大な政治的変動期であつて、議会の内外において政治的な幾多の運動が予想される。部からは議会に十一人の記者を送る。

方々への勘定を済ます。宴会費は大作だけで三千二百二十一円の払ひ、このうちの大部分は社用支出であるが、大作への昭和寮宿泊料は未勘定でそれがまた三百円くらゐになるだらう。けふも社の共済課で売出した林檎は十個で二十五円、食用油は高くなつたといふもの丶一升百七十円、これでは栄養を十分にして生きてゆくことも容易ではない。けふも酒といふものを一杯も口にせず。

先に日本の財閥解体を命令した連合軍最高司令部は昨日日本政府に対し徹底的戦時利得税と財産税の賦課による財政改革を命令した。これによつて通貨を吸収し、国債を整理させようといふのである。それと同時に戦時補償金をも凍結した。また軍人の恩給を全面的に停止せしめた。なほ明年二月以後は退職金も支払はないことにすると決つた。大体においてわれ等の希望した線に沿ふ処置ではあるが、その及ぼすところの社会的影響は大なものがあるに違いない。しかしこれによつて危まれてゐたインフレーションを防止することが出来、わが財政再建の基礎が出来あがるなら、これに越したことはない。希くは戦死者の遺家族や戦傷者たちに対して、別途に救援の方法を講ぜられて、彼等が払つた大きな犠牲に対する補償が与へられることである。また今日の政府発表によると連合軍司令部の許可した食糧輸入に関して、その数量が判明したら、政府は国民の定食配給を二合三勺にまで引戻すといふ。これはマッカーサー司令部が先日許可した食糧輸入の報道とともに、この際国民として最も朗らかな報道を得たことゝなる。世相の険悪化を食ひ止めるためにも大いに役立つ。

十一月二十七日　雨後曇り

けふ第八十九臨時議会の開院式。□聖上議事堂に親臨。勅語を賜ふ。その時の写真が齎らされたが、これを拝するに□陛下議場において勅語を述べさせられるところが謹写されてゐる。未曾有のことだ。十時半から部の議会打合せ会。今度の議会会期中は院内と院外との連絡を十分にとる必要がある。院内で採る議会記事も大切であるが、議会のなかで進んでゆく事象が、刻々議会の外に反映する情況を充要(ママ)な取材対称(ママ)とすることを忘れてはならないのだ。

ハルピン在勤当時――もうそれは十年に余る昔のことであるが、毎日のやうにわが家に出入りしてゐた満州航空の高橋機関士がひよつこり訪ねて来た。終戦と同時に飛行機に乗れなくなつたので、この頃は郷里の新潟にゐて時々東京にも出てくるのださうだ。彼を見知りあひの森本や高石も来てそれぐ\に古い話しなどをする。それから後迫田鶴吉も訪ねて来たらしい。豊子に託されて来た餅を置いて行つた。てうど彼が来た時間には僕は会議に出てゐて会へなかつた。餅と一緒に豊子の手紙がとゞいてゐた。桂があれから後も非常に元気で、毎日僕の持つて行つた魚が残つてゐて、それをおいしく頂いてゐると書いてあつた。今日もまたドライ。

宿に帰ると、あちこちの部室に宴会があつたり、個人で飲んでゐる者があつたりして、飲みに来いとの誘ひはなか〳〵多い。つひ腰をあげたくなるのをぐつと押へるところになみ〳〵ならぬ努力が要るものである。けふ迫田が黒駒から使ひに来たらしく、僕が幹部会議で別館に行つてゐる留守中、机のうへに豊子の手紙と餅とが置いてあつた。もう暫く待つて居れば此方から託送したいバターなどがあつたのに要領の悪いのは困る。豊子の手紙には僕が黒駒を立つてから後も桂はぴん〳〵と丈夫でゐると書いてあつた。何より嬉しい便りである。

十一月二十八日　曇り時々晴れ

熱海に居を構へた小笠原隆が社に訪ねて来たので、エー・ワンで一緒に中食をした。その留守中に谷川少将が訪ねて来たらしいので、後で陸軍の方へ電話を架けてみると今月はずつと休暇をとつてお休みですといふ。そこで田園調布に電話をしたら在宅で、確かにひる訪ねて行つたが、これといふ用事があつてのことではないといふ話し。それに好い天気なもので正木と二人でのう〳〵とやつて来たといふ。彰君がうまく一高に入れたといふことはニュースであつた。迫田が今日あたりもう一度訪ねて来るのではないかと心待ちにしてゐたが、つひに来なかつた。けふは四ページ新聞を組込む日、早版が刷りあがつて来たのをみると、ずつしりとして実に気持ちがよい。毎日かういふ紙巾が欲しいところであるが、なか〳〵さうもゆかず、議会の会期中五度の四ページ紙を出すといふ予定も、今日になつて四回に変更された。小林豊樹が急に相談したいことがあると云ふので、ちよつと暇の出来たのを幸ひ日本橋野村ビルの彼の事務所を訪ねたところ、児玉誉士夫と会つてくれ、そして彼の財産の一部を何か公共事業に吐き出させるやうに話しをしてくれといふのである。しかし僕の思ふのに今やマッカーサー司令部の命令で戦時利得が全面的に押へられることになつてゐる。さうした際、児玉や小林が持つてゐるやうな性質の財産を敢て出すといふことはどんなものであらうか。大体小林のやつてゐる事業の基金にしても戦時利得のあぶく金である。こんなものも追及されて行つたら、今の事業そのもの、基礎も台なしにならざるを得まい。彼等の持つてゐる金——児玉は三億円持つてゐるといふ風説もあるくらゐ——と今度の戦時利得措置との関係がどうなつてゐるものか。これを考へてから行動した方がよからうと話しておいた。

十一月二十九日　曇り小雨、寒し

大さう寒い日である。甲州はもつと寒いのではなからうかと妻子の身のうへを想ふ。起き抜けに新聞を見る。各紙とも四ページ。見かけはみな堂々としてゐるが、編輯ぶりは公平に見て今日の紙面では本紙が最も好かつた。殊に社会面の出来は、大いに自慢してよろしい。きのふ中出輝彦の援助を得て尾崎咢堂老の「議会観」を聴かせた記事もよかつた。粉食の宣伝に地方へ出かけてゐた生活科学化協会の女の子たちが帰つて来て報告座談会をやるといふので、その席に出たが、女の細い感覚で触れて来た農村の実情や農民の意欲や、役人の仕事ぶりなどを知ることが出来て、得るところが少くなかつた。三十人ばかりの女の子がゐたが、山梨県に出張した佐竹静野といふ娘の報告は喋つたところでもなかなかしつかりしてゐて好かつたし、後で報告書として書いたものを見たが、それも要領よく纏つてゐて、新聞記者として育てたら好い記者になるだらうと思はせた。宿から電話が架つて来て今日は風呂をたてたといふので、思へば黒駒で入浴して以来ずつと入つてゐないので、早めに社を退いて帰る。早速風呂に入る。

北海道釧路へ帰つてゐる部の佐々木芳人から手紙が届いた。この青年は今度の戦争を通して足かけ六ケ年間、南方圏で報道の仕事をやつてゐて、つひこの間始めて帰つて来たのである。その手紙には味ふべき文字が少くなかつた。

足かけ六ケ年の南方圏の生活のなかで、あれほどこがれた内地の秋であるのに、なんと僕にとつてこの秋の冷いことか、ちゞまつてゐます。季節といふものゝない六ケ年の生活であつただけに、僕にとつては本当に今から顧れば、この六ケ年は夢のやうに一瞬に思へるのですが、かうして丹前を着て大きくなつた子供と世帯じみた女房を見ると今さらながら六年といふ時間のながさに茫然としてゐます。帰社早々デスクにゐたら部長が「今日は銀座で電気コンロが売つてゐた」と珍しさうに云はれてゐましたが、とにかく僕の観念をもつてすれば、電気コンロを売つてゐるといふことは真に当然のことで、ちつともニュースではないのです。しみじみ浦島太郎の感慨を味つたことでした。

と書いてゐる。さらに日本人の性格、南方で数々の惨虐な行為をした日本兵のことに及んで、

何かゆえに日本人はあのやうな残虐行為を平然としたのか。この目で見て来た僕にとつても国民性といふ簡単なことでは片づけられないことだと思つてゐます。——とにかくこの残虐行為の究明は大

きく強く取りあげられなければならぬ問題と考へてゐます。これはまたトルストイズムに簡単に溺れ、マルキシズムに身を巻き込まれ、またナチズムに容易に切り替へることが出来る日本の思想の弱さにも関連して来る問題と思ひます。この深刻な問題を取上げることなしには、いづれにしても民主主義といふ単なる衣裳を着た日本がふらふらと出来上るだけだと思つてゐます。またこの残虐行為を軍閥のみがなしたのだと逃げることが出来ないほど、これは広範な日本民族の問題と信じます。

と云つてゐる。かういふ考察を貴重なものと思ふ。今日はやたらに物事に感心するまはりの日になつたが、新聞で議会記事を読んでゐると、議会劈頭の斉藤隆夫の「軍国主義発生の経緯」の質問に対して、陸相下村定は極めて卒直に答弁をして軍の罪を詫びた。本社速記の要旨によると

——あるものは軍の力を背景とし、あるひは勢ひに乗じ、あるひは独善的な横暴な措置をとつたものがあると信ずる。殊に許すべからざるは軍の不当なる政治関与である。左様なることが重大なる原因となつて今回のごとき悲痛なる情態を国家に齎らしたことは何とも申しわけがない。私は陸軍の最後に当つて議会を通じてこの点につき全国民諸君に衷心からお詫び申しあげる。過大の罪に対して私どもは今後事実をもつてその罪を償ふことが出来ないのは誠に残念である。どうか従来からの国民各位のご同情に愬へて、この陸軍の過去における罪のため純忠なる軍人の功績を抹殺し去らないやう、殊に幾多戦没の英霊に対して深く御同情を賜らんことをこの際謹んでお願ひ申あげる——

といふのである。本紙の議会雑観を読むと、陸相は感情を抑へてぽつり〳〵語り、満場水を打つたやう、議員も傍聴人もハンカチで眼頭を拭ふ、陸相の双眸にも明かに光るものがあつた。陸軍将兵への同

情を乞ふくだりに来ると「もういゝ、もういゝぞ」と議員席でたまりかけた声が出たといふのである。

今晩は昭和寮に住むことの辛さをつくぐ〱と感じた。少し風邪の気味があつたので、熱い風呂に入つて早く寝る積りで床に入つたが、いくつかある宴会のうちで、とても騒々しい一組があつて――多分写真部の連中らしい――歌ふ、どなる、踏むの騒ぎに、とても寝つかれるものではない。それが八時半ごろ終わつたと思つたら、今度は新名、立石、柴田、大橋、松浦などが何処かでやつて来たか、すでにかなり酔つたあげくに、ビールを一樽もつて現はれ、僕にも来いといふ。文句なしに断つたが、彼等は大いに飲んで来て口論を始めて、それがなか〱止まない。つひには器を擲る音まで聞こえて来た。かなり長くその騒ぎが続いてやうやく止んだと思つたら、隣の部室で大声で口論を始める者がある。別口だ。その一人は小野三千麿である。十一時頃から始まつた口論は一時頃まで続いて、どうしても僕を眠らせないのである。そこでとう〱起出して隣室にゆき小野に「早く寝ろ」とどなりつけた。小野は「済まない」とすなほに謝つたからもう事が済んだと思つて床に入ると、今度は僕の部室の障子を開けて入つてくる者がある。小野だ。そこで「何をしに来た」と云つたら「謝りに来た」といふ。「謝らなくてもよいから早く寝てくれ、そして僕を寝かしてくれ」といふと、「いや僕はこゝにゐて、あんたが安眠するのを見とゞけない以上帰らぬ」といふ。何しろ酔つてゐる相手であるから手がつけられないのだ。やつとのことで彼を帰したのは一時半すぎであつたらう。そしてうと〱としたところをまた起された。それは玄関の戸をガン〱叩いて大声で叫ぶ者が現はれたからだ。物音に人の起出してゆく気配、階下で交はされてゐる会話、やがてその闖入者が光田善孝であることを知つた。寝つくことが出来たのは二時過ぎだつた。

十一月三十日　雨、時々止む

読売の争議を応援する新聞通信社の従業員からなる共同闘争組合といふものがある。昨日も今日もその組合の本社委員団に招請されて、読売争議の記事をどう取扱ふかといふことで相談する。僕は読売の争議に何が背景にひそんでゐるのではないかといふことを注意する要ありと提言し、争議記事は批判的立場を失はずに掲載するといふ態度を明かにした。

今度の変改で桑原忠夫が待命休職になつた。僕はちつとも知らなかつたが、桑原自身がそのことを伝へて来たのである。神田五雄が大阪から伝言でその旨を申送つたのださうだ。神田は今度東京本社の代表重役になつたのであるが、つひこの間までは東京で桑原総務局長の下の人事部長であつた。つまり桑原は彼の旧部下からこの手痛い辞令を与へられたのである。とかくの非難は脱れがたい男ではあつたが、今かういふ運命に晒されるとなると桑原に対しては同情に耐へない。社にゐたらばこそ今日の地位を得ることが出来たのであるが、別にこれといふ特有の能力もない彼であるから、社をやめたところで他に適当な職場を求めることもむつかしからうし、社にゐても待命休職では本俸だけの収入であるから食ふことにも事欠かなければならぬであらう。

児玉誉士夫に会つてくれといふ小林豊樹の頼みで、小林同道木挽町の上海ビルに児玉を訪ねて彼の財産処分について話しをする。人の金のことだから内容は知らぬのが当たりまへだが、今残つてゐる金が四百五十万円といふのは、その少なさに驚いた。そのうちの二百万円で労務者の宿会を建て、東京都に寄附する。更に残つた金で施療病院などの公共施設をつくるといふのである。ともかく明日部員を児玉のとこへ送つて、そのことだけでも記事にすることを約束した。社に帰つたところへ、安岡の勇が面会に来た。北海道勤務と覚悟してゐたところ、東京勤務になつたと云つてゐた、それよりも聞いて驚いたことは、彼は出征前までに仮祝言を挙げて結婚してゐたのである。そんなことは僕も豊子も全く知らなかつた。今度は東京でいよ〳〵家庭を持つので家を探してゐるといふ。

十二月一日　　晴れ時々曇り

仕事の方は毎日〳〵の課題をきちん〳〵と果してゐる。その点は少しも焦る必要はないが、このごろ何よりも心のなかに蟠るものは家族を東京へ呼戻せないことだ。とう〳〵十二月になつてしまつたのに、家の見つかる見込みは依然として立たない。ぐず〳〵してゐると御坂峠が雪にうづまつて荷物の運搬など出来なくなつてしまふのである。アメリカの兵隊たちはクリスマスまでに祖国に帰れるかどうかといふことを気にしてゐるが、僕は今年中に妻子を東京に迎へて一家団欒の正月が東京で迎へられるかどうかを悩んでゐる。

事業部のやつてゐる時事問題に関する講座で時局解説をやつてくれと注文され、午後一時から五階の講堂で一時間余り喋る。「秘められたる戦記」を社の出版局が単行本にして出したいといふので、筆者たちに手配して、それ〴〵の記事をもつと詳述して引伸してくれと頼んだ。

重光葵が外務大臣をしてゐる時、南京政府から二千円の金を貰つたとか、貰つたが返へしたとかいふことを石原莞爾が喋つた。それを読売新聞が記事として取扱つた。収まらぬのは重光で、石原を告訴するといふのである。そのことは僕は笹川良一から聞いたが、その後読売新聞はその記事を全面的に取消したので、告訴の方はどうなるものかと思つてゐた。けふ笹川が電話を架けて来たので、あの話しはどうなつたかと聞くと、読売の取消とは関係なく飽くまでも重光は石原を追及するといつてゐるといふ返事だつた。そしてこの告訴事件が多少でも目鼻がついたら早速僕のところへ通知すると云つてゐた。

大阪社会部の柿木が上京して来て昭和寮に泊まつた。夕方は部の狩野、矢加部、塙、福湯、戸川など、一緒にその歓迎会を開く。大阪の社会部は東京の部員がゆくと、どんな小者に対しても会食をする機会を造つてくれるが、東京では今までさういふことがなかつたと皆がいふ。それは良くないことである。僕は今後この問題について旧慣を改めたいと思ふ。

十二月二日（日曜日）　晴後曇り

なか〳〵冷える。僕は知らなかつたが、今朝は東京に霜がおりたさうである。初霜であらう。この間電気こんろを買つたので、それにコードを取つてつけて部室で試みてみた。なか〳〵よろしい。寒い日になればこれを利用して暖を取らうと思ふ。午前中は休息した。ひる岩田が鮨をつくるといふ。この間は妻君がつくつてくれたが、今日は親爺が僕の目の前で握るのを片つぱしから食つてゆくので、かつての鮨屋で食ふのと些かも変らない。鮪を手に入れるやうあちらこちら使ひを走らせたらしいが、これは成功しなかつた。しかしあなごやこのしろやふつこがあつて、とてもうまい。今までふつこといふもの、正体を知らなかつたが、目の前で料理してゐるところを見て、これがすゞきの幼いものであることを知つた。ぜいご、ふつこ、すずきといふ順序を追ふのである。鮨を十五、六も食つてから銀座の露天店をぶら〳〵見て歩き、社に出る。人出の多いこと、露店の商品がいよ〳〵多種多様になつて来たことには驚いた。今日は議会も休み。編輯局のなかは至つて閑散である。渡瀬亮輔が出て来たので彼と暫く話す。今度の人事では彼が神田編輯局長の下で次長となるといふ説を聞いたので、ほんとうかどうかを訊いた。大体において本とうらしい。だがこれと同時に僕も次長に擬せられてゐるといふことを云ふ。僕には何の話しもまだない。どう考へても神田の局長では新聞のことをよく瞭る次長を置かなければとてもやつてゆけるものではない。渡瀬はその意味で適当な人間である。渡瀬一人で不十分といふのなら、金子秀三をもつて来れば更によからうと思ふが、金子が応ずるかどうか。さらに神田がこれを喜ぶかどうか。夕方は宿で牛肉があるといふから、これですき焼きをして一人で夕食をする。そこへ福島から上京して来た飛島定城が現はれ、僕の部室で話す。飛島も僕に神田を助けて次長にならぬかといふ。勿論これは飛島ひとりの考へで、誰から頼まれたといふものではないらしい。

（中略）

十二月三日　晴れ

電気こんろはなか〳〵有効である。今朝もこれによつて厳しい寒さから救はれた。岩田は朝早くから外に出かけて行つたが、これは今日から魚河岸の近くに生魚の店を出すためである。三崎の漁師と協定して新鮮な魚を一般より安く売ろうといふので大いに張り切つてゐる。今日はその第一回の荷が三崎から自動車で搬ばれて来るのださうだ。「旋風二十年」の広告が今朝の新聞に出てゐる。社に出たら、もうそれが一般に知れてゐて「えらい努力をしますね」と、この書物の出る由来を知らぬ連中が出るかと思ふと、このごろの本屋では正規の手段で書物を求められないところから、何とかして出版元から一冊を融通するやう手配してくれといふ者もある。社内だけではなく、ハルビンにゐた藤井完次老などがわざ〳〵訪ねて来て、代金を託して書物の送付を頼んでゆくといふ様だ。

十時から警視庁担当記者の会を開く。けふは通報員の石田、大木、菅原の三人も招いて、今後警察種子をどうして手のものとするかについて協議する。これにはかね〴〵僕が計画してゐた警察廻りの記者を常置することが急務であることは云ふを俟たぬ。そこで警視庁管内三十何署を区分別けして、その各区を一定の記者に担当させることにした。現在の通報員もその任に当たらせる。そのほかに見習生を警察にまはすことゝした。これは所謂「サツ種子」を抜かりなく狙ふといふ目的のみではない。新聞記者修行には「サツ廻り」は何より効果のあるものである。見習生たちはあるひは今度のやり方を喜ばぬかも知れない。しかしこれを押してやつてゆけば、ゆく〳〵の将来、好い過去を持つたと喜ぶ日が来るに相違ないと思ふ。僕自身が左様なのである。もう一つは、今編輯局にゐる給仕のうちで特に素質の良い者を選んで、社会部の雇員としてこれに通報員の仕事をさせることである。これは給仕の登龍門としても有効なものであつて、何十人かゐる給仕たちの士気を振ひ立たせる点でも意義は大きいと思ふ。給仕も統率する事務部長の安養寺にそのことを話したら心から感激してゐた。安養寺には早速素質の良い者二名を選ぶやうに頼んでおいた。かういふ話しが出ると昔の「サツ廻り」のベテラン達が黙つてゐない。

塙長一郎の如きは自分から「サツ廻り」を買つて出て、早速愛宕署に出かけて行つた。帰つていふのに愛宕署では大変な歓びかたで、社の新しい企画に全面的の賛意を表して、その活躍を待つてゐるといふことだつた。

新しく戦争犯罪容疑者が発表された。その名には軍閥では安藤紀三郎、秦彦三郎、畑俊六、河辺正三、中村明人、佐藤賢了、多田駿、豊田副武、高橋三吉、小林躋造、高地茂都、後宮淳、西尾寿造などがゐる。政治関係では天羽英二、青木一男、有馬頼寧、後藤文夫、星野直樹、井田磐楠、広田弘毅、平沼騏一郎、池崎忠孝、菊池武夫、松阪広政、水野練太郎、岡部長景、太田耕造、太田正孝、桜井兵五郎、下村宏、塩野季彦、谷正之などがゐる。言論界では徳富猪一郎、古野伊之助、正力松太郎がゐるし、実業界では鮎川義介、藤原銀次郎、中島知久平、津田信吾、池田成彬、右翼では小林順一郎、児玉誉士夫、大川周明、笹川良一、進藤一馬、横山雄偉など、その他を合して五十七人であるが、中に梨本宮守正王殿下の御名も見える。笹川良一の宅へ情報が入つた早々電話を架けたら、笹川は不在、そこで家のものに事情を話し用意しておけと伝へた。その後国粋同盟へ他の用事があつて電話を架けたら笹川が出て来て、もう万事承知してゐると云つた。まあ元気で行つて来いと云つて電話を切つた。神田が話しをしたいといふので会つてみると、そんなことであらうと想像してゐた通り、編集局次長を引受けてくれといふのである。つまり渡瀬と二人でこの仕事をやるといふことである。だが僕は今の社会部長の仕事を放擲して他に行つてしまふことは出来ない。社会部は僕がゆくまで歴代の部長が出世の足場とのみ考へて地についた施策をしてゐない。僕が就任して以来考へたこと、そして実行してゐることは、完璧の社会部を造ることである。しかもこの仕事はやうやく緒についたばかりであつて、目的貫徹のためにはなほ幾多の時日を要するのである。これを中途で棄てゝしまつては、部員たちも可哀そうであるし、好い新聞も出来るはずがないし、従つて社のためにも大きな損であると思ふ。勿論僕の気持ちが満足するはずはない。そこで神田に云つたことは、編輯局次長と社会部長とを兼ねること、それが駄目だつたら、社会部長として残ること、それだけである。

夕方築地警察の署長熊瀬を「大作」に招いた。僕が築地署管内に住んでゐるといふこともあるし、この熊瀬と三原信一は古くからの知り合ひである。そこで社の方からは三原と築地を廻つてゐる通報員の菅原を列席させた。宴はなか〳〵活気があつて成功した。その後で中出輝彦のところへ来てゐる林広一と暫く飲む。

十二月四日　晴れ

神田が早速編輯局の人事についてもちかけて来たので、局員名簿を前にして二人でいろ〳〵と研究協議をした。局内の気分一新といふ狙ひもあるが、一新するためにのみ人事をいぢくり廻してはいけない。しかしこの際（一）仕事をせずに社の禄を食んでゐるもの、仕事熱心でないもの、および無能力者を思いきつて整理すること、（二）一人で働かしておけば仕事が出来て役職づきとしては能力のない者は、役職を解くこと、（三）いくら有能であつても社務と私生活とにだらしない者を退けることといふ原則を重んじてやつてゆくことにした。これは東西人事の交流や東京だけでも機構の改革も考へられてゐることだから、暫く時日が要る。

松岡謙一郎が訪ねて来た。松岡老は戦犯容疑者として連合軍司令部へ出頭することが出来ないほど体の具合が悪いらしい。喘息だといふ。けふも謙一郎君は喘息の薬を探し歩いてゐるところだと云つてゐた。彼には依頼してある貸家のこと、今日は彼の方から話しを切出して、気にかけてはゐるのだが、そんな訳で――と詫びてゐた。やはり強ひて頼むわけにもゆかぬ事情である。

今日はドライで通した。夜は早く床に就く。

十二月五日　晴れ

僕が編輯局次長に就任することはまだ正式に発表されない。ところでこのことを事前に部のある者に話して納得さしておく必要があるので、三原と狩野とには話した。そして間接的に部員の意向を聞いてみた。こんなことはもううす〳〵知つてゐた――といふよりも左様いふことがありさうだと予想してゐたと見えて、そんな場合にはどうすべきか、部としての態度についてもいろ〳〵話しをしてゐたさうである。皆の意見としては部長として残つてゐて貰ひたいといふのと、さればと云つて僕の「栄進」を妨げるわけにはゆかぬといふことの板挟みになつたといふ。しかし今度は兼務といふことで僕が部の仕事をすぐに捨てるわけではないといふのだから、皆も一安心するだらう――といふのが、狩野たちの考へである。これで僕も態度をはつきりさせることが出来る。社に出たら岩井武俊老から手紙が来てゐて「旋風二十年」を送れと云つて来た。戦争犯罪人に指定された徳富蘇峰からも人を介して同様の注文が来てゐる。相州の山奥に疎開して絵を描いてゐる中西利雄も手紙を寄せて、本が出たら送つてくれと云つて来た。
大阪の大門憲文がメチルアルコールの毒で急死したとの報あり。僕も、その他の彼を知る連中みなみな驚く。そして社内の酒徒たちはこれがひとごとでないと、お互ひに注意しようといふ。桑原忠夫を慰める会を北条、上田等と「大作」に開く、桑原が食つてゆくための手段として何か彼のために仕事を見つける必要がある。そのことについても話しあつた。

十二月六日　晴れ

岩田が築地で始めたといふ生魚の卸小売店を朝から見にゆく。岩田の案内でまづ魚河岸前の魚屋を軒なみに見てまはつた。魚屋といふものは昔に変らず景気のよいものである。いろ〳〵魚の名を覚えた。そしてこれを見てゐると、こんな魚を桂に食べさせてやつたら――いや見せるだけでも見せてやつたらと思ふのである。岩田の店にはまだ荷が十分着いてゐなかつたが、もう買出しの玄人筋の客が来て荷の着くのを待つてゐた。一たん宿に帰つてから社に出る。けふは記事の殺到する日。アメリカ経由で日本に送還される欧州の在留邦人、アメリカの二世たち、そのうちには社の小野七郎の家族や、大島駐独大使や、甲谷や僕の知る人も少くない。それが今日いよ〳〵浦賀に着く。それから爵位、位階勲等などの返上が許されるといふことになつたので、その申入れをする者が今日から宮内省に手続きをする。議会がある。帝大総長の選衡は昨日から持ち越して今日いよ〳〵決定する。巷の記事もまた多い。そんな忙しさのなかで、一時からは論説委員会、憲法改正と天皇制是非の論議をした。この種の問題について社論の赴くところがまだはつきりしてゐないのを、はつきりさせようといふのである。良い会合であつた。しかしその会議の終わらぬうちに僕は情報局へ社会部長の連絡会議に行かなければならなかつた。石炭増産についてこゝでは協議した。

マニラに行つてゐた藤野克己の細君が訪ねて来た。藤野は六月十八日ツゲガラオの附近で死んだのであるが、そのことはまだ家族に知らされてゐない。これは当局（海軍）が逝去の確認を公式にしてゐなかつたからであるが、もうそんなことを包みかくしてゐるべきではない。左様考へて今日は一部始終をとう〳〵細君に話してしまつた。これは誠につらいことであるが、今後もまだ一度ならずかういふ役割を演じなければなるまい。

夕方、警視庁の三宅警部を目黒の薔薇荘といふ支那料理屋に招く。こゝの料理のうまいのには感心した。

十二月七日　晴れ

新しく戦争犯罪人容疑者として昨日マッカーサー司令部から逮捕の指令が発せられたもの九人がある。近衛文麿を筆頭として木戸、酒井忠正、大島浩、大河内正敏、緒方、大達、伍堂、須磨である。いづれもこれは意外なといふもの一人もない。一方でマニラの法廷において裁かれてゐる戦犯容疑者山下大将の判決は死刑と決定したらしい。てうど昨日鎌倉へ部員を送つて山下夫人の心境を聞かせて記事にしたことは成功した。

昨日は整理部の松村がガリ〳〵に痩せてマニラから帰京した。佐藤八郎が元気でキャンプの取締りをしてゐる米軍将校と絵のうへから懇意になつて、余り不自由もしてゐないと伝へた。けふは昨夕浦賀に上陸した小野七郎が出社した。彼とローマで別れたのは昭和十五年の秋だつたから、あれからもう五年余になる。小野が如何に苦労したかについて聞いたが、彼の話術は派手だから、その苦労が苦労のやうに聞えないのである。夕方、浅見、田代の二人と共に亀岡に招かれる。会場は築地の芳蘭亭、ほど〳〵に切りあげて帰る。

十二月八日　晴れ

編輯局次長を兼任する僕の辞令は今日発表された。結局僕は社会部長と論説委員とで一人三役といふことになる。健康にはこのうへとも注意しなければならぬ。編輯局は次長二人立てゞ渡瀬亮輔と僕が並んでやつてゆく。そのほか業務局次長の上田常隆、工務局次長の斉藤雅人の辞令も同時にでた。そこで早速神田、渡瀬との三人で新課長人事を協議する。この間一般論的な意見を述べておいたが、今日は具体的に決定し、すぐ重役会に廻して急速度で落着させた。

整理部　山根、政治部　高橋、経済部　平岡、外信部　仁藤、同東亜課　村上、写真部　井上、文化部　城戸、体育部　金山、地方部　一色、事業部　黒崎、小国民新聞　大西、校閲部　藤森、資料部　尾崎、記事審査部　永戸俊、厚生部　佐藤三郎、人事部　佐藤浅五郎、文書部　田原、情報部

谷水、検閲課　愛川、事務課　安養寺

といふところで、出版局はマニラから帰つて来るはずの石川欣一が局長、正富は顧問、終戦事務局は田中、佐藤三郎に変つて札幌へは永島がゆき、松原至大は小国民の顧問、佐藤勇生は調査室長附。もつとも頭を悩ましたのは政治部長の池松を何処に廻すかといふことだつた。最初福岡総局長といふことが重役たちの間で決定してゐたが、これは余りにひどい、社内に及ぼす影響も考へなければならぬ。僕と渡瀬の異議で、いろ〳〵と考究した結果、論説委員と決つた。岩佐直、北条、勝田、八幡、高木などは何れも待命休職である。

午后三時から輸送難についての座談会を開く。出席者は運輸省から田中大臣、栗山次官、伊能業務、富山勤労両局長、小村旅客、菅野配達、小西運行両課長、ほかに運輸省が交通文化委員といふ名で招聘してゐる久米正雄、上田広、船橋聖一、河上徹太郎などである。終つてから「大作」で宴を開く。生ビールを飲んで皆々満足し、千葉の海岸に帰るはずの上田広は汽車に間に合はなくなつたので僕の部室で泊まつて行つた。

けふは戦争開始の日。マッカーサー司令部から押しつけられた「奉天事件からミズリー号調印まで」といふ厖大な記事が二ページを埋め、四ページも台なしである。

十二月九日（日曜日）　晴れ

（前略）

朝は上田と食事を共にし、上田はそのまゝ社へ出かけた。僕は午前中新聞を読んだり、うと〳〵とまた眠つたり、ゆつくりと一週間の疲れを休めた。そして正午ごろに社に出る。ひる食をどうしようかと思つてゐるところへ亀岡亮三から電話がかゝつて来て、児玉の残してゐる金の使途について相談したいから、食事をしながら、その相談に乗つてくれと云つて来た。そこで亀岡と業務局の木元と三人で赤坂のバラック小舎の「小若」といふてんぷら屋にゆく。こんなところが出来てゐようとは少しも知らなかつたが、こぢんまりした店で、天ぷらもかなりうまく食はせるのである。そのうへみるからに良い酒を飲ませてくれた。亀岡の話しは、この間僕が児玉に話してゐた通りに、あくまで施療病院をつくらうと思ふから、どんな方法をとつたらよいかといふことである。大たいの僕の意見を述べて具体的のことは後から研究して答へようと云つておいた。三百数十万円をこの仕事に投じようといふのである。金額から云つて余り立派な事業を起すわけにはゆかないもの丶、これは確かに有意義なことである。赤坂のその店から出たら四時を過ぎてゐた。さらに今日は銀座七丁目のビヤホール、社会部員のいふ角エビ（角のエビスビールの義）で社員のためにビールを飲ませるといふので、そこへ廻つた。ビールを飲んでゐる間に、このごろ有名な「大日本天狗党」の連中と知り合ひになる。総帥太田三吉といふのが、「今後は何分にもよろしく――」といふ挨拶をした。部の林原がこの方面とはかねぐ〳〵連絡をつけてゐるといふのであるが、東京に血盟一万余の仲間を持つてゐるといふ若い者ばかりの新勢力、しかも水火のなかを平気で乗切つてゆくといふ連中の存在は、この時代の特異な産物として面白いと思ふ。角エビから帰つたら、岩田の妻君が握つた鮨をつくつて食はせてくれた。近ごろ日曜日ごとに鮨を食ふといふことになつてゐる。

十二月十日　晴れ時々曇り

神田が明日立つて大阪と門司とへゆくといふので、それまでに取り決めておかねばならぬ仕事が忙しい。部課長異動の発表は明日に延びたが、それについていろ〲な噂が社内に拡まり、異動に関連したさま〲の注文があちらこちらから舞込んでくる。なかでも部から課に格下げされた方面からの文句が最も深刻であつた。しかし大勢上止むを得ずとしなければならぬものが多い。

僕がこの際、是非とも、また速急(ママ)に行はなければならぬと思ふことは、人事の問題と併行して編輯上の一般方針を開明(ママ)することである。それは社是の決定と関連を持つ。たとへば

一、天皇制に関する問題——憲法改正の問題と繋がる——

二、対議会の問題——たとへば戦争責任の問題と関連して現在の議員の再出馬を是認するか否かの見解等——

三、対政党政派の問題——特に対共産党の問題

などがその主なものである。次ぎに社員の政治関与に関する件も急速に決定しておかなければならぬ事柄である。社員が現在の身分のまゝ立候補することを許すかどうか。社員が選挙の応援をしてもよいかどうか。社員が政党もしくは政治思想団体に入つても支障がないか。それについて条件をつけるなら、その条件はどんなものであるか等のことがそれだ。

渡瀬は外地にゐる社員の家族に対する措置を引受けて取扱ふ者を職制上に決める案を出した。これも必要である。それと関係して僕は、外地から帰つて来る社員を迎へるための受入れ態勢を整へるために、浦賀、境、博多、長崎、鹿児島などの港々に特定の係員を配置しておくべきことを提案した。そして差当り浦賀には臨時通信部を設けるべきことを提案した。

十一時から部の倶楽部担当者の会議を開く。議会に出てゐる者が多いので、この会に集つたのは少かつた。開会の収穫には申分がなかつた。大助君来る。小一時間にわたつて当面の社会問題、政治問題について語りあふ。彼は無所属で立候補することに決定し、誰か選挙応援に出向いてくれる者を推薦してくれと頼んで帰つた。就職の依頼、書物の注文で訪ねて来るもの、電話を架けて来る者等が多い。

笹川良一がいよ〳〵明朝戦争犯罪容疑者として巣鴨刑務所に入ることになつたので、銀座の事務所まで「元気で入つて来い」と云ひに行つてやる。この事務所ではビールが氾濫してゐて戦争にゆくものを送るやうな景気の好さが溢つてゐた。

夕方小野七郎を大作に招く。ローマでは彼の馳走になつたが、万事豊かであつたイタリアでは当時、今の日本ではとても口にすることの出来ないやうな純日本料理を食はされたものである。いま彼と食卓を囲んでお互ひに感に堪へぬものが多いのである。（以下略）

十二月十一日　　晴れ、寒さきびし

一人三役はなか〳〵忙しい。けふは十時から社会部の部会を開くので九時には出社して部会に上程する共済会会則変更の私案をつくつてゐたが、部員の出足がおそろしく遅い。どうしたのかと思つてゐると品川付近と信濃町付近で電車事故があつたことが知れる。特に信濃町付近では省線電車が四両焼けてゐるので、記者と写真員とを送り、人員は十分揃はないが部会を開いた。共済会の事業総会、会計報告などが行はれた後で原稿規則について協議し、結局改正を必要とすることになつて、委員附託でこれを行ふことにした。渡瀬と当面の事務について話し合ふ。二時から部長会、それは今日発令された新部長たちを集めた会合で、それには編輯局の部長全部も出た。神田の挨拶があつて今後の方針について僕たちからも希望や意見を述べ、部長からも質疑や意見開陳があつた。明日から二十四、五日ごろまで神田は西下しなければならぬので、その留守は僕と渡瀬とで引受けることゝなつた。何しろ新発足早々のことであり、ここ二、三週間の仕事は特に夥しいのである。マッカーサー司令部からの要求で新聞に関する調書を造つて出さねばならず、十七日から横浜で始る俘虜虐待の犯罪人裁判に関する派遣記者、写真班員の届出をせねばならず、社会部の方では次ぎ〳〵に記事作成について起る大小の問題を裁いてゆかなければならない。それから三時より始る論説委員の会合に出る。けふは主として天皇制問題に関する社の態度と、新政党に対する社としての態度について協議をした。夕方は第二復員省（旧海軍省）の中山、土屋二人に招かれる。尤もこれは勘定と酒は先方で持ち、会場と料理とは此方で世話をするといふ会で、新名、池松も列席した。

一縷の望みを繋いでゐた栗原海軍少将の田園調布の家といふのが、とう〳〵駄目になつた。栗原悦蔵は当分東京に在住することに決定したからである。後のひつかゝりは松岡のいふ池袋の家といふのがものになるかならぬかだけとなつた。

読売新聞の繋争事件は、正力社長が戦争犯罪人容疑で巣鴨刑務所に入る日を明日にむかへた今日十一日、調停委員会の手で解決を見た。最後の調停協議は昨日の午后二時から始る。ずつと今朝八時まで続いてやうやく手打ちといふ段取りになつたのである。そして正力社長が引退、高橋副社長、中満重役等も退陣して、新社長は馬場恒吾が就任、会社の組織を在来の有限会社から株式会社に変へ、正力は持株のうち大きな割合に当るものを譲渡し、今後は重役と従業員との共同管理といふ形で社の経営をやつてゆくことになつたのである。考へやうによつては、マッカーサー司令部が争議を解決に導いたといへる。

十二月十二日　晴れ

これから毎日午前十一時を期して編輯部の部課長が局長室に集つて、当面の雑多な問題を議したり、その日の新聞をどうして造るかについて相談したりすることゝした。けふはその第一日であるが、期せずして話題は新部課長は決つたが、それから各部課の陣容をどう改めるかといふ問題が中心となつた。そこで各部課ともまづ副部長級の人選を第一とすることゝし、そのためには在来のやうな人事闇取引に流れるやうなやり方を排して部課長が一堂に会し、誰が欲しいか、誰をやつてもよいかといふ談合を交はしたうへ、局長の判断で、それ等の話合ひの筋を参考として決定するといふ新手段をとることゝした。新課長の新しい任免は午后一時ごろ公式に発表されたが、先に云つたやうな会合はこれに続いて三時から始めた。勿論神田はゐないので殆ど僕が中心となつてこれを議した。しかし、この方式はなかなかよい。皆も好評をもつて迎へた。この会議が終るなり、渡瀬と二人で各部課の注文を中心に研究して、一つの決定を見せた。神田は留守中のことはよろしく頼むと云つてゐたから電話や伝言で彼と連絡をとるまでもなく取決めてしまひたいと思ふ。明日渡瀬と僕とで決定したことを部課長に伝へ、明後日中にも発令する段取りである。

（中略）

けふは忙しいなかを鱒書房で「旋風二十年」のための会合をするといふので一時半からニュー・トーキョーの地下食堂へゆき増永その他の者たちと生麦酒を飲んだ。この「旋風二十年」も、あゝして万事呑み込んだ積りで引受けたもの丶、名儀だけでも著者といふことになつた以上責任を感ぜずには居られない。内容が十分でないことを思ふと、世間に対して何だか申訳ないやうに考へる。このごろ新聞にはどん〳〵広告が出てゐるし、日比谷から数寄屋橋にかけては電柱と云はず壁と云はず「旋風二十年」の広告がやたらに貼りめぐらされてゐる。これを見る度ごとに気の引けること夥しいのである。夕方は「エー・ワン」で整理部との連絡会を開く、もと〳〵この会は生麦酒と突出しくらゐで簡単に済ませる積りでゐたが、会場の都合で「エー・ワン」で開くなつた（ママ）。そのために料理まで止むを得ず取ることになつた。はからずも盛大なる宴となり、列席者十数人みな〳〵満足して引揚げた。（以下略）

十二月十三日　　晴れ、いよいよ寒さ厳し

社会部見習生のうち今井、大石の二人はすでに警視庁詰めをやつてゐるが、他の武石、高石、島崎、松江をそれぞれ警察署に振り向けることにした。これによつて通報員の菅原、石田、大友の三人と共に、警察種子を漏らすことのないやう布陣を固めさせることを狙つたのであるが、また一方では好い新聞記者を養成するためには、どうしても警察廻りで練〔ママ〕へる必要があることを痛感したからである。もう一つ、警察まはりの要員として社の給仕あがりの優秀者を通報員としてこれに振り当てることゝした。これは一つには尋常ではとても立身の途を見出すことの出来ないさういふ若者に登龍門を開いてやる意図があるからである。これによつて社内にゐる百人に近い「子供」たちは発奮の動機を与へられるに違ひないと考へる。第一回の撰衡には検閲課の原稿搬びをやつてゐる上村が挙げられた。身分は差当り社会部雇員であるが、一月には雇員として、ゆく〳〵は成績次第で社員になるやうな力を添へてやりたいと思ふ。他にもかういふ青年を見つけ次第、とり立てゝゆくやうに努力したい。

社会部員——殊に若い連中に本とうの新聞記者的活動を呑み込ませる一助として老練記者たちの過去における活動経験を話してやる計画を立てた。連続講習会を開くのである。けふ十時からこの第一講を始め、まづ僕が皮切りをやつた。話題は大正十五年に僕が英国大使館放火の真犯人門野満三郎といふものを神戸で捕へて大スクープをした実話を話した。この計画は今後ずつと続けて一々速記者を入れ、これを一冊の書物に刊行して一般にも売出したいものと思つてゐる。十一時半からの部課長日次会には今度新しく設けた情報部の性格に関する論議が出た。少くともかういふ名称はマッカーサー司令部の誤解を招くおそれがあることが工藤、高田などから出たので、会の終つた後にも渡瀬と談合して、ともかく一先づこの部を廃することゝし、部長の谷水や副部長に擬せられた小野などは取りあへず調査室付といふ辞令を出すこと、する。そこへマッカーサー司令部から本社の機構、設備、人的要員、編輯上の方針などに亘る広範多角的な報告を出せと命令して来たので、その方の書類作成のために一苦労した。三時から部課長会議、けふは編輯の問題――主として紙面刷進〔ママ〕に関する相談を手始めた。この会合はずつと続けて行つてまた別に特設の委員会のやうなものを造つたうへで一つの基準をつくり出したいと思つてゐる。各部から副部長の人事について続々副申書が提出されて来た。整理部から工務局へ転出する山本光晴の件、資料部でもて余してゐる橋本芳衛の件などのうまくゆかないのを除いては全般に良く進捗してゐる。明朗な人事行政が出来ることは喜ばしい。

金子が九州から上京して昭和寮に泊まつてゐる。他の部室へゆくよりはと云つて僕のところに同居してゐるが、今日は昔の神戸同人で彼を迎へる会合を開いた。渡瀬と僕のほかに桑原も加はり、僕のかねがね取つておいた「白雪」を出して、その甘味に酔ひつゝ、多面に亘る談論に夜を更かす。

十二月十四日　　朝霜あり晩晴れ

森吉兵衛や辻平一など相次いで大阪から上京して来る。マニラから正富笑人が帰つて来たし、上海から七里好夫、シンガポールからは黒田龍馬が帰つて来た。北京からは出版の柴田が帰つた。けふ十一時からの部長会で黒田からマライ、タイ、仏印、スマトラ、ジャバ方面の本社員の消息について聞いたが、行方不明のものがかなり多い。篠崎彦〔ママ〕や川上宏なども何処にどうしてゐるのか判らない。これ等の連仲の消息を明らかにすることも必要だが、此方に残つてゐる家族たちを慰問する方法を講ずることも急がなければならぬ。社には終戦南方事務局といふものが出来たもの丶、まだ名を掲げただけで何の活動もしてゐない。これなどももつと真剣な働きをするやうに拍車をかけようと思ふ。こ丶数日来没頭して来た編輯局内副部長クラスの人事異動については大体成案を得た。難かしかつた坂井浅太郎の渉外部副部長も英文主筆の楠山を口説き落して成功したし、整理部山本光晴を活版部長として工務局へ送ることもうまく解決した。たゞ資料部でどうしても外に出してしまひたいといふ同部副部長橋本芳衛の件だけはどうも思ふやうにゆかぬ。何処にも引取り手がないのである。仕方なしに一まづ調査局附といふことに決めておいた。これ等の案は大阪宛にして神田編輯局長のところへ送つたので、おそらく明後日には承認の返事があるものと思ふ。これが届いたら早速発表すること丶したい。急いだもの丶、どうしても発表は月曜日に延びざるを得ない。横須賀、呉、舞鶴、佐世保の支局を通信部にして一府県一支局制度にする案、浦賀に臨時通信部を設けると共に浦賀同様、帰還邦人や復員軍人を迎へるべき港々に社の機関を特設する案を十七、八両日の重役会に間にあふやう大阪へ送る。

夕方になつてから、内閣が五時半を期して重大発表をするといふ予報がとゞいた。何事か解らないが、最重大なこと丶すれば□陛下の御退位である。次の重大事とすれば　皇太子様の米国御留学である。もし御退位といふやうなことであつたら、号外を出さなければならぬので、その準備をするとともに、大阪、西部にも連絡を取つて待機させたが、やがてその発表は伊勢神宮の御造営を取りやめられるといふことであると知れた。第二復員省の佐藤昭重中佐が「忠勇」二本を携へて来たのを中心に「大作」で鴨飯をつ丶く。新名、川野、中島が同席した。この連中が帰つた後で森吉兵衛の部室にゆき、鮨を食ひながら、かなり夜の更けるまで話す。辻平一も一緒であつた。

十二月十五日　　朝霧あり後晴れ

牧野純夫と光田善孝とがやつて来て、社からマッカーサー司令部に出した調査書類のうち社の編輯方針に関する事項は不服であると申立てる。これは「天皇制の支持」といふことが掲げられてゐるが、これは反動的であつて良くない、天皇制を支持するか否かは国民の多数の意志によつて決定されるべきものであつて、さうした決定に従つて立論することが民主主義態勢下にある新聞の採るべき途だといふ。だが僕は彼等の所論を是としない。ポツダム宣言は日本の国体を決定するのは民衆の意志によることを謳つてゐる。だが今日の日本民衆は天皇制を打倒しようとする力に極めて乏しいのである。また僕たちも、天皇制を廃することが日本の平和と秩序とを保つうへに、少くとも今日の段階においては採るべき方法でないことを確信する。しかもわれ〳〵は無条件に天皇制を支持しようといふのでなくて、主権在民の立場に立ち、従来の天皇権限を極度に縮小したうへで天皇制を支持しようといふのである。あるひは今後天皇制を無条件に打倒しようといふ意向が国民のうちに更に大きくなつてゆくかも知れない。しかしその時の情勢から判断して、未だその時機でないならば、われ〳〵は今日のやうな所論を依然として継続してゆかねばならない。多数の意見が赴くがままに新聞の論調を変て［ママ］ゆくことは、かつて軍閥の強要するがまゝに所論を変へてゐた当時の新聞の醜態と変るところがないのである。

十一時からの部長会議で紙面刷新に関する委員会をつくることを決定し、整理部を中心として取材各部から二、三名づゝの委員を挙げた。月曜日からこの委員会は働出すはずである。正午から丸の内「常磐屋」で開かれた民衆放送会社の設立に関する会合に出席する。船田中が設立委員を代表して新聞の協力を求めた。特に本社に対しては新館七階、八階の旧毎日天文館をラヂオ劇場として借してくれないかと申出たので、これは社で然るべき機関の審議を経たうへで返答することにしておいた。そこから帰つたら、留守中に黒駒の迫田が訪ねて来たことを知らされる。彼が近く来るといふので黒駒へ託送する品物などを準備しておいたのだが、またしても残念なことをした。同時に元「ロンシヤン」の主人であつた北川が訪ねて来てゐた。これは僕の帰りを待つてゐたので何の用事で来たのかと聞いてみると、以前の店の近くに今度は日本料理店を開いたといふのである。

大阪の重役会に明朝出かける永戸主筆と重役会に上程する案件について懇談する。けふは上海から帰つた前芝確三、渡辺光、藤岡端などが社に顔を出した。夕方は宴会二つあり、一つは「ニュー・トーキョー」である。「旋風二十年」下巻発行についての催し、もう一つは「大作」で開かれた旧特報隊の会は、後の会合を中座して部室に下つたら辻平一が訪ねて来たので、あれこれと語り更かす。

十二月十六日（日曜日）　薄曇り

日曜であるが例の通り出社すると、政治部の中が編輯局の入口で「近衛が死にましたよ」といふ。席にゆくなり、あはたゞしい社内の空気を知つた。現場にはもう記者も写真も出てゐる。デスクには狩野がゐて万端の手配を済ましてゐた。近衛公は今日巣鴨刑務所に入る予定になつてゐたのを朝の五時半から荻窪の荻外荘で自殺したのである。服毒自殺で、それに用ゐたのは青酸加里らしいといふ。号外を出した。朝日も読売も出した。けふはマッカーサー司令部から神社神道に関する命令がなが〳〵と出たし、例の太平洋戦争史は掲載しなければならぬし、議会記事もどつさりあるところへ近衛公の自殺と来たものだから、紙面の狭さを感ずること甚しく、とう〳〵文化欄（日曜組込の例となつてゐるもの）を落してしまつた。

重役たちは皆大阪に行つて不在。何彼につけての書類や伝票が僕のところへまはつて来るので判コをつぐのに急しい。「夕方はハマ鍋でもつくりませう」と岩田が云つてゐたが、けふは河岸は何もなくて蛤どころではなかつたといふこと、それでもこはだの煮つけなどがあつて、酒抜きの夕食をする。寒い日であつたが、夜に入つていよ〳〵冷える。

十二月十七日　寒雨はげしく後晴れ

近衛公の死について今朝の新聞を比べると、社会面は本社のものを推すが、政治面が見おとりする。近衛公の死を皮相観だけで取扱つてゐるのだ。他紙も決して好くはないが、本紙のは整理が悪いのでこれが一層目立つ。近衛の死が責任感から出たものだといふのは一応考えられるが、彼が日本の前途に何を予感して死んだかといふ点が剔れてゐないのは物足りない。それは或は天皇もしくは皇室のことに及んでゐるのではないかと思はれるのである。

急に明日黒駒にゆくことにしたので、さうでなくてさへ忙しいところを今日は殊更忙しかつた。社に出たら昨日午前土曜村田忠一がつひに死んだといふ報告を受けた。もう駄目だと伝へられてから、それでも一ヶ月は生き延びたのであるが、全く惜しい男を亡くしたものだ。今日から毎日午前十一時から部長会、議会解散についての相談をする。人事のことについて大阪に電話を架けて神田と話す。午后一時から世田谷の村田の家に弔問に行く。自動車で殆ど三十分もかゝる。安養寺、部の柳など同道。未亡人に弔辞を述べ、毎日会の香典、社からの花輪料などを霊前に供へた。聞けば、死の二分前まで未亡人と話しを互はし、「もうこれですぐ息を引きとるよ」と云つて、死んでいつたさうである。病気は予てからの結核のほかに南方で感染して来た象皮病が再発して、それには結核の方よりも余計に苦しんでゐたとのことだ。村田家へは差当り柳を手伝ひにやることゝし、葬儀の日取りや新聞記事、他への通知その他いろ〳〵のことを相談して帰る。社に帰つて間もなく藤井の来訪を受けた。今度東京に転任したのださうだ。この間各部（整理部を中心として）から選んだ紙面刷新委員会の第一次会議が三時から開かれたが、その方は渡瀬に任し、僕は専ら同時刻に始まつた選挙を迎へるための紙面計画や、選挙記事についての諸準備についての会議に臨む。これがなか〳〵の難事で会議は夜に入つた。その間秋田未亡人と山田夫人がやつて来て、大助君の立候補に関連するいろ〳〵な依頼を持込んで来た。山根整理部長が是非ともといふので五階で開かれた整理部の部会に臨んで生麦酒をちよつと飲み、宿に帰つてから遅い夕食をしたゝめる。それから社会部員の年末賞与の査定だ。これは僕の最も不得手とする事柄に属するものので、算盤をはぢき細かい数字に悩まされながら、午前一時半までかゝつてやうやく一通り纏めあげることが出来た。

十二月十八日　　晴れ時々曇り　　――黒駒ゆき――

（省略）

十二月十九日　　晴れ　　――黒駒より帰京――

（省略）

十二月二十日　　晴れ

また仕事だ。早く社に出る。あちらこちらの報告を聞いたが留守中は変つたこともなかつたらしい。村田の葬式は二十一日と決定してゐた。準社葬として経費は全部社から出すことにする。弔辞は社の分を塚田が、友人総代の分を若梅が読むことになつた。年末賞与の補正をする。給料日はいろ〳〵な問題が急に解決しなかつたので二十六日に延びたが、新しく増給の問題が決定したので社員の中に朗らかな色が見える。

新年紙面計画について午前に一回、午後に一回の会議をした。その基準とする用紙の件も、やうやく一日附四ページ建さらに選挙期間中に二回の四ページ建といふのが決つたので、さし当り元旦紙の計画を立てることにした。それには社内の一般から懸賞で妙案を募集したのであるが、なか〳〵これはと思ふものはない。この協議は明日も続いて行ふはず。

米原付近は大積雪で列車不通。今朝帰るはずであつた永戸、神田などは途中からまた大阪に引返したさうである。夕方議会慰労会が五階でありビールを飲む。それから新名、名取の二人を連れて宿に帰り小酌をする。前芝、若梅など昭和寮に泊つてゐる客が相次いで部室を訪ねて来た。

十二月二十一日　晴れ時々曇り

けふも朝から新聞紙面計画について相談をする。かねて募集中であつた計画案を詮衡し、その優良なものには賞金を与へた。正午過ぎから永戸主筆に出て貰つて記事刷新委員会の連中に社是（編集方針）決定についての説明をする。三時から自動車で世田谷にゆき村田の通夜に列する。社内有志からの香典を締切つたが一千七十円集まつた。

夜「旋風二十年」下巻の末尾に掲げるための後書きを書く。少し風邪の気味がある。警戒しなければならぬ。

十二月二十二日　晴れ後曇り

けふは村田の葬儀で一日を費した。社に出て少しの雑用を片づけてから自動車で世田谷にゆく。葬儀委員のほかに社の者が沢山、朝早くから詰めかけて万端の準備を整へてゐた。それでも午后一時に式が始まるまで、あれやこれやと新しく気付いて手を入れなければならぬ事が多い。老僧の導師とほかに二人の僧侶とで読経が始まり式に入る。読経、弔辞、弔電朗読、喪主をはじめとする参列者の焼香などの時間を予め見積つて五十分としてゐたが、正味四十五分で終つた。都心から遠く離れて辺鄙なところであるに拘らず会葬者の数は多く、二時から三十分間の告別式にも沢山の人が来た。天気が好かつたことが何よりだつたが、この盛儀には未亡人も親戚の人たちも喜んでゐたし、村田もさぞかし満足してゐることであらう。葬儀の費用は何彼と一切を合して一万円と少しかゝつた。紙幣が紙屑みたいなこの時期であるから、それくらゐかゝるのも無理はない。村田家に無理をさせてはならぬと思つて弁当を持つて行つたが、昼食も先方の握飯で済まし、式後はまた料理が出て酒も少しあつた。社に帰つたのが五時少し前、それから部会を開いて社是決定に関する部員の意向を聞き、新聞紙面作製について協議をした。寒い式場に長い間立つてゐたせいか、風邪気味は昨日よりも一層ひどくなつた。就寝前に社の薬局に作つて貰つた薬を飲む。

今日は宮中で□天皇陛下と新聞記者団（日本人のみ）との会合があつた。全く前例のないことである。記事は正月の紙面に用ゐられるはずだが、このことについてかね〴〵肝煎りをしてゐた社の藤樫はこの間郷里の富山に帰つてゐた。ところが遽かに会見といふことになつたので、電報を打つたり、警察電話を使つたりして、彼の帰京を促し、やつと間に合はせることが出来た。

十二月二十三日（日曜日）　小雪、雨後晴れ

（省略）

十二月二十四日　晴れ時々曇り

なか〳〵寒い。気象台のいふところでは二十八日ごろからは更に寒冷が来襲してもつと寒さは厳しくなるといふ話しだ。神田がとう〳〵東京に帰つて来た。それでいく分は僕も楽になることであらう。ところが暫くは彼の居なかつた期間に起きた問題や取り決めた案件について話し合ふことが多くて相当に厄介なことゝ思はれる。今日は管内の戦災支局から支局長が上京して会議を開くことになつてゐる。それは午后一時半から始つた。社の編輯方針確定に関する経過、新年以後の紙面計画などについて僕から話しをした。別に業務部の方では上田次長から新聞の登録購買制の開始について話しをし、各支局長からそれ〴〵戦災後の事情について話しをしたが、何れも実に惨憺たるものである。

いよ〳〵年も押詰つて、あちらこちらで忘年会の催しがあるが、社会部でもかねぐ〵の懸案であつたこの会を今夕芝浦の東港園（もと雅叙園）で開く、この頃かう云つた催しも物の値が高くてやりにくい、今夜の会なんかも一人あたり百円ばかりにつくのだが、支那料理がちよつぴり出たのと酒は生麦酒にウィスキーである。それでも四十人ばかりの参会者がずゐ分愉快に騒いで大成功になつてそれぐの隠し芸続出のなかに今夕の白眉は、何と云つても戸川の猿と塙の猿回し。あまりのことに皆開いた口が塞がらぬといふ様だつた。帰りは一同トラックに乗つて社までゆき、そこで解散したが、夜更けの街をゆくトラックのうへで酔つぱらひどもが思ひつきの歌を合唱する様はまた一段と物凄かつた。

クリスマス・イーブは、進駐軍の兵隊たちの天下だ。第一相互のマッカーサー司令部では、Merry X'mas のイルミネーションがまばゆく、お濠の水にうつつてゐる。

十二月二十五日　晴れ時々曇り寒し

年末から年始を黒駒で一家団欒のうちに送りたいと希望してゐたが、けふ神田、渡瀬と相談して僕は大晦日から二日まで暇をとることにした。正月も正月だが、これだけの日時があれば多少は休養を取ることが出来て過労の傾きのある今の僕には幸なことである。小野田一夫が国府津から電報をよこして蜜柑を送らうと思ふが何処へ送るとよいかを問ふて来た。僕の住所が定まらないのでそのことを訊いてゐるのかと思つてゐたら、追つて小野田の息の哲郎から来た葉書で疎開地のアドレスを訊いたものであることが解つた。息に手紙を書かしたといふのは、案にたがはず、小野田はまた病床に呻吟してゐるのであつた。

本社の北海道進出について神田、塚田、佐藤、永島新旧札幌支局長等と会議をする。読売はいよくあちらで北海読売といふものを出すさうである。本社もかつては五万出てゐた紙が今や二万八千になつてゐる現状では何とか手を打たねばならぬ。しかし北海道本社といふやうなものを設けて本紙を発行することにしては紙の問題で行き詰るし、傍系紙を出すこと丶なれば迫力がない。とりあへず何れの態勢にも順応出来るやう、まづ札幌に建物を確保しておくことだけが今日決定した。事は急を要するので早速電話で札幌に指令し、その返事は航空便で取ること丶する。

夕方新しく出来た小林豊樹会長、伊藤基雄社長の日本通信社の招待を築地の「楠幸」といふ家で受ける。永戸、神田そして僕が出席した。小林はやはり座敷ちがひの感あり。

高松棟一郎が齎らした情報によると

米海軍は目下軍艦で相当量の武器を日本に輸送しつゝあり、殊に火薬を齎らし、相模アルプス山中に貯蔵してゐる様子である。

といふことである。一方、大湊、横須賀、函館などの基地構築事業は米軍の手でどん〳〵進んでゐるといふし、新潟、呉では規模の頗る大きい飛行場が築造されてゐるともいはれる。

十二月二十六日　　晴、曇り

三好のところからコートライトを取寄せたので、燃料も出来たので、けふは宿では朝風呂を立てた。朝風呂などゝいふものは何時から経験しなかつたか、ともかくうんと熱い湯にゆつくり入つて、さばさばした。心配してゐた風邪の方も大丈夫である。しかしこの頃疲労を覚える度合いがめつきり甚だしくなつたのは、どんなものであらうか。休養を欲すること切である。朝の部長会議で天皇制に関する続物、降版時間の改正、新年紙面にポツダム宣言に関する記事を掲げる件、文化記事拡充の件などを議題とする。毎日新聞社是決定のことは紙面刷新委員会と論説委員会と双方の草案が今日中に出来あがるので明日拡大会議にかけて審議したい。調査室の機構問題も早く決めなければならぬし、南方終戦事務局、復旧対策委員会などの強化、再建も急がなければならぬ問題である。何と仕事が多いことか。今日は月給日だが、夕方六時になつても手渡されないので、僕は約束の三好の家にゆき、月給は明日受取ることにした。三好家では河豚の馳走になつたが、ひる社に訪ねて来た迫田とまた三好家でも会ふ。迫田は黒駒からいろ〳〵な品物を持つて来てくれた。

（以下略）

十二月二十七日　曇り夕方より雨

毎日寒いことだ。気象台のいふところでは、いまわれ〳〵は猛烈な寒波に襲はれてゐるのださうである。けさ体の具合がをかしく、何だが節々が痛いやうでもありだるいやうでもあるのは風邪が治りきらぬせいかも知れない。社に出る間に佐藤氏に頼んで風邪薬を調剤して貰つた。昨日受取るはずであつた俸給や賞与を手に入れる。賞与は一万二千何百円と伝票に出てゐるが、それでも一千数（ママ）百円の手取りがあつた。これで何とかして年の瀬を越してゆかなければならない。宴会費のほかに宿の支払ひが心付けなど入れて三百円余りあつた。しかしそれで栄養失調にもならずに働いてゆけるのだから有難い話しだ。

非常に忙しいなかをあれこれと私用で断り切れぬ件が持ちこまれるのには弱る。けふは藤井が電話を架けて来て、けふで期限の切れる西下の汽車切符を何とかして延期してくれと頼んで来た。明日手続きが出来て三日間だけ延長出来るようになる。

午后一時から新年用原稿となる「日本民主革命の展開」のうち政治部門の座談会があり、安部能成、宮沢俊義、室伏高信、志賀義雄、水谷長三郎、美濃部亮吉などが集る。僕は最初の暫くの間だけ列席して引揚げたが、天皇制の問題で志賀と水谷との論争がながびき、会を閉ぢたのは六時半ごろであつたらうか。自動車で宿に帰り、湯豆腐で軽い夕食をしたゝめて早く床に就く。

今日「旋風二十年」の納本刷りが出来あがつた。ちよつと見ると四円八十銭といふ価は高いやうであるが、考へを変へてみると、それは闇値の林檎一個に相当する価額である。内容には僕の気に食はぬところが少くないやうだ。しかし今さらそれを云つてみても大呑みに呑んだ後だから仕方がない。これから各方面からの攻撃を受けることも覚悟しなければならぬ、とは云へ、これはこれとしてこの時代に必要な一書であることも否めない。

十二月二十八日　晴れ時々曇り

昨夜は思ひ切つて早くから床に入つてぐつすり眠つたら、体の疲労は大いに恢復したが、どうしたものか下痢気味である。けふは迫田が黒駒ゆきの荷物を取りに来るといふので、海苔、煮干、薬、マッチ、ちり紙など雑品を一まとめに梱包して社に持参し、午后迫田に渡す。藤井が来て期限を延長した汽車切符を持つて行つた。

マッカーサー司令部の指令が来て、今後大阪や西部に送る東京の記事は東京で事前検閲を受けなければならぬといふ。大変なことで、そのために会議を開いて対策を練つた。また新年紙面用の宮廷記事について藤樫を中心に整理部、写真部、社会部で相談をする。画期的な宮廷記事をつくるためには特に藤樫の努力を求めた。

「秘められたる戦記」の原稿が一通り出揃つたので、出版局と執筆者に対する謝礼などのことについて相談したところ、相手は何だか僕が仲に入つて一儲けでもするやうな口調を弄するので不愉快になつた。そこで話しを打切り、後は僕が介在しないで執筆者のうちの誰かと出版局のものに折衝させることゝした。

夕方外務大臣と情報局総裁とに外相官邸で招かれる。東京新聞通信七社の編輯局長の集りだが、読売の鈴木東民が例の争議の成功（？）から調子づいて、大いに気炎を挙げてゐたが、云ふところ却つて座客の眉をひそめしむるもの少くなかつた。日本の一流新劇団人が大同した有楽座の「桜の園」は今日で終つたが、とう〳〵観にゆけなかつた。ちよつと惜しい気がする。

十二月二十九日　晴れ

新年紙面用原稿はけふ締切る。藤樫に頼んだ皇室の記事だけは明日の午前に出る。その元旦の紙面につかふ□聖上の御真影と皇室御団欒の写真とがけふ社に入つたが、これまで拝したものとは全然趣きの変つた誠におそれ多いものであつた。

総選挙を前にして社員の立候補や選挙応援について社の方針を明かにする必要がある。この前の重役会議ですでにそれを決定したといふから、人事部に行つて案文を見ると為つてゐない。改めて決めなほすことにした。選挙に関する標語の募集を社でやつた。その審査が行はれて出席する。良いものがなく、応募中の佳品を中心に審査委員で改訂したものを当選作とすることに決める。年が押詰つたためにごたごたした用事、次ぎから次へと追つかけて来る。社会部の方も部員の越年まづ〳〵さしつかへのないやうに金融もつけたらしい。そのためには随分沢山の判コを押したのである。

鱒書房が五千円をとゞけて来た。不労所得のやうな気もするが、この際必要の度も多いので受取り、新名へ五百円その他あちらこちらへ融通した。

黒駒で正月を迎へるための汽車の切符も杉山に頼んでやうやく手に入れることになつた。今朝社にゆく途中土産の買物も少々したが、夕方宿へ帰つてみると、かねて岩田に頼んでおいた正月用の鯛と伊勢蝦が調へられてゐた。なか〳〵立派なものである。これだけの物をもつて黒駒へゆき、一家むつまじい越年が出来ることを想ふと云ひ切れぬ嬉しさがある。赤々とおこる炭火の火鉢を机の傍に置いて、今夜はしみ〴〵とした気持ちがする。ひとり静かに買つて来た数冊の雑誌を読む。

十二月三十日（日曜日）　晴れ
銀座二丁目から尾張町へ、それから数寄屋橋へと、日用品や黒駒への土産などを買ひながら社に出る。

新年原稿の執筆者やそれを取扱ふ各部のデスク、整理部などは多忙を極めてゐるが、編輯局内は大よそ閑静である。僕も日当りのよい編輯局長室の窓際に安楽椅子を置いて露店で買つて来た岩波文庫の二、三冊をひろい読みしたり、各部への雑談を交へに歩ひたりする余裕があつた。社会部では新年原稿のために出張してゐた朝居、柳、見谷などが相次いで帰つて来た。譴責休職を命じてゐた安達敬吾も北海道から帰つて来た。安達の休職は一旦一日附で解いてやる手続きをした。社での用事は専ら新年紙面に関することばかりである。大たいどんな新聞が出来あがるかといふ見当もついた。ところで今日は三好勇を招待してある日だ。何時やつて来るかと待つてゐたら、夕方になつてから使ひの者が来て、都合が悪くてゆけないと伝へて来た。どこまで信用のおけぬ男かわからない。奴には何が本とうの仁義であるか解つてゐないのだ。そこで止むなく宿に帰つてみたら、かね〴〵命じてあるので岩田は最上等の鰻を焼き、板場の田中が苦心した形姿のまゝの鱸を中心にして貝柱、烏賊などを盛つた沖すきの用意も出来てゐる。そして三好が満州国関係と伝へ聞いてゐたのか、大根で菊花をつくり青葱でその葉をつくつた飾りまでついてゐる。いよ〳〵三好の不信に憤激しつゝも、鰻は明日黒駒へ持つてゆくことにし、沖すきの方は岩田と二人の忘年宴を早速計画した。それに使つた酒もよく、夜は静か、二人でゆつくりと楽しみつゝ飲む。そして後は明日の朝早く立つための荷造りに移つた。たのしい忙しさである。

十二月三十一日　　晴れ、小雪　　――黒駒ゆき――

（省略）

昭和二十一年 1946

昭和二十一年一月一日から一月二日（黒駒滞在）

（省略）

一月三日　曇り、東京では夕より雨　――黒駒より帰郷――

豊子がうつかり「父ちやまのお帰りの時に一緒のバスで甲府まで買物に行かうか知ら――」など、云つたものだから桂は承知しない。今朝七時半の開発バスで僕が立つのにどうしても一緒に行くんだといふ。六時半に起き出したりしてゐたが、発車場へ迫田の息子が来てうまくなだめてくれた。十時甲府発の列車は塩尻から来るので、甲府から東京ゆきの旅客は甲府仕立の列車に乗ることになつたと云つて乗せない。それを交渉して特別の乗車証明書を受取つて乗込む。なか〳〵混んでゐて弁当を食ふことも出来ず、やつと立川まで来て坐席を占め、弁当をつかうことが出来た。駅からすぐ社へ。社では玄関のエレベーター前に大きな鏡餅が供へてある。これは社の農場で出来た糯から造つたものださうだが、たゞそれだけが平常との相違であつて編輯局のなかは、もうふだんと変らぬ活動に入つてゐた。大晦日には新年紙面の仕あげで大分まごついたといふ話しを聞いた。何分にも今度は社の機構改革の後を受けて、役員会議や株主総会が年末おしつまつてから開かれ、あれやこれやで新年新聞の計画もおくれたのである。そんなことも余程たゝつたと見なければならぬ。しかし決して悪い新聞が出来たわけではない。夕方近くになつて市川五郎の持参した酒一升を光田、森本、光田（マヽ）などと飲み、続いて席を昭和寮に移し渡瀬、三原、光田、森本といふ顔ぶれで飲む。今度は一級酒が二升もあつたが、大作は休みで肴となるものがない。そこで缶詰などを開けて肴にした。渡瀬は雨のなかを帰つて行つたが、他の三人は寮へ泊り込んだが、おそくまで騒いでゐる三人をそつとしておいて僕は先に床に入つた。けふは早起きと汽車の疲れとで、早く睡眠をとりたかつたのである。

一月四日　曇り時々晴れ

出社の途中、銀座を歩く。驚いたことは日本服を着た女の多いことである。あれだけ焼けたのだから正月の晴着なども窮屈であるべきはずであるのに、何処からどう工面して来たものか、それぐ\相当な着物を着た女が街に氾濫してゐるのである。

マツカーサー司令部は日本に対する二つの命令を今日出した。一つは日本における少くとも二十七の政治団体、極端な国家主義的、軍国主義的団体および秘密結社の解散。もう一つは日本の侵略的政策を樹立し、これを支持した人物の公職よりの罷免である。前者の団体、結社として挙げられたものは言論報国会、団体は経学会、明倫会、黒龍会、玄洋社、天行会なども含まれてゐる。後の方の公職といふのは如何なる意味に解すべきかゞ問題だが、大政翼賛会、翼政会、大日本政治会およびこれに関係ある団体（おそらく翼壮などが左様であらう）の有力者といふのが、この範囲に入るものである。この命令は総選挙に直接影響するところも大きいし、一般に社会的に及ぼすところも少くないので号外を出した。マニラで本間雅晴中将の裁判が始まつたが、本間中将の証人として社の柴田賢次郎が、今日出海その他数人の者とマニラにゆくことになつた。十二日に立つといふので、マニラにゐる本社員との連絡等のことでいろ〳〵柴田に依頼した。（以下略）

一月五日　晴れ一時曇り

十時半から放送会館でGHQのダイク准将とのコンファレンスがあるので久しぶりに出かけたところ、重大発表に接した。その一つはアメリカから三十人の陣容を容する教育使節団が近く日本に来ることである。その使節団は民主主義化、心理研究、教育行政、高等教育等に関する四つの委員会から成つてゐて、約一ヶ月の予定で仕事を進めるが、その後の施策実行について、もし日本にその人材を得なければアメリカ人を派遣してそのことに当らせるといふのである。いま一つの発表では旧臘発表せられた修身、地理、歴史の三課目廃止に伴ふもので、それによると日本の歴史から神話を一掃するといふのである。思ふにアメリカが長期に亙る日本の変革、馴致を目指すならば当然これ等の点に手を触れるべきものである。おそらくわれ等の好むと好まざるとに拘らず日本の教育は一変するであらう。

午后農林省の若手官吏が官庁の民主主義化を目指す新運動に着手したと云つて、その事情説明に来たのを聞く。商工省や逓信院にもこの種の運動があつて、これ等はやがて日本の全官界に波及しさうな勢ひである。秋田の家の者、第二復員省の佐藤欣重その他の面会人あり。夕方から編輯局内の給仕六十人ばかりで結成された双葉会といふもの丶発会式兼新年会に臨む。

一月六日（日曜日）　晴れ時々曇り

（前略）

一昨日マッカーサー司令部の出した「極端な国家主義者、軍国主義者の政治機構よりの追放」命令で、幣原内閣は大動揺を来してゐる。厳密にいうと関係者でそのま丶職に止まつてをられる者は三、四を数えるだけである。改造で追いつくか、投出さなければならならないか、しかも幣原自身は肺炎で寝込んでゐるのである。閣議は昨日から開かれ、今日もその続きがあつた。もしも投出しといふやうなことになれば、号外を出す積りでゐたが、とう〳〵今日のうちには何等の決定も見られなかつた。黒駒から持つて来た一升の酒で光田と二人で新年宴を催す。肴は寄せ鍋。その場へ光田の知り合ひの野中といふ男が現れた。これは京橋、日本橋方面でかなり顔の売れた博徒である。もうすつかりその道から足を洗つて、二度と再たび監獄生活をするやうなこともない。酒も煙草もやめてゐる。たゞ永年のあ丶いふ生活でその筋の事情には十分通じてゐるから、何か役に立つことでもあつたら使つてくれといふのであつた。

一月七日　晴れ一時曇り

朝の味噌汁のなかに餅が入つてゐた。気がつけば今日は七草である。社でも玄関に供へてあつた大鏡餅を開いて、それでしる粉を造つて社員に食はした。砂糖気の極めて淡いしる粉であつたが、社員にはそれでも一通り喜ばれたのである。

昨晩は最終版が積みおくれたさうだ。都内、神奈川、埼玉の一部に配送される紙がその厄に遭つてゐる。理由は整理部の方の手ちがひもないではないが、大きな原因はGHQの検閲に在る。一度ゲラ刷り校閲で許したものを後で不許可としたり、共同原稿で検閲通過してゐるものを後になつていけないと云つて来たりしたからであつた。この善後策について今日は関係者を集めて協議した。策と云つても根本はGHQの検閲方針を改めさせることであるが、これがなか〳〵簡単にゆくものではない。渉外部からそれを申出ることゝする一方、万全を期して原稿締切時間を一時間ばかり繰上げ、しかも降版時間は従来のまゝとして、この間の余裕を開けて、もう大丈夫といふ目度がついてから版を降ろすことゝした。しかし何時までもこんなやり方で行けるものではなく、検閲問題については根本的な処置を講じなければならない。幣原内閣の運命は今日も一日何れとも決定しないまゝで過ぎた。明日吉田外相がマッカーサーに会ふことになつたさうだ。そのうえで延命の申入をして、それが訊入れられゝば改造でゆく。どうしても脈が無ければ総辞職といふことになるのだが、幣原自身は何とかして内閣の生命を繋いでゆきたい心持ちで一ぱいらしい。旧臘から持越されてゐた「社是」を決定する件で会議を開いた。論説委員会と記事刷新委員会とで造つた原案を土台にして一通り検討したが、結局「社是」と「編集根本方針」

められた。

の取決めのために小委員会を設けることゝなつた。その委員会は編輯局長の許で銓衡依嘱することに決

一月八日　　寒き日かげりまた照る

早く出社して、三原、狩野の二人と差当つての社会部の仕事について相談をした。このところ少し溜まつてゐる細々とした雑用を形づける。十一時半から社の消防組の出動式。それは旧館の露台であつた。寒い吹きさらしのところでホースを繋ぎ合して水を撒きちらすのであるから見てゐても腹の底まで凍えさうである。それが一通り終つてから大会議室で午餐会があつた。生麦酒を飲ませるはずであつたのが、間に合はなくて今日は食事だけだつたが、このうへ冷たい麦酒などを飲まされては、どんなことになつたかと思ふ。会の終わる時、「毎日新聞万歳」の発声をやらされた。旧臘以来集めてゐた天皇制に関する原稿をどういふ形で紙上に出すかについて協議する。だいたい羽仁五郎や鈴木安蔵などに頼んだ原稿が天皇制打倒の主意を盛つたものであることは、それを手にする以前から知れてゐることである。この原稿を載せることによつて本社が天皇制打倒の方針に立つてゐるかのやうに読者から解されはしないかといふ心配が一部にあるのだが、さういふことを一々気にしてゐては今日の新聞は出来るものではない。天皇制に対する反対論も、それに対する支持論と同様に堂々と取扱ふだけの勇気がなくてはならない。いまは総てのものに覆ひかぶさつてゐたヴエールを取りはずして、有るがまゝの物の形姿を国民に見せる必要がある。そのためには、かういふ議論もあるといふいくつもの型を国民に示すこともまた当然必

要といはなければならぬ。たゞ今度の場合、天皇制に対する執筆者の意見を、そのまゝ新聞社の意見と解釈されることは避けなければならぬので、前書きにもそのことを明かにし、筆者の経歴等をも示し、通し見出しは「天皇制の研究」といふこと、したうへ、妥当、支持両面の記事を塩梅して掲げること、した。

政界、政治、思想結社、財界などから「極端な軍国主義的、国家主義的個人」を追放するといふGHQの指令が出たが、今度は言論界――主として新聞から同様の分子を駆逐する指令が出るといふ噂が高い。当然そういふこともあらうと思はれる。どういふ範囲でこれが行はれるか解らないが、戦争中大新聞の論説を担当してゐた僕なども、あるひはその目標になるのではないかと思ふ。僕は終戦の際、すでに個人としては戦争責任を十分感じてゐたのであつて、たゞ今かうしてゐるのは、その責任を償ふ途が見つからないと考へてゐるからでもあり、またかつての敵から犯罪者として追及されるならば、ともかく、日本の国家といふ立場から見れば、僕が今そのことで逃避すること、国家再建に努力すること、の何れを採るべきかを思ひくらべて、後者を選ぶことの至当を痛感したことによるのである。何が起つても堂々と対処する心構へに変りがないのだ。幣原内閣はけふも一日をそのまゝで送つた。今日吉田外相がマツカーサーに会ふ希望は容れられなかつたのである。幣原の病気も一両日で良くなるから、そのうへで彼自らがマツカーサーに会ふかも知れない。幣原は改造でゆきたいのだが、自由党に属する閣僚は総辞職をして、次期内閣は自由党で組織し、その手で総選挙をやらうとしてゐるといふ。夕方、井上縫三郎の持つて来た情報によると幣原は総辞職を決意してゐる。しかし大命再降下を期してゐるといふことだ。

（中略）

今日は到来ものゝ多い日である。国府津から小野田が蜜柑を一箱送つてくれた。病中の彼からの贈物は恐縮する。海軍の土居がシヤツと靴下とをくれた。靴下は手持ちが少くて弱つてゐるところだから特に有難い。鱒書房は「旋風二十年」が刷りあがつたと、まづ五十部を届けて来た。これは、あちらこちらから要求されてゐるので、それ等へ一々送つてやる手数が大変なことだと思ひ、うんざりする。

夜の九時半、もう寝ようかと思つてゐるところへ、社から昭和寮の電話で「マニラから帰つた人四人を泊めてくれ」と云つて来る。それは今日午前中に浦賀に到着した連仲で、そのなかには佐藤八郎も加はつてゐるはずだ。東京へ着くのは明日のことゝ思つてゐたのに案外段取りよく上陸後の手続きが出来たものらしい。佐藤が来るのなら棄てゝおくわけにはゆかぬ。寮ではもう火を落して食事の準備など出来ないのを冷飯でもよいからと岩田の妻君に無理を云つて用意をして貰つた。そのうへ僕のところには酒が一滴もないが、佐藤には何を措いても一杯飲ませてやらなければ――と、これまた寒いなかを岩田の妻君に一走り走つて貰つてアイジアル・ウイスキーを一本手に入れて貰つて、彼等のやつて来るのを待つた。だがなかなか来ない。玄関で何か応接する声が聞えたと思つたら、それは米兵を伴れた日本人の若い女、おそらく淫売婦であろうが、寮を宿屋と間ちがへて迷ひ込んで来たものであつた。十一時に近いころ、やつと四人がやつて来た。佐藤八郎なか〳〵元気である。聞けば、僕が昭和寮にゐるとは知らずに、僕の家に電話を架けるのだと云つて、社の交換嬢を困らしてゐるうちに時間が経つたのだといふ。ともかくも上れ、坐れ、飲めで深夜の宴が開かれた。もうとても生きて帰つて来るものとは考へられなかつた男が、かくして無事で僕の前に現はれたのである。聞けば避難の途中の話、降伏してから後の収容所生活の話、みな面白い。一本のウイスキーであつたが、十二分の効果を挙げて、楽しみ〳〵それを飲みつゝ、語り合つた。一緒に帰つて来た社の三人もみな思ひかけない饗応に心から喜んだ。酒尽き寝についたのは一時を過ぎた時刻であつたらうか。

一月九日　晴れ

十時から社会部の部会。部内に一切のわだかまりをなくすること、楽しみながら皆が働くこと、そして良い新聞を造ることについて話す。さらに文章の問題についていろ〳〵と注文を述べた。だいたい最近の紙面に現はれる文章はなつてゐない。これでも筆をもつて立つ人間の綴つたものかと疑はれるものが少なくないのである。勤務のことについては相当具体的な話しをした。最近、副部長級のすぐ下に位する連仲の勤務ぶりがよくない。それを一々指摘した。後で文句がましいことを云ふ者もゐたが、それは一々取るに価せぬ議論であつた。勤務の不十分なもので、いくら云つてもあらためない者に対しては思切つた処分をさへ僕は考へてゐるのである。部会を終わつて編輯局長室に入るなり、今度は昨日の天皇制に関する連載論文に関する蒸し返へし談義だ。それは通し見出しの「天皇制の研究」は力が弱いといふ論が出て来たからである。こんな些々たることに長い時間を費すことのつまらなさは知つてゐるが、また十分考へをめぐらすべきことでもある。いろ〳〵論じ合つた末、二、三の例を挙げて後は整理部長の決定に一任することにしたら「天皇制の解明」と決めたと云つて来た。「解明」の文字には僕にはなほ異存があるのだが、まづこれに従ふことにした。部課長に対する勤務手当の査定、傭員雇員、準社員などの昇給に関する問題、あれこれ雑用多く、午后三時半からは新聞会の石光に来て貰つて、新聞用紙の現状と将来の見透しについての話しを聞く。

夕方五時からは神田淡路町の「二引」といふ家で近く本間中将の裁判に証人としてマニラにゆく柴田賢次郎の送別を兼ねて佐藤八郎の歓迎会を催した。宴中佐藤熱を出す。あるひはマラリアの再発ではないかと心配する。

一月十日　晴れ、風強し

朝大倉商事に遠藤静一を訪ねたが、まだ出勤してゐなかつた。約束の書物を置いて出社する。風が強くて寒い。戦災以来社屋の建てつけが悪くなつてゐるので、その寒風が編輯局にも入り込む。先月のなかごろからスティーム・ヒーターを通すやう工事をしてゐるが、なか〳〵進捗しない。この調子では寒もあけ、暖房の必要なくなる頃でなければ出来あがるまいと思ふ。会議室、応接室、編輯局分室、出版局などを収める四階の工事も遅々としてはかどらない。けふは社への来訪者。久富達夫、逸見広などに会ふ。逸見とは相逢はざること二十年に余る。いまは「早稲田文学」をやつてゐるといふ。逸見から稲垣達郎の近況を聞いた。

人事の問題はなか〳〵厄介である。福島民報の飛島から人の異動二、三を要求して来ているが、そのうちの一人斉藤武は福島でも持て余しもの、本社の方でも使はうといふ者がない。事業部長黒崎が今度大阪で発行することになつた夕刊紙へ出向するのはよいが、その後任者が見当らない。写真部長の井上に兼務させるといふ暫定措置が考へられる。東京でも夕刊紙を出す計画が立つてゐるが、その頭に誰を据へるかゞ問題である。阿部真之助説があつて好いと思ふが、一方この新しい新聞社は社の息のかゝつてゐることを表に出せない性質のものであるから、その点阿部氏といふことに難色がある。長谷川如是閑を引張り出すといふ説もあるが、老体よくその任に耐へ得るかどうか。

政変来の声しきりであるが、当の内閣は依然として居据りに腐心してゐる。夕方になつて内閣総辞職の噂がぱつと拡まつたが、それは結局、八時に声明を出すといふことであり、その声明が総辞職からおよそ縁遠いものであつた。一体幣原はマツカーサー司令部の意図を見透した揚句、腰を据へてゐるのか、時勢の判断に無智なるが故に落ちついてゐるのであるか判らないのである。ともかくも、このところ政界の沈滞が国民の心を暗くさせてゐる。

一月十一日　晴れ

阿部真之助老にたのんで、社会部の若いもの、ために話しをして貰ふことにした。それは朝の十時から始つたが、部の連中のほか、編輯局内のあちらこちらからも聴きに来て、なかく盛会である。話しもなかく良かつた。早速実行に移したいと思はれることも多かつたが、この話しは新参の記者たちだけではなく、古い記者にも聴かせたかつた。このごろの新参の記者たちがよい訓練を受けてゐないことと、新聞記者生活にとつて悪い時代にばかり育つて来たこと、は、彼等の気質を頗る低いところに置く結果となつてゐるが、しかし、これ等の連仲は、それから第一歩を新しく踏出して行つても、その努力如何では相当良い将来を約束されもしよう。ところが問題は中堅以上の記者である。自分たちは十分の訓練と経験を経てゐるのだといふ自惚れを持つ一方、この戦争中に知らず〳〵の間に身につけた怠惰と不勉強の習慣を忘れ、この姿で万事を切抜けてゆけるものと考へてゐる。愚にもつかない老大家振りが僕たちの目から見るとをかしくて仕方がない。かういふ種類の連仲は、叩きなほさうと思つても、なかなか左様うまくゆくものでない。だが、それをこのまゝで棄てゝおくわけにもゆかない。何とか更正の出来るものは更正させよう。左様ゆかない者に対しては思ひ切つた処置を講ずるより他に仕方がない。でないとそれ等の者が向上しようとする若い者たちに与へる悪影響は決して少くないと思はれるのである。

けふも内閣いよ〳〵総辞職といふ情報が入つたので号外を出す用意までしたが、結局改造でゆく方針だといふことが判つて、そのまゝとなつた。このもや〳〵した空気が速くけりをつけてくれない以上は何ごとも新規に運ばせるわけにゆかない。

野中が大きな鯛を一尾くれた。彼からこんなものを貰ふいはれはないのだが、突き返へすわけにもゆかぬ。岩田と相談してとにかくこれを食ふことにした。夕方、同宿の福湯をも招いて、この鯛を中心に小宴を催す積りでゐたが、福湯は何処へ行つたのか姿を見せず、結局岩田と二人で一本のウイスキーを中心に刺身やあら煮にして食つてしまつた。

GHQの新聞に対する検閲方針はいよ〳〵苛酷となつた。今日からは大阪ゆきの記事、大阪から来る記事の総てが発信地の検閲係の許可があるまで、電話でも書原稿でも一切送つては罷りならぬといふことに決つた。

一月十二日　快晴

忙しいので床屋へゆくといふことがなか〳〵果されなかつた。けふは二十日ぶりで社の床屋に行つて、何時ものやうに刈込みだけを手つとり早く済ます。新聞社といふものはをかしなもので、こんなに忙しい思ひをしてゐる僕のやうな者がゐるかと思ふと、日曜日〳〵にはきちんと休んで、毎日の出勤も十一時、十二時、退社は五時ごろ、そしてこれといふ仕事をせずに済む者もゐるのである。僕のことはともかくとして、社員の仕事のうへに繁忙の差は多きい。これを酬ゐる途でも思切つた差をつけなければならないと思ふ。けふは人事について見習生を一斉に社員に昇格させること丶し、各部長にその稟議書を作らせた。入社の早いものもあるし、実務期間の長短もあるが、今度は一せいに社員にして、能力や入社時期や実務期間を考慮した抜擢のことは次の機会に廻はすこと丶した。そのほか社会部では高橋トキを社員に、上村博美を雇員に昇格させるやう手続きをする。社会部で見習生から社員となる者は、高石、松江、大石、武石、島崎の五人である。

大阪から高橋信三来る。彼が齎らした放送会社設立についての案を審議する。そのほか検閲の問題。大阪との記事流通の問題等わづらはしいこと次から次へと出る。夕方鱒書房で招待するといふので、赤坂の「生島」といふ家にゆく、昔は個人の住宅であつたさうだが、なか〳〵好い家で、料理はかつて築地の難波家にゐた板場が受持つてゐるさうだが、まづ〳〵好い。増永のほか、ニユー・トウキヨウの森、社の森下が一緒だつた。

総辞職すると思はれてゐた内閣が改造で頑張るといふことになつたので、われわれの興味もがた落ち、けふ、閣僚の差しかへが終つたが、堀切の後の内相に三土忠造、田中の後の運相に三土の兼務、前田の後の文相に安部能成、松村の後の農相に副島千八、そのほか国務相兼翰長に楢橋渡、法制局長官に石黒武重といふところである。

高橋信三、昭和寮に投宿したので、僕の部室に収容する。

一月十三日（日曜日）　晴れ

野坂参三が日本に帰つて来た。彼の帰国については、質性(ママ)の重大性を考へて、事前記事を各方面から作成して、彼が京城に着くまでゞは完全に本紙が各紙をリードして来た。ところが、昨日彼が福岡に到着したことを報じた記事は、全く敗北だ。福岡にはかねぐ〳〵手配をして抜かれないことを機して(ママ)ゐたのに、昨日福岡から来た伝言では「会へなかつた」といふのである。しかし他紙の記事を見ると、福岡では記者団と共同会見をしてゐるらしい。福岡の本紙担当者の怠慢によるものとより思はれぬ。

けふも朝風呂を立てゝくれたので、それに入つてから出社する。けふは朝早く千束町の出月を訪ねて借家のことを問合せようと思つてゐたが、おそくなつてしまつたので、出かけられなかつた。

仕事の暇にかねぐ〳〵一巡しようと思つてゐた銀座から新橋へかけての露天市を見学する。漫然と歩いたのでは効果がないから、その方の権威である社会部の朝居に案内して貰つた。さすがに熱心な研究家であるだけに朝居の説明を聞いてみると、露天市の裏はなか〳〵面白いものだ。どの通りは何々親分の縄張り、どの通りの何処から何処までが何々親分の持場、どこには正式な露天商組合が出るが、どこどこは自由露天商人が出る。両方の商品にはどんな相違があるか、露天商組合員の店で買ふ時の心得。東京にはどれほどの親分がゐて露天を支配してゐるか。その親分たちを取締る大親分の話。露天商品の仕入れルート。それからそれへと勉強する材料は尽きない。新橋駅傍の焼跡には一千二百もの露天が出てゐる。その全部が松田某といふ親分の縄張りに入つてゐるのだが、場賃が一円から五円まで、それで親分の懐中には一日に三千数百円の金が入るといふから豪勢なものである。朝居はかういふ親分たちの力を利用して、東京の食糧問題の解決や、街の清掃などゝいふことを促進したいと云つてゐた。けふの話しを聞いてみると、親分の力が何であるのかはつきりとして、朝居の着想することなども案外うまく運ぶのではないかと思はれる。

（以下略）

一月十四日　晴れ

いよ〳〵不愉快になつたことは野坂参三を迎へての記事である。おそらく大阪の者が乗つたのであらうと思ふが、野坂を車中訪問して取つた記事が出てゐるが、それがおそろしくちやちなもので、専ら普通の帰朝者を迎へる雑報記事の範囲を出てゐないのである。僕の注文してゐたものは、野坂の帰郷がいま大きな転機に立つてゐる日本共産党の運命を何れにか決定するものであること、そして日本共産党の主張する天皇制打倒方針に対する日本共産党と野坂とをめぐる対立か妥協かといふ点を目度において記事をつくることであつた。これが本紙では少しも出来てゐないのに、朝日はなか〳〵ゆきとゞいた記事をものしてゐる。大たい、今日の日本では統一戦線と人民戦線とが混同されてゐる。日本共産党などでも、この点をはつきりさせてゐない。監獄に十数年も入つてゐて、共産主義の国際的な動向を知らなかつた志賀や徳田が、出獄後に軽率にも放言した天皇制打倒の方針といふものは、まづ統一戦線、次に人民戦線、そして最後にボリシエビツキ革命によるプロレタリアートの独裁といふモスクワ・イデオロギーというかクレムリン戦術といふか、さういふものと甚しくかけ離れてゐるのである。それ等の問題をこの際解決するところに共産党の難題がひそみ、同時に新聞の狙ひがあるわけだ。この意味で今日の紙面に大きな不満を感じてゐたところ、果して野坂を迎へた日本共産党では大きな転換期を迎へた。すなはち野坂個人と日本共産党との共同声明といふものが発表されて、それには「天皇制の打倒とは、これを国家の制度として排除することであり、そのうへで皇室の存続が如何になるかといふこと、は自ら別問題である」とあり、また今まで乱雑に用ゐられてゐた人民戦線、統一戦線の用語も「民主主義的統一戦線」といふことに決められてゐる。さらに「この統一戦線は大体の申合せにおいて一致したプログラムによつて形成されるべきである」として形成各派の立場の自由、相互批判の自由、相互の妥協等を明示してゐる。これも見ると志賀、徳田たちの従来の行き方が野坂によつて覆され、時勢を知らなかつた日本共産党の戦略が、モスクワ流戦略に呑まれたこと、なるわけである。これは野坂の日本に帰つて来た後に日本共産党が如何なる立場をとるかといふことに関する僕の最初からの観測が誤つてゐなかつたことを証するものとして、僕は大いに自信を得たのであるが、ともかくも今日の本紙の記事については不満のみやたらに多いのだ。

この間来、本紙の工場を印刷することを申出て来てゐた「国際中日公報」といふ新聞の社長羅錦卿なるものが、またやつて来たので、これに会つて申出でを一蹴した。しかし後くさりのないやうには手を打つておいた。日本通信社の小林、伊東その他が大挙挨拶に来る。これから今度新しいラヂオ放送会社を設立するといふ寺田甚吉の一党がやつて来て、これと長時間の談合をした。この新会社には本社が大きな役を買ふことになつてゐるのだが、今のところ計画通りに事を搬ぶかどうかといふことについては何とも測定することが出来ない。

神田、永戸の新任披露会が四時半から五階の大会議室であり、これに出てビールと日本酒とを飲んだあげく、築地栄家である新ラヂオ放送会社の招宴に列席する。そこから帰る途中、アメリカの水兵から煙草を買はぬかと呼びかけられた。暗がりのことである。同行の高橋信三はその声に応じようとしたが、僕はそれを制して「煙草は要らぬ」と答へてその場を逃れたが、後で聞いてみると、おなじ二人連れの水兵に工藤信一良がとつつかまつて脅迫され、金をとられたといふことだ。

一月十五日　曇り時々晴れ

社の工場にも時代的な動きが強く波及して来た。昨夜は降版時間がおくれたといふ理由から、印刷場の二十人ばかりが編輯に殺到して、デモンストレーシヨンをやつたさうである。降版が八時であると機械を十時ごろまで動かさなければならぬこと丶なる。十時に終わつて手を洗つたりして退社すると、市内の電車には間に合ふが郊外線には乗れない場合が多い。さういふ事情が工務員たちの不満の原因となつてゐることも事実だが、もう一つはもつと深刻な理由を見逃せない。それはすでに朝日、読売の工場にも発生してゐる争議の動きである。ここでは七時間労働制残業絶対拒否、四頁建新聞製作の拒否等の条件を持出してゐるのである。その争議団から横の連絡をもつて本社の工場に呼びかけてゐることは今や被へない。もう一つは編輯局員で従業員組合の仕事をしてゐる若い連仲が工場の連仲をアヂつてゐるといふ噂がある。これについては別に確証が挙つてゐるわけではないが、そんなことも当然あるだらうとは考へられるところだ。ともかくもこの様な動向は、あるひは新聞製作を不可能にする結果まで発展しないとも限らない。しかも今のところ何等の対策が社として取られてゐないのである。その対策たるや、決して工場員の厚生施設の強化など丶いふ程度のものでは効果が挙るまいと思ふ。

佐藤信彦が来て、昭和寮で午餐を共にする。今野円助も一緒だつた。すき焼を食つた。佐藤は僕の住宅のことを心配してゐてくれる。学校の教師といへば、そんなことに最も無能力だと思つてゐたが、左様ではないのである。沢山の弟子をもつてゐることが、その方面の力となることを知つて、なるほど丶思つた。渡辺武富が東京へ来たと云つて電話を架けて来たが、てうど仕事がたてこんでゐて会ふことが出来なかつた。岩崎栄二がやつて来て新放送会社の設立発起人人選について相談を持ちかける。

夕方昭和寮で社の終戦連絡局の宴あり、これに出るべく少々早く社を立つて、寮の風呂に入る。さうすると一方で岩田が今度開店した歌舞伎座前のうなぎ屋の旗挙げ宴に出てくれと云つて来たので、それにも顔を出す。深酒をすることが気になるので、何処でも自重また自重で通す。

一月十六日　晴れ時々曇り

その後どうしたのかと案じてゐた島田一郎が新任地の会津若松から電報をよこして、福島支局、若松通信部、福島民報などへ紹介状を書いてくれと云つて来た。早速郵便で送つてやる。藤井の義兄上京。宿を世話しろといふが、どこにもそれがない。中山博栄来訪。東京新聞の笠井といふマニラから帰つた記者が訪ねて来て、あちらで死んだ社会部の藤野克己の最後の状況をこまぐ〵と知らしてくれた。実にかはいさうな死であつたことが判る。これまで伝へられてゐたところでは、最期の日が昨年六月十八日となつてゐたが、それは間ちがひで六月九日の午前八時が正しい。場所はやはりツゲガラオの東三キロのペニヤブランカといふところである。

けふは重役会。大阪から本田や平野、西部から加茂なども来て、給料値上げのこと、新企業のこと、復興のことなどを議してゐる。

この間からぽつ〱問題になつてゐた社会部の揉めごとが表面化して来た。それは、三原、狩野、とりわけ三原に対する仕事上の不満から発したものである。仕事を熱心にやるといふ点では少しの非難のしようのない三原であるが、たゞ人使ひが荒ひのである。そして記事の価値判断においても必しも公正であるといふことは出来ない。それについては僕も知らぬわけではなく、徐々に是正してゆきたいと思つてゐたが、それより先に揉めが大きくなつて、今日は塙長一郎が僕のところに直訴して来た。田代継男も同様のことをいふし、立場はちがふが浅海一男も「これは何とかしなければならぬことです」と仲に入つて一役買ふことを提案して来た。彼等は「デスク・フアツシヨ」といふ言葉を使つて、もつと民主主義的な仕事をして貰ひたいといふのである。部員の勤務ぶりに飽き足らぬところは少なくない。しかしその方面ばかりを押してゐては片手落ちを脱れないので、三原と狩野とに対しても十分の注意を与へることにした。

夕方、小滝顕忠が渋谷の東横百貨店地階の菜館に僕、高橋信三、森下春男、平岡敏夫、山本正雄などを招く。

一月十七日　　晴れ、時々曇り小雪あり　　――相州鶴巻ゆき――

鶴舞の高石斂男が時計の修理が出来たといつて持つて来てくれた。このナルダンは普通の時計修理工ではなほらないのだが、鶴舞に疎開してゐる優秀な時計屋がゐると聞いて、そちらに頼んだのである。修繕費百二十円。これは桂がいたづらをしてこはしてしまつたからであるが、少からぬ損失であつた。佐藤八郎が粉を一升、酒々井の土産にくれた。朝のうちにいろ〳〵な仕事を型づける。たゞ社会部の紛議だけは、さう急に治まるものではない。

ひるの弁当を食つてから、業務局の上田、梅島、塩尻、森田、栗原、地方部の小林などゝ、神奈川県鶴巻に向かふ。この県下の共販所から毎日系の者三十人ばかりを集めて開く会議に列席するためである。

一時半に新宿を出る小田急の電車に乗つた。比較的空いてゐたが、窓ガラスは破れて冷い風が入つてくるし速度は至つて鈍い。三時過ぎに目的地に着く。会場は光鶴園といふ温泉旅館で、着くなり会議が始つた。僕の挨拶と簡単な時局談。つゞいて上田の話し、梅島の話し、それから各地の各紙に対する人気、読者の声としての新聞批評、本紙に対する様々な注文、要求などを参会者から聞いた。これは何れも貴重な参考となるもので、小林がこれを一々ノートした。けふの会議の主な議題は二月二十日を期して行はれる購読新聞登録をどうして迎へるかといふことであつたが、これに対する討議は明日に持ち越すことゝなつた。それから宴会。どうも僕には座の空気がしつくり来なかつたけれども、田舎料理は田舎料理だけによいところもあり、ことに最後の薩摩汁がうまかつた。酒もかなりあつたが僕は余り多量には飲まなかつた。部室に帰つて温泉に入る。この湯は冷いカルシユーム泉で、これを湧かすのであるが、少々温度が足りない。

一月十八日　晴れ時々曇り　――帰京――

朝は非常に寒かつた。宿でめしを食つたが、それは田舎のことで、約束しておいた時間にはなかなか用意が出来ない。やうやく準備が出来たといふので宿の帳場で朝飯を食つたが、食つてゐる間に酒の用意が出来たり、牛乳が湧いたりして、次から次へと番狂はせの品物が出るという始末。結局八時半発の列車に乗ることゝなつて、停留所まで浅岡の父親である厚木の販売店主や神奈川の共販理事長田川や普及部の塩尻などが見送りに来てくれる。やつと電車には乗つたが、もう満員で腰を掛ける余地などは全くない。とう〳〵新宿まで立ちづめて通した。新宿へ降りたとき、浅岡がこの列車に乗つてゐたことが判る。一緒に出社したが、新宿で中央線列車の来るのを待ち、東京駅で山手線か京浜線の来るのを待つてゐるうちに時間がつぶれ、結局出社したのは十一時半になつてゐた。午前中には別に変つたこともなかつた様子である。午後二時から各社社会部長会議を日比谷の共同通信本社で開く。これは共同の横地が奔走してくれた結果、開催に漕ぎつけることが出来たのである。朝日の門田、東京の小檜山、日産経の村合、共同の横地、読売の鈴木、そして僕との六人の会合であつたが、今後は毎月第一、第三月曜日に定期的に会合する申合せをした。

三原信一と社会部の紛争について談合する。結局は三原の反省を求むること、部員の自粛を求めることとの双方がうまく撳んで、始めてこの難関を突破することが出来るのだ。ところが、三原は例の頑固な性質そのまゝ露して、これまで通りに振舞ふ以外に方法はない。もしこの手を緩めろといふのならば、辞職すると云ひ張るのであつた。そんな馬鹿げたことがあるものか、君がこゝでやめてしまへば君に反感を持つた者たちの希望が無理に達成されることになる。無理を通すことが可能だといふ先例を開くことになる、それは社のためにも、部のためにも、また三原自身にも、他の騒いでゐる連仲にも、みな不為なことゝなるのだ。よく考へなほして見ろと申つけておいた。夕方築地の「錦水」で東芝に招かれる。主人側、多賀谷、大迫、こちらは阿部（賢）、神田、塚田と僕。久しぶりにうまいコクテルを飲む。

一月十九日　晴れ

ＧＨＱのコンフアレンスに十時半から出席する。毎土曜日には編輯局長や主筆の出席を求められてゐるのである。今日は選挙と婦人参政の問題についての会合で、ＧＨＱからエセル・ウイード中尉、グレース・オルト少佐といふ二人の女将校が出た。社の記事は井上マツに書かせる。

社会部員田中孝雄の妻君が社に来訪して、とう〳〵田中の入つてゐた部隊から田中戦死の公報が入つたといつて、そのガリ版刷りの手紙を持つて来た。この間、パラオの中島秀雄が帰つて来て、ペリリューにゐた田中は他の部隊員と共に戦死したに違ひないと伝えたが、万が一にもといふことが考へられたので、家族に通知することを見合してゐたのであるが、いよ〳〵最後の報告が齎らされたのである。それを伝へて来た田中の未亡人は案がい落ちついてゐて、取りみだしたところが少しも見えなかつたのは、せめても僕を楽な気持ちに置いた。死んだのは一昨年の十一月のこと、ほとんど一年半も生死不明のまゝに心配をつゞけてゐた家族の心中は察するに余るものがある。夕方、年末年始を無休で働いた整理部、欧米部、渉外部の各部員を五階に招いて慰労のビール会を開く、なか〳〵の盛会であつた。そこから帰つて、佐藤八郎と二人ですき焼を食ふ。肉は昨日浅岡のところから貰つたものであるが、豚だと思つてゐたが、牛であつた。高橋今朝帰阪。

一月二十日（日曜日）　晴れ時々曇り

「旋風二十年」は僕自身の不満な気持をよそにして素晴しい売ゆきであるらしい。鱒書房主人の話しによると、地方の書店などは待ちかねて上京し、五十部百部を風呂敷にくるんで持つて帰るといふ状況であるといふ。きのふは高松の宮さまが鱒へ使ひをよこして、自分も読みたいし、□陛下にもお読ませ申上げたいからといふことで二部を持ち帰られたといふことである。おそらく宮様は僕の御前講演などをお聞きになつたこともあるので、さういふ点から筆者の名にもご興味があつたのではなからうかと思ふ。伊豆山にゐる徳富老人からも今日手紙が届いた。なか〳〵難解の手紙ではあるが——旋風二十年ただいま拝受多々謝々、実ハ既ニ購求半分タケハ読了申候。欲ヲ申セハ下巻ハ可相成速ニ御恵投合願度候老生ニ取リテハ近比ノ快読書ニテ候。先ハ御礼且又御願ヲ兼草々不一。昭和二十一年晨頑蘇　森賢兄玉机下とあり追而書きに——老生モ米厄ヨリモ病厄ニテ只今病床呻吟年末来顔ヲ削ラス人ニモ面会出来不申乍併闘志タケハ満々とあつて、更に頭書に戻り「尚購求ノ分ハ他ニ贈与御恵投ノ分ヲ手許ニ残置可申候」と書かれてゐるうへに後で書いたものか赤鉛筆で「蘇聯ノ勝利貴兄ヲシテ先見ノ名ヲナサシム」と褒めたうへで、書翰の裏面に一詩が書かれてゐる。これは高踏雲外客失脚望紅塵顧彰還微笑仙踪半在人といふ五絶であつた。友人たちから送附を頼まれてゐるので、社に出てから「旋風二十年」を発送すること十数カ所。暇を見て銀座に出て豊子から依頼の買物である。桂の下駄、ミシン針などを求める。夕方「大作」で松永、佐藤、内海などのマニラ帰りを中心にしてビールを飲む。そこで出てゐた正富が宴後僕の部室に来て「英文毎日」のスタツフをどうするかの問題について語り、上沼健吉が来て彼の身の振り方について申入れを行ひ、佐藤八郎が来てまた暫く話してゆく。(以下略)

一月二十一日　夜来雨はげしく朝より晴る

こゝ暫く雨がないので、いろ〳〵心配されてゐたが、昨晩はまことによく降つた。雨のあがつた後は比較的暖かである。この間から新しい煙草のピースといふのを専売局が売り出してゐる。昨日は日曜日で各煙草屋で売り、今日の月曜日には百貨店で売るといふので、出社の途中松屋をのぞいてみたら余りに夥しい煙草買ひの人間の行列でとう〳〵買ふことが出来なかつた。

午后一時から毎日新聞憲章を決定する委員会があつた。そして殆ど一ヶ月に亙つて論議された文案がまた〳〵二時間の討議のうへで、やうやく確定を見た。それは

一、毎日新聞は言論の自由独立を確保し、真実迅速なる報道と公正なる輿論の喚起を期す。

一、毎日新聞は全従業員の共同運営により社会の公器たる使命を貫徹す。

一、毎日新聞は社会正義に立脚し自由・人権・労働を尊重す。

一、毎日新聞は民主主義に則り文化国家の建設を推進す。

一、毎日新聞は国際信義に基づき世界平和の確立を寄与す。

といふのである。これはおそらく一般新聞ならば何処の社にも準用されるもので、わざ〳〵毎日新聞の憲章として立てるには及ばぬものではないかとの議論も出たが、ある一定の期間を通じて妥当性を持続すべきものである以上、かういふ大ざつぱなものを選ぶよりほかに途はあるまい。毎日新聞社の特色とでもいふべきものは、今後起草される編輯根本方針において詳しく述べられるべきものであらうと思ふ。三月早々開く青年協議会に関する第一回打合会があり、夕方は神田、渡瀬の二人と昭和寮で会食し

ながら、編輯局と社全体との当面の問題について意見を交換する。題材は神田が社務全般に目を通してゆくには編輯局長を兼ねてゐてはならぬこと、もし左様とすれば後の編輯局長に誰を挙げるかといふこと（渡瀬は本田、金子、森の三本建てを述べたが、僕はこの三つ案の何れにも十分の賛意を表しかねた）早急に副部長以下編輯局員の一大刷新を断行すること、僕と渡瀬との職務分担のこと、明日招集する予定の部長会議に上程すべき案としての発表形式のことなどであつた。

社会部のいはゆる部員会議なるもの四時過ぎに開いたが、僕の退社する七時少し前にはまだ継続されてゐた。それについて林原、朝居、見谷の三人が僕に話したいと申出て来たが、その云ふところを聞くと、デスクもいけないが、今日開かれてゐる部員会なるものは一部の人間の不純な意志から出てゐる。自分たちは彼等と行動を共にすることを潔しとはしない。しかし部長に対して述べたいと考へることは少くないといろ〳〵意見を開陳した。そのうちには大いに傾聴すべきものが少くなかつた。

一月二十二日　　未明雨、朝より快晴

山口県の萩から、山口支局長渡辺喜三郎の紹介で訪ねて来た三人があつて、在鮮同胞の救出について共産党の援助を求めたいから志賀義雄を紹介してくれと云つて来る。小林孝裕にその手紙を頼んでやつたが、おそらく夕方までには目的を達したことであらう。

昨日の社会部々員会のことで、アドバイザーといふかバイスタンダーといふか、長老格の一人だけ参加してゐた藤樫君が、仲介役として昨日の話しに出た部員たちの希望を伝へ来た。要するに三原、狩野の排斥であるが、あの会では部員の一部のものも十分な自己反省をして各自の責任を感ずべきものだといふ議論もかなり出たといふことだ。部員たちは僕の返答を求めてゐるといふことだつたので、明日にでもそれをしようと思ふ。販売関係の長野県販売員を集めた会合が社内にあつたので、それに出席して、話しをしたり聞いたりする。午后一時からは部長会議、議事は昨晩神田、渡瀬と十分相談しておいたが、まづこの間の役員会で決つた事柄を一括して神田から報告した。高石最高顧問の引退、南方、満鮮支在勤者の勤務年限加算、旧友会再開、旧友会員のための部室を社内に設けること、横組み左書きの件、英文毎日の陣容強化、事業部と社会事業団の関係に関する事項、終戦事務関係の諸経費等に亙つたが、終戦事務関係では、個人の清算を切離しても三百五十万円を要するといふことである。新旅費規定の発表があつたが、それは日当、宿泊料で局長、主筆の五〇円五〇（ママ）円から六階級に分れてゐる。従業員の給料、手当は二月分から本格的に上ることになつてゐるが、一月分の暫定処置を見ると次の通りである。本俸百円だつたものは

本俸		臨時手当		食料住宅手当		臨時物価		金一封		合計
100	+	10	+	25	+	100	+	200	=	435

本俸二百円は

200＋20＋25＋150＋200＝595といふことになり、ほかに家族手当は在来の十五円増で妻には四十五円、その他扶養者一人当り三十円である。それだけで社は百二十万円の支出超過となり、九十一万円の赤字を出すことになつてゐるが、新聞用紙が三月から値上げになるのに購読料を二月から引上げ

るから、そこで、この赤字は十分償へる勘定になつてゐる。今日一日は珍しくドライで通す。

一月二十三日　晴時々曇り

実によく昨晩は眠つた。朝起きて気持ちがよい。出社前に銀座まで出て、二、三日前から目をつけてゐたオーブンを買ふ。明日はこれを黒駒に持つて行つてやらうと思ふのである。僕一人の旅行ならとても持つてゆく気にはならないのだが、明日同行するはずの佐藤八郎がこれくらゐの荷物ならと引受けてゐる。これでパイを造つたり、ふかしパンを造つたりして貰つて桂がいくら喜ぶことか知れない。社では午后一時から部長会。これには整理部と取材部の部長が集り毎日この時刻にその日々の新聞紙面を検討し、またその日に造る新聞紙面の計画を立てることゝした。けふはその第一回であるが、やつてみるとなかく面白い。きつと好い効果が生れ出るであらう。

三時から東京裁判について打合せをする。各部から出すべき記者、軍法会議当局へ持出すべき記者室、その室内の設備などについて話し合ひ、それ等の要求は明日開かれる会議（各社共同）に出席する高田が接衝に当ることになつてゐる。明日から二日間休むつもりでゐるので、留守中の準備手配が忙しい。いろくメモに書きつらねて渡瀬に依頼する。それから五階で開かれた埼玉県下販売店主を集めた普及部の会合に出席。それを中途で出て、鱒書房の宴会に顔を出すべく「ニユートーキヨー」にゆく。これは「旋風二十年」の次に刊行する予定の書籍（明治、大正、昭和に亙つての政治、社会、文化運動の裏面にまつはる事件と人物の叙述をねらつたもの）について下相談をするためであつた。そこから銀座の

「鶴の家」にゆく。河合良成に招かれた会合である。河合の話しなかく面白い。今度は郷里の富山県から代議士に出るさうである。松村謙三の地盤を譲りうけたのである。

社会部の揉めごとについて、いはゆる部員会議の申入れを伝へて来た仲介者藤樫老に返答を託した。いやしくも人事に関する問題である以上、早急に解決するわけにゆかぬ。二週間の余裕を与へよ。解決方法については何段もの構へを持つてゐる。そして熱心な部員だけがよく仕事の出来る態勢は出来あがることを保証する。たゞし解決するまでどんなことがあつても部員の総ては各自の仕事を最も熱心に遂行しなければならぬ――と。

一月二十四日から二十五日まで黒駒滞在

（省略）

一月二十六日　曇り、雨あり　――黒駒より帰京――

（前略）

留守中に別に変つたこともなかつたと聞く。それから編輯局内の誰彼から社会部の揉めごとについて忠告やら観測やら激励やらを聞かされた。社会部々内の者からもいろく話しを聞く。特に塙、戸川、朝居、林原の云ふところは良い参考になつた。しかしかういふ話しを聞くまでもなく、今度の事件に対する僕の考へは黒駒にゐるうちに、すつかり纏つてゐたし、どう処断するかといふ肚ももう決定してゐる。——三原と狩野との問題もあるが、それよりも先に断行しなければならぬのは部内の不純分子（田代、木村、浅海など）を型附けることである。いろ〳〵な悪い影響を他の若い部員たちに及ぼして将来恐るべき結果を招来する危険性が濃い。さういふことが判つてゐながら歴代の部長はこれを不問に附して来たのである。今僕が断行しなければ、何時になつて順調な社会部の発足が出来るかわからない。その大手術を行つてから三原、狩野の方に移ろう。この二人の「失敗」は決して悪い考へから出たものではない。三原のごときは仕事の熱心度が高い余りにこの「失敗」を招いたものであると云へる。しかし二人ともその地位と役職に応しい行動をしなかつたのである。これはその意味において処理されなければならぬ。まして一部の不純分子以外の部員もほとんど総て、この二人を排斥しようといふのだから、二人の不徳は罪に値せずと云へないのだ。——かういふ僕の考へについて今日は渡瀬に話して、彼の協力を求めた。月曜日には神田にも相談してなるべく速く型附けよう。

七時ごろ宿に帰らうと思つたら、既に酩酊の溝淵博士と新名、白石の三人にとつつかまる。一緒に新橋の「セレナーデ」にゆく。正富、本間なども来てゐて、心ならずもまた酒を飲む。このごろの僕の健康には酒は良くないのである。

一月二十七日（日曜日）　曇り小雨

高価低級の悪評の高い煙草ピースを今日も小売店で売捌くといふので、宿の近くの小売店まで買ひに行つたら、大変な行列だ。十本一箱七円といふのを一箱だけ買ふことが出来た。宿に一たん帰り新聞を読んでから出社する。ごた〳〵した雑用のほか、これといふ変つた仕事もない。郷里の新発田に帰つたまゝ丹毒で病臥してゐる鈴木二郎に例の新薬「虹波」を送つてやつた。鈴木のやうな男が社会部に必要なことは今度の揉めごとでも痛感をしたのである。余り休みがながくなるので、このまゝでゐてよいのか——といふやうな心配を述べて来てゐたが、心配するなと云つてやる。（以下略）

一月二十八日　曇り雨夕より霙

米兵二人が社の自動車部に現はれ、写真部員と運転手とを洲崎の原へ引出して強盗したといふ事件が昨日起つた。僕はきのふ出社してゐたが、その事を全く知らず、けふ社に出て人から聞いて驚いた。早速責任部の庶務部長を呼んで聞いてみたが、それも初耳だといふ。そこで自動車係主任、当の被害者である寺尾写真部員、菅原運転手や庶務部長などを集め、高田渉外部長の立会ひで事件の経過を調べたところ、いよ〳〵驚くべきもので、この二人の被害者は米兵二人にナイフで脅迫されつゝ洲崎の原に自動車を駆り、そこで雨のふる人つ気の全くないところで、金を合計一千六百円くらゐ、時計一個、万年筆、繰出し鉛筆などを巻きあげられたうへ、寺尾の方は上衣をずた〳〵に切られた後、背に切傷さへ負ふてゐる。これほどの事件を警察にも届出ず、社の幹部にも報告しなかつたといふことは被害者と自動車係の大きな手落ちであつた。ともかく、早速警視庁に一同出頭して届出を済ますやうに命じ、一方高田からGHQの新聞課にも善処を求めた。

南条真一の子供が水産講習所に入学するについて、その手続き要領を書いて福岡支局経由の原稿便で送る。

夕方、農林省食品局長から滋賀県知事に転ずる柴野に招かれる。これはこの人事が決定する以前からの約束で、明後日柴野は赴任の途につくといふ多忙のなかを約束は約束としてこの会を催したのである。会場は築地入舟町の船宿「上総家」である。こゝの親爺が昨晩夜を徹して網を打つて獲たといふ魚と柴野の郷里加賀から取寄せた蟹や鱈などがあり、酒は日本酒、麦酒取り混ぜて十分以上、満足この上ない会であつた。

一月二十九日　曇り雨、霙

米国対日謀略戦の総元締めであつたザラカリアス大佐の記事がヘラルド・トリビユーンに出て、それを本紙に転載したことがある。記事中に日本の井上清博士の対外放送といふものが大きく扱はれてゐたが、井上清博士といふのが誰であるのか、はつきりしなかつた。それがいま外務省の嘱託をしてゐる乾精末博士の誤りであることが解つて、その乾博士が訪ねて来たので会見した。社会部の粛清工作について最後の決定をしようと思ふのだが、神田、渡瀬の二人と同時に話し合ふ機会がなくて今日もそれを実行することが出来なかつた。今日はこの前の「毎日憲章」の制定に続く「編輯方針」の決定について第一回の会合を三時から開いた。永戸主筆のほか僕に山根、高橋、平岡、工藤、村上といふ顔ぶれだが、どういふ項目について方針を決定すべきかといふことで、ながい談義をしたのみで、今日の会合は終わつた。なか〳〵の難問題であることが既に窺はれるのである。秋田の老婦人、山田と一緒に来訪。山田は出版を始めたいから人を世話してくれといふことを頼み、秋田は選挙応援のことを頼んで帰つた。夕方は「大作」で乾博士を招いての会合をする。渡瀬、高橋、杉本、谷水、工藤が集る。政府は総選挙期日を三月三十一日として、その告示を三月一日にすることを決定、発表した。総選挙後の臨時議会は四月二十日ごろになるらしい。三月といふ月は東京での戦争犯罪裁判が始るし、選挙期間に入るし、さぞかし忙しいことゝなるであらう。

一月三十日　　曇り時々晴れ

（前略）

三時から「編輯方針」に関する第二回会合。議論百出。二時間半も議論を続けたが、まだ何の目鼻もつかぬ。夕食は宿で普通に食つた。胃の方も、どうやらこれで落ちつくらしい。食後福湯が部室に来て、いろ〳〵の話しをする。

一月三十一日　　曇り時々うすれ日出づ

どうも体の具合が良くない。大体が極度に疲労してゐるらしい。今朝などは床から離れるのが億劫でならぬ。それに食欲がとんとない。とう〳〵午前中は社を休んだ。社会部の問題を今日は一通り纏つた話しに持つてゆかうと思ふので、それでも無理をして出社した。社に出るとそれからそれへと雑用に追はれる。医者に診せようと思ふが、今日は溝淵博士は休み。そこで小閑を利用して自動車で小林ドクトルのところへゆき、診察を受けて注射をして貰ふ。体が全般的に弱つてゐるさうだ。心臓もよくないが、胃潰瘍のおそれもないことはないと云ふ。これはうつかり出来ない。

ＧＨＱの新聞課から大阪、西部ゆき新聞記事について重ねて厳命して来た。これは既に「東京での検閲を受ける以前にどんな記事も、どんな手段によつても他へ送稿してはならぬ」といふ示達があつたのを事実そのやうには行はれてゐなかつた。ところが今日の命令では「既往のことはミスとして大目に見るが、今後左様いふことが明みに出たら断乎としたアクシヨンに出る」といふのである。この命令通りにやれば、大阪での新聞作製は非常に困難になる。総選挙を控へてえらいことゝなつたものだが、東京では出稿を早めることはもうこれ以上無理だ。検閲事務を迅速にすることゝ、大阪の降版時間を最大限におそくすること以外に執るべき方法がない。関係部課長会議を開いて左様いふ取決めを行ひ、大阪の方へもそれに応じた手配をした。

夕方になつて、やつと神田、渡瀬と三人で社会部問題を話し合ふ。そして僕の案を二人も承認した。

一、三原、狩野を現在のポストから他へ移すこと、但し二人の（殊に三原の）面子は十分立て、またこの二人の将来を保証する。

二、部内不純分子の一掃。差当り田代、木村、浅海の三人を休職処分にする（退社を命じて然るべきところだが、いさゝかの社会政策的意味を持たせて休職とするのであるが、それは復職を予想しての休職ではない）

三、三原と狩野の後へは高原を文化部から移し、鈴木二郎を副部長とする。

骨子は以上の通りであるが、今後の問題は三原と狩野を何処へ廻すかだ。三原の方は田中香苗が調査室といふが、出来ることなら地方の大支局の支局長にでもしてやりたい。高原を社会部に出した文化部が長野の中山を副部長に迎へれば、その後に三原を置くのも一案である。狩野は英文へ話しをしたが、正富はもう暫く待つてくれといふ。二人とも立派なところを持つてゐるが癖もあるから、おいそれと引受けてくれるところが少い。しかし一両日に全部を型づけたいと思ふ。

こんなことをやつてゐるうちに食物を十分入つてない僕の体はわるくになつた。自動車を頼んで宿に帰る。宿では「うどん」を準備してゐてくれたが、どうもこれを食ふ気にならないので、白飯をほうれん草の浸しとひらめの煮つけで食ふ。一ぜん半食つた。早く寝る。

二月一日

（前略）

自動車を迎ひに来て貰つて、氷雨の強く降るなかを社に出る。きのふに続いて社会部の始末を急がなければならぬが、渉外部へ狩野をあづけようと思つた僕の考へは高田市太郎がどうか堪忍してくれといふので埒があかず、三原を長野へ、中山を地方部副部長へといふ案については一色が休んだために決定を見なかつた。たゞ城戸又一と話して高原四郎を社会部の副部長に戻すことだけは決まつた。高原自身には昨夕話し済みなのである。熊本県の田舎に帰つてゐる浅海一男には電報を打つて「手紙を見ろ」と云つてやり、別に速達書留の手紙を書いて休職処分に附することを申渡した。田代、木村の二人には一両日ちうに申渡せばよいわけだ。移動の方が決まらぬのに首切りの方だけを急いでも仕方がない。

（中略）

雑炊の夕食。そして早寝をしようと思つてゐるところへ、大阪から帰京した新名が現はれた。従業員組合の問題で上京した浅井、友永などゝ同道して来たのである。新名は時事新聞から招かれたが、行くか行かぬかについて僕と渡瀬とに個人的な相談を持ちかけ、さらに下阪して奥村老の意向を聞いたところ、奥村老はそれに反対した。そして老自らの考へを書いた手紙を僕と渡瀬に宛て、寄せた。それは今日読んだばかりであるが、「奥村さんは良いナア」と渡瀬と二人で話しあつたところである。

二月二日　朝雨、後曇り時々晴れ

「百円紙幣一枚、遺失した人は事務課へ取りに来て下さい」と編輯局の掲示板に、二、三日前から出てゐるが、誰も取りにゆく者がないらしい。給仕がアメリカ兵から十円のチヨコレートを買つてぽりぽり食つてゐる。インフレーシヨンは編輯局のなかにも濃く現れてゐる。けふは朝食も普通に食ひ、社にも弁当を持つて出て、これを食つたが異常を呈しない。それでも心配になるので小林ドクトルを訪ねてみてもらふ。「少々は酒を飲んだつてかまひませんよ」と僕に同情して云つてくれたが、まだそれほどの冒険をしてみる気にはなれない。

田代継男に休職の申渡しをする。まさかこれほどまで進んでゐるとは本人も知らなかつたやうだ。木村も浅海も同様の処分をすることも伝へておいた。浅海は帰郷してゐるので、木村と密談して善後処置を講じ、他の社会部員にも働きかけて最後の一足掻きをしようとしてゐるらしいが、もう及ばない。三原にはやつと纏めあげた長野支局長に転出の話しを持ち出したところ、意外にもこれを断つた。折角の厚意であるが、それほど自分のことを思つて頂けるなら、何処でもよいから東京で勉強出来るやうにしてくれといふ。そこで渉外部と調査室とどちらがよいかと云つたところ、それは少し返答の時間を貰ひたいといふことであつた。狩野の方がまだ決らないのには少し焦つてゐる。三原の場合とは本質的に人格が違ふのであるから、どうとも仕方がないが、左様かと云つて延してゐられない。

奥村さんに見舞ひを兼ね、新名のことを書いた手紙と本とを送る。岩井老から本を受取つて有難く思ふといふ手紙が届いた。夕方早いめに帰り風呂に入る。改訂版を出すことになるかも知れないので「旋風二十年」に手を入れて夜を更す。

二月三日（日曜日）　晴、風強く寒さ厳し

ひる食を済ましてから出社する。途中銀座の露店で桂の下駄を買つた。社では別にこれといふ用事もなかつたので、夕方近くなつてから林原と朝居との案内で最近出来た有楽町駅前の露店街に出て、彼等二人がすでになぢみとなつてゐる屋台店「はん平」とかいふのに連れてゆかれる。そこには酒もあるのだが、それは飲まず、ほかに甘いものがある。曰く、どら焼き、ホツトケーキ、田舎ぜんざい、ミルクといふ数々。僕はもとより胃のことを心配してほんのちよつぴりしか食はないし、二人も二、三点づゝを試みただけであるが、勘定は八十二円であつた。驚くことはない。僕の隣にゐた小僧つ子二人も何かやつてゐると思つたら四十何円の勘定を平気で支払つてゐた。銀座は空つ風、露天商人もこの寒さに叶はないと見えて、どん〳〵早仕舞ひをして帰つてゆく。宿では岩田が今夜二人ですき焼きを食はうと云つてゐたが、何処を飲み歩いてゐるのか、その岩田は食事時になつても帰つて来ないので、僕一人でそのすき焼きを楽しみつゝ食事を終る。

二月四日　曇り寒風あり

　ＧＨＱのインボーデン少佐が「旋風二十年」の著者に会ひたいと云つてゐるから会つてくれと朝日の磯部が一昨日云つて来た。そこで約束の十時に放送会館の事務室に彼を訪ねる。話しは面白い本だから英訳されたものを読みたいといふことだ。しかし彼等に読ませるために僕の方でわざ〳〵翻訳するといふわけにもゆかない。そんなことからＧＨＱの検閲課は一通り訳してゐるのではないか、などゝいふ話しが出たので、検閲課に照会することゝなつたが、そこのキヤメロン中尉といふ男とカスチーロといふ男の云ふのに検閲課はそんな書物のことは少しも知らぬとのことである。そこで問題がやゝこしくなつて、出版当事者の責任が問はれるやうになつた。元より僕の関知しないところであるが、棄てゝはおけないので、明日改めて出版屋に出頭させると云つて帰り、帰るなり鱒にそのやうな手配をする。

　木村に休職の申渡しをする。田代の場合とちがつて、この男は至極あつさりと受入れた。それといふのは、彼はすでに社をやめて別の事業を始めようとしてゐたのである。女相手の小さな新聞をつくる積りだと云つてゐた。佐藤信彦が宗宮知行といふ慶大の工学部長を連れて来訪した。用向きは例の慶応の日吉の校舎を目下使用中の厚生省から明渡させようとする運動で、マッカーサー司令部へ手続きをとつてゐるのだが、事情も言葉も不十分なので誰か仲介者を世話してくれとのことである。高田に頼んで藤本を煩はすことにした。この問題は僕の生活にも大きな関係があるのだ。慶大の校舎がうまく解放されたら、佐藤の弟子の家にゐる人がそちらの官舎に移るので、その弟子のうちに僕の家族が住込めるのである。

夕方、部会がある。そこで今回の問題に関する僕の処置に対する説明を聞きたいといふので、簡単にこれを話す。予ての約束で今日は昭和寮で六社の社会部長会を開くことになつてゐるので、一まづ三原に一行を社から会場へ連れて行つて貰つて、僕はその後から追いかける。三、四品の料理の後によい牛肉のすき焼きを存分に食はして一同を喜ばした。僕が酒を飲まないためか二升の酒が余つた。倶楽部改革の話し、婦人問題のための記者会設置の話しなどをする。この会の最中から新名、白石、立石などの別組がゐて頻りにその席に僕の出ることを要請したが、結局出なかつた。また別に大阪の浅井、友永などが来てゐるが、僕が酒を飲まないので酒席を設けることも出来ず、その代りにウイスキー一本を贈つた。

二月五日　　晴、時々曇り

昨夜大阪から本田、西部から加茂などが来て、今日は社の重役会。神田はそちらに没頭してゐるし渡瀬は休んでゐるし、編輯局の仕事一切が僕のところに殺到して来る。そのなかへ山田が例の出版のことで訪ねて来るし、昨日の続きで佐藤と宗宮とが訪ねて来る。慶応の問題では今日も藤本の助力を乞ふた。

それからそれへと重役会にかけておかなければならぬ用件を思出して、それ〴〵手続きを取る。総選挙における社員の態度、社員が政党に加入することの可否などがそれである。もう社員のうちで共産党に加入してゐる者もゐるとのことであるが、これを許しておけば、社内に共産党のフラクシヨンも出来るであらうし、それ等の党員が党に忠実であれば毎日新聞を共産主義化する試みも出ないとは云へない。そしてこれは決して共産党のみに限つた問題ではない。放置しおけば社内の統制と毎日新聞の不偏制(ママ)とのうへに大きな影響を及ぼすことであらう。夕方社で三月上旬に催す全国青年協議会のための打合せが昭和寮で開かれたので、それに出る。

佐藤八郎が千葉の疎開先から帰り南京豆を一升ばかりとアメリカのジヤムを土産にくれた。

政府はいよ〳〵金融非常措置を講ずるらしい。九日ごろモラトリアムが布かれるといふ情報が入つた。明日はこれを中心議題として関係部長会を開かうと思ふ。今日に至つても豊子いまだに手紙をよこさない。病気ではないかと想つた僕の懸念が思ひ過しではなかつたのではないか。

二月六日　払暁雨、後曇り晴れ

政府の金融非常対策の実施は九日に間に合はず、少しおくれるといふ情報である。しかし今度は支払の一部停止のほかに、米と石炭との新価設定、賃銀制定や生産命令、隠匿物資の吐出し策などを同時にやることゝなつてゐるらしい。午后一時から新聞連盟会議室で編輯局長会議があつた。神田は社の重役会で出られないので代りに出席する。連盟の案で新聞行政の統一機関を造るといふことであつたが、新聞編輯のうへでは、そんなものは無用である。たゞ用紙や資材の獲得のためには政府の強力な力を利用し得る審議、研究と実施機関が必要なので、そのために各社代表と政府代表とを集めた委員会を造ることに意思の統一を見た。これは明日内閣書記官長と新聞側代表との間に熟議されるはずである。

小笠原隆、寺崎太郎など来社。夕方部会。この間来のいろ〱の総決算をする。宿に帰つて福湯とすき焼で夕食を共にする。おそくなつて大阪から森吉兵衛が着いた。

やつと豊子から手紙がとゞく。心配していた通り、桂が三十九度もの熱を出したり、豊子はひき続き痔が悪かつたりして大分弱つたらしい。けふ小林ドクトルのところへ行つたので、痔の薬を貰ひ、ほかの売薬や桂の下駄、クレヨン、雑記帳、ミシン針などこまぐ〱したものを小包にまとめた。

二月七日　雪

（前略）

午后共同通信社で六社社会部長、政経部長の合同会議があり、各記者倶楽部の協定撤廃問題、各記者倶楽部の社費負担経費などについて取極めをした。夕方社の若い記者たちが新しく造つた雑誌「新聞記者」の発刊披露宴が五階の大会議室で開かれた。僕も加入をすゝめられて、つひ数日以前に同人の一人となつたので、それに出席したが、なか〱の盛会である。またこの雑誌の創刊号はすでに市場に出てゐて、なか〱評判がよろしい。それを終へてから宿に帰り、本田と夕食を共にする。今夜もすき焼きで牛肉を食ふ。

二月八日　曇り後晴れ

九州から上京した森吉兵衛が病気をしてゐる。同じ昭和寮にゐるのであるが、僕はそのことを今朝になつて始めて知つたのである。他の者と合部室で窮屈な思ひをしてゐるらしいので、ともかくも僕の部室に来るやうにし、昨日は何も食つてゐないといふので、白米の粥をつくらせ、それを食はせること丶して出社する。

小笠原隆の話しで、今日は熱海から東京へ通勤してゐる小笠原の知りあひの一組が社に現はれ、今度（三月一日から）運輸省が実施するといふ定期乗車券の値上げに対する不平をのべる。それを朝居にきかせ、同じ午后一時から始る部長会に出る。こちらの方は、今度の社の待遇改善にからみ、支出が馬鹿に大きくなつて、このまゝではやつてゆけないので窮余の策として広告料の値上げと広告段数の拡大とを計ること丶なつた。それについて、どういふ新聞紙面を造つたらよいかといふ相談である。整理の問題、紙面企画の問題、記事簡疎化(ママ)の問題、きまりもの処理の問題等に分けてこれを決定した。実施は十一日組込みの紙面からである。この会にひき続いて編輯方針決定に関する専門委員会があつて出席。けふはこの会の第三回めであるが、やうやくにして話しは軌道に乗つたので、僕が草案をつくつて次の会合に持出すこと丶する。

東京の各新聞通信社の従業員組合が単一組合を形成するといふ運動があつたが、朝日、読売などの提起してゐる条件のうちに民主主義戦線の即時結成とか幣原内閣の打倒だとかいふ問題が含まれてゐる。けふの編輯方針会議にも話しあつたことだが、われ〳〵は新聞社として飽くまでも自由主義的な立場に立ち、批判の自由は十分に確保しておきたいのである。単一組合はどこまでも経済的理由から結成されるべきもので、そこに政治的な色彩を盛ることには同意出来ない――さういふ意味のことを社の組合執行委員会に伝へ、この態度をもつて各社組合との交渉に当り、もし容れられない時は本社組合は単一組合から退くことゝした。

マニラから柴田賢次郎が無事に帰つて来た。明日は原為雄が台湾から帰還するさうである。

二月九日　晴れ時々曇り

社に出たところへ横浜支局から電話があつた。小坂新夫君が架けて来たもので、大洞千秋が昨夜七時に死んだといふのである。チフスで横浜の十全病院に入つてゐたのだが、検鏡検査の結果病菌も少く、大したことなしと皆も考へ、本人も非常に元気であつたのが、急にひどい腸出血をしてとう〳〵駄目だつたのである。応急の処置を取り、まづ高原四郎君を夕方横浜に出向いて貰ふ。そんなごた〳〵騒ぎで、社会部の新デスクの打合会をやる積りであつたのがお流れとなる。午后一時から部長会議。これはこの間の臨時役員会の決定事項を神田編輯局長から報告するための集りであつた。まづ第一は待遇改善のこと。それによると十二月現在で本俸百円(ママ)であつたものは二月には七百十七円の手取りとなるといふ勘定。しかしその基礎となるものは十二月分本俸に百円の増俸が一律に行はれ、それにいろ〳〵な諸手当がつくのだから、下に厚く上に薄い。僕なんかは、しつかり計算してみなければ判らないが、月収一千二、三百円に過ぎぬことゝなるらしい。この改善の結果、従業員一人当りの人件費は七百六十四円となる。そして現在の月額総支出五百五十万円のところへ三月以降は給料手当三百万円や用紙代の二百十万円増を始めとして合計六百七十万円ばかりの経常費増加となり、総支出一千百八十万円、そして収入は値上げした新聞代の九百万円、雑費収入四十七円、増段値上げの広告収入二百七十万円などで一千二百十七万円といふことになるが、どうしても一割検討の余裕を持たせる必要があるので、そこのところを何とかしなければならぬ。ともかくもぎり〳〵まで行つた処置であり、一つ間ちがへば、社の経営も破綻となる状態である。（以下略）

二月十日（日曜日）　曇り後晴れ

（省略）

二月十一日（紀元節）　曇り時々晴れ

また胃が痛み出した。胃酸過多である。すでに社の薬局で薬を貰つてゐるので、それを飲み、朝めしには粥をくひ、午前中宿で休んでから社に出る。浅海一男がやつて来た。いろ〳〵と釈明に及び、休職にはなりたくないから何とかして引続いて社で働けるやうに考慮してくれといふ。もと〳〵僕の考へでは、田代、木村の場合と浅海の場合とは違ふものとしてゐるが、この三人が共同行動で終始してゐたところから処断も同罪をもつてしたのである。しかし他の二人が犬儒的態度をとつたのに比べて、浅海が態度を改めることを誓つて助命を乞ふに至つては、一通りの考慮をしようと思ふ。だが一たん決定した休職は何とも致方がない。急に他の勤務個所を見つけて社からの出向にでもしてやる他に手はなからう。

大洞に対する弔慰金の募集が社会部で行はれたので百円を出す。また大洞の発病から死亡に至るまでいろ〳〵厄介をかけた横浜支局へ礼状を書いた。けふも少々早いめに宿に帰る。同居をした森吉の風邪がうつつたのか、寒気を催すので七時ごろから床に入つてぐつすり眠つた。

二月十二日　曇り

先妣の忌日である。この日を覚えてゐるだけで堪忍して貰ふこと、しよう。何の供養も出来ないのである。森吉は五時二十五分発の汽車に乗るべく早く家を出て行つた。今朝は大ぶん気分がよい。しかし大事をとつて朝食は粥。牛尾が見舞ひに来てくれた。それといろ〳〵話しあつた。早いひる食をまた粥ですまして社に出る。

原為雄が社に出て来た。会ふて言葉もなし。よくも命を全うして帰れたものだ。彼の不在中に社のなかも非常に変わつてゐる。彼も感無量であらう。社としては貴重な人物である。彼の才幹を生かすことによつて、今日の社の危機を助けることも出来ると思ふ。迫田鶴吉が黒駒から訪ねて来て豊子の手紙を齎らした。しかし今日もちよつと僕が席をはずしてゐる間に来て、そのまゝ帰つてしまつたので、黒駒へ物を託することも出来ない。明日待つてみることにしよう。小林ドクトルのところへゆき、胃のための注射をして貰ふ。高島屋の宿谷女史がピーナッツ・バターを世話してくれたが、二ポンド百八十円は少し高いやうだ。三百八十円といふタカラ焼酎があつたが、余りに高いのでこれは断つた。

夜食も粥、かうやつてゐると胃の方もおひ〳〵よろしい。

二月十三日　　晴れ時々曇り

杉浦先生の忌日である。いつもならば光雲寺かどこかで追悼の催しがあつて、とくにその招待状が来てゐなければならぬところであるが、何の通知も来ないところをみると、そんな計画もなかつたものと思はれる。ひる過ぎに仕事の寸暇を見て自動車を頼んで伝通院の先生の墓所に行く。驚いたことは伝通院の本堂も付属の建物も、また光雲寺の界隈もみな一様の焼野原になつてゐたことである。それでも墓地には余り変化がないやうに見えた。「杉浦家墓」の道しるべはあるが、慣れた僕にはひとりでに足が先生の墓所に進む。ところで先生の墓はどうか。先生の墓地に最もふさわしく思はれた桜の木は焼夷弾に焼かれでもしたのか根本から切られて今は見るすべもない。墓碑の裏一めんには寒竹が思ふ存分に生ひ茂つてゐる。朝からまだ誰も参拝する者もなかつたやうに墓前には香一本も炊いた跡がない。しきみの枝がわづかに供へられてゐて、墓碑の後に小さなソトバが一本立つてゐる。南無阿弥陀仏為温徳院殿剛誉清廉天台道士二十三回忌といふ文字が読まれる。二十三年か、この二十三年の変化はどうだ。変りに変つていま先生の墓前がこんなに淋しくなつた。感慨に耐えられぬものがある。万感を走せつゝ拝跪してゐると冬の日はあくまでも寒かつた。

神田が今晩の汽車で西下するので、写真新聞のことや、その他いろ〳〵な打合会を急いでする。夕方より東海園で社会部の宴会。三原と狩野との送別、高原の歓迎その他いろ〳〵な意味を込めた会であつたが、三原はとう〳〵来なかつた。幹事たちが大変な苦労をして富籤をやつたり富引きをしたり、例の部員たちの芸能が次から次へと出たり、ちよつと類例のない盛会であつた。往復ともトラックの集団輪送。帰りのトラックは殊に凄じい数を乗せて走つた。宿に帰ると佐藤八郎が待つてゐた。今日は別に鱒書房の招待会があつて、僕はとう〳〵出られなかつたが、佐藤がそれに顔を出して僕のために握寿司などを持ち帰つてくれたのである。（以下略）

二月十四日　晴れ、暖か

迫田けふも訪ねて来ず。黒駒ゆきの荷物当分おあづけとなる。佐藤八郎来社。例の慶応の校舎開放の話し、まだ脈が全く切れたわけではないので、最後まで追及するやうに努める。今日も藤本にＧＨＱに電話を架けて貰つたり、厚生省がその建物を使用する許可を得たとの報があるので、大川に頼んで厚生省の方を探つてみたりしたが、結局まだどう決定したとも判明しなかつた。佐藤と今野との三人でエー・ワンで中食を共にする。午后は本社が参画する写真新聞の創刊についてサン・フオトの山端社長や三浦や、今度毎日新聞から写真新聞に編輯局長として出向する堤為章などと相談する。題名は「サン写真新聞」と決り、マッカーサー司令部への届出などは明日にでも早速始めること、創刊号は出来れば三月一日に出すことなどを決定しその次第を大阪で明日開かれる役員会に申送つた。

夕方宿で福湯、佐々木、佐藤八郎等とすき焼で夕食を共にする。胃の調子はいく分良いが、今晩は少し食過ぎか。

二月十五日　暖か、晴れ

部課長会を開く。そして今度決定した残業手当、宿直料のことについて相談したが、この取極めについては反対の声が高い。理由は早出、居残りの算定が困難であること、増額されたとは云へ手当金が僅かで、何を標準にして決定したか不可解なこと等である。皆の云ひ分は大阪の役員会の方へは伝言をしておいた。小林ドクトルのところへゆき、桂の黄疸について訊く。多分加多児（ママ）性のものであらうと思ふから、胃を丈夫にすることを考慮しておればよろしからうといふことだつた。ともかくも東京と黒駒と別れて住んでゐては何彼につれて一入心配しなければならぬ。

原為雄の歓迎会を夕方昭和寮で開く。顔ぶれは客のほか、三浦、桑原、上田に僕。小林は一通り宴が終つたころ走せ参じた。原もよく帰つて来たものである。それが芽出度かつたし、かうして集つてみると小林、桑原の仲たがひも、時間の経過とともにぼつ〳〵ほぐれて来たやうに見えて頼母しかつた。

二月十六日　雨降り続く

先週の土曜に発せられるはずであつたインフレーション防止の緊急令は諸準備がとゝのはないために一週間おくれとなつて、いよ〳〵今日の午后一時半発表。明日から実施されることになつた。そのために、社の編輯局内は最近めづらしい緊張、活気を呈した。この措置がうまく運ばなければ日本は敗戦から滅亡に落る。

一、金融緊急措置令――モラトリアムはもう僕たちの記憶にかすかに残つてゐるだけだが、今また現実に出て来た。僕たちは今月から最近五百円の現金収入が社から、後は預金で封鎖。別に世帯主として三百円の預金引き出しが月毎に出来るのと、新円への交換が百円だけ（これは一回きり）出来るのみ。しかし僕の場合は戦災者として一回きり一千円の新円による預金引出しが出来ること丶ならう。
二、日本銀行券予入令――二十五日から三月七日までの間に新円券と旧円券の交換が行はれる。三月二日以後は旧券の使用は無効となる。新円は百円券と十円券とが現はれた。
三、臨時財産調査令――三月三日午前零時を期しての財産調査実施。そして四月二日を期限とするその申告書提出。
四、隠匿物資等緊急措置令――一定の調査物資について所定数量以上をもつてゐる者は三月十日までに届出なければならぬ。
五、戦後物価対策基本綱領――新物価体系が組まれた。限定価格と呼ばれる。これでどん〳〵昇る市場の物価が新しい統制のもとに置かれること丶なる。
これ等に続いて「食料緊急措置令」や「失業対策令」や「生産命令」などが出る予定である。今日出た限りのものを見ても、賛否の評しきり。しかしやつてみなければどうなるか判るものではない。この時態(ママ)をみてどうなるかと心配する僕と渡瀬、何はともあれ一千円づつ経理部から俸給の前借をした。夕方、小林豊樹が昨晩は遅参したのでと云つて原為雄の歓迎会を築地の「楠幸」を会場に催す。主客のほか三浦、上田、桑原など出席。小林対桑原の間柄いよ〳〵よくなつて来る傾向が見えた。

二月十七日（日曜日）　晴れ後曇り

モラトリアム第一日の街頭風景を検分する。銀座から有楽町駅へ。ともかく人の洪水である。どうせ凍結されるなら、この際一思ひに使ひはたしてしまへと札びらを切つて歩くもの少くないが、新円は十円札以上のことで五円以下の小額紙幣はこの限りではないから、何とかして小額紙幣を集めるための買物も少くない。だから五十銭、一円、五円札はいたるところで払底、品物はある。買手はある。しかし買手は大きな札を出し、売手は釣銭を持たぬといふところから商売は成りたゝずといふ風景が多い。早くも五円札八枚で十円札五枚との交換が行はれるといふ話しさへ飛んで出た。今度の緊急令では日常生活のうへで疑義の生ずるところ少くない。そこでかういふ疑問を解決するために社会面で質疑応答をすることゝし、早速けふ組込みの紙面に小さな社告を出しておいた。

夜早く寝ようと思つてゐたら、大阪から上京して来てゐる辻平一が部室に来て話し込み、それが帰つたところへ、川野啓介と福湯豊とが来てまた暫く話し込んでゆく。

二月十八日　曇り後晴れ、やや冷える

近ごろになく昨晩はよく睡つて八時を過ぎてから起床する。ぐずしてゐて宿を出るのがおくれたうへ、銀座の露店を少しひやかしてゐたら出社がおそくなり、佐藤信彦が来て待つてゐた。例の慶応の校舎の件であるが、渉外部の藤本に米第八軍出張所へ電話で問合して貰つたところ、まだ横浜の本部から返答が来てゐないとのこと。午后一時から新旧館の部室割りに関する次長会議。編輯から僕、業務から上田、工務から斎藤、出版から石川、尾崎が出た。それ〴〵の主張をそのまゝ聞いてゐては、とても話しが落ちつくものではない。政治的な話し合ひで新館四階五階に新しく入る局、部、課と、それ等のものが出た後の旧館をどう利用するかについて、やうやく一通り話しをまとめた。

つゞいて明日組込みの四ページ紙のための打合会を開く。これは今度の緊急令が地方金融機関などで十分呑込めてゐない。もつと細かく知らせる必要があるが、その役割を頼むのは新聞以外にないといふ大蔵省の考へから、用紙は大蔵省が商工省と直接交渉で新聞のために確保するといふ条件で、さういふ新聞をつくることになつたのである。一面、四面が平常の一面、二面と同様のもの。第二、第三面が大蔵省注文の特輯面である。なほ本紙は去る十二日の紙面から平日一面二段、二面三段の広告段数をとることにしてゐる。他紙がこれに続かなければ、本紙への批判が悪化するだらうと危惧してゐたが、今日伝へられるところによると朝日も明日から読売も二十日から同様の広告段数を持つことになつたさうである。

夕方、大作で社内外語同窓会を催す。布施、大原、馬場、志木などがゐなくなつたが、今日は飛入りの石橋のほか、市川、名村、七里、服部が集つた。釜内、渡辺善、島崎は欠席した。

二月十九日　曇り時々晴れ

渡瀬は北支戦線で伝染したアメーバ赤痢が再発して休んだし、神田は今夜でなければ大阪の重役会から帰つて来ないので、殊さら多忙である。あれやこれやと雑用に追はれてゐるうちに中食をくふ時もなく、そのまゝAP社長ロバート・マツクリーンの歓迎会にプレス・クラブにゆく。一時半からそれは始まつた。客はマツクリーンとロサンゼルス・タイムス社主ノーマン・チヤンドラーとワシントン・イブニング・スター紙編輯総務B・マツケルウエイの三人。こちらは都下各社の編輯局長その他。客が日程を急いでゐるので一時間そこ〳〵の会であつけなく終つた。けふ天皇陛下には横浜、川崎両市へ行幸あそばされて、親しく戦災地のの事情など御巡察になつたが、紙面に載せるそのお写真がとゞいたのを見ると、陛下には背広服にソフト帽で、工員や学童と群るなかにお立ちになつて、いろ〳〵と御下問になつておられる。ほんとうの陛下のありのままのお姿を拝して、今こそ感激が深い。しかし宮内省もよほどしつかりしないといけない。余りにしば〳〵かういふ御苦労を陛下におかけ申しては、結果は陛下のお思召すところにも、われわれが希ふところにも副はぬことになりはしないか——と思ふ。

預金凍結の質疑を読者から募つたのは、本紙は昨日の紙面であつたが、朝日は今朝の紙面で、それを追つかけて来てゐる。本紙の明朝の紙面から応答記事を掲載することが出来るのである。

鱒書房が「旋風二十年」の下巻がいよ〳〵出るので前金二千円を送つて来た。しかし社会部のこの間の宴会費用に五百円、昨夜の外語の会に四百円など、、金は右から左へとなくなつてゆく。夕方は藤樫、高原、高松、川野など社会部の副部長を招いて高原の歓迎会を催す。同宿のよしみで福湯も来た。藤樫老から宮中の秘話がいろ〳〵出て珍しくそれを聞く。

二月二十日　　晴れ時々曇り

正午近くになつて神田が出社した。留守中の事務について報告する。おかげで午后一時から始まる新聞連盟の編輯局長会議には僕が出かけなくてもよいことになつた。しかし渡瀬は休んでゐるし、仕事は頗る多い。そのなかに堀真琴、朝鮮新聞連盟の代表韓某、その他の来訪者が多く、その応接だけでも大変である。慶応校舎の問題で佐藤が問合せの電話を架けて来たが、第八軍の方からの返事はまだ来てゐない。

けふ行はれる予定であつた新聞購読の輿論登録はマッカーサー司令部から異議が出て延期されることゝなつたが、あるひはその方法は永久に採用されないかも知れない。

天皇陛下今日は浦賀、久里浜方面に行幸あそばされ、帰還者、復員軍人等ねぎらはせられた。

二月二十一日　晴れ時々曇り

昨夜は背なかが痛んで睡りを妨げられた。胃の悪いせいであらうと思ふ。出社したら弘島昌が訪ねて来て僕の出るのを待つてゐた。彼が近く出さうといふ書物のことについて相談に乗つたり、時局について語りあつたりする。復員してきた篠崎和修が今日から出社する。大洞の代りに第一復員省を担当することになる。

浅海一男が来たので、彼を写真新聞に入れることについて話しあふ。なほこのことを含む写真新聞の陣容を造りあげる件を編輯局長の堤為章と相談する。夕方社会部々会。

黒駒へゆくことがのび〳〵になつてゐる。心では矢も盾もたまらないのであるが、次ぎ〳〵に追つかけて来る仕事のために止むを得ず一日延し延してゐる。桂がどんなに待ち焦れてゐるかと思ふと、ぢつとしては居られないのである。

二月二十二日　晴れ夕より風つのり冷ゆ

大洞千秋の葬式は明後日信州飯田の郷里で執行されるので、それには高原が今夜立つて列席することになつてゐる。香典も社内有志で一千円余り集つた。僕の名前で弔辞も高原が持つて行つて読む。別に神田の名と社会部員一同の名とで弔電を打つておいた。田知花信量が生きてゐるといふ噂がまた伝はつた。これは上海で新聞をやつてゐた深町から出た情報であるが、今までの噂とちがつて「近く重慶から上海に帰つて来る」と伝へられるところに、あるひは本統かと思はれる節がある。昨日電話で約束しておいた藤井の義兄が訪ねて来たので、エーワンで中食を共にする。こゝの特別料理といふものを今日始めて食つたが、恥しからぬものである。その食卓で藤井のいふのに田園調布に借家の候補があるといふこと。これは近ごろ耳よりな話しで、早速調べてもらつて、本統に貸すやうなら話をすゝめて貰ふやうに頼んだ。夕方「新大阪」の披露宴が大作であり、それに顔を出したが、酒も飲まず、食ふものも我慢して多くをとらなかつた。

言論界の反動分子を放逐する命令が日本政府から出るといふので、その噂はなか〱やかましい。ところが情報はまち〱で各社の戦争中に在職した主筆、編輯局長以上を一律に追放するといふかと思ふと、今度は指名手配で、本社、朝日とも二百名内外のものが追放されるだらうと誠しやかに伝へるもののである。

もある。果してどうであらうか。たゞこういふことに一々騒ぎたてるといふ社内の空気を苦々しく思ふのである。

二月二十三日　晴れ風あり

富永謙三が社に訪ねて来た。パラオから一昨日帰つて来たのである。この男とも今生では再び会へるものとは思つてゐなかつた。昨日に味を覚えたエーワンに誘ひ新名と三人で中食を共にしながらいろいろと話しを聞く。それはそれとしてかういふ男が今後どうして暮してゆくか、それは今日の日本にとつて一つの大きな問題である。北条清一の事件が伝へられた。こんなことがやがて起るのではないかと僕は秘かに危んでゐたところであるから大して驚きはしなかつたが、賤品の新聞用紙を闇値で売買して五万円ばかりを儲けたといふことが神田署で明みに出たのである。なか〳〵腕のある男だつたが行き途をとりちがへた。食生活安全協会といふものを創立してなか〳〵成功してゐる松原長太郎たちを夕方エーワンに招いて会食する。社の厚生部と今後の連絡を保つてゆくためである。

渡瀬が今日は出社したが、体の情態はまだ良くないといふ。彼が平常通り仕事をするやうになつたら、今度は僕が休みをとつて黒駒へ行かうと思ふのであるが、なか〳〵その運びに至らない。今日は志村冬雄の弟富寿が訪ねて来て入社のことを依頼した。この件については地方部長の一色とかねて話しが出来てゐて、取りあへず甲府支局へ入れる約束も出来てゐたので、今日は本人にそのことを伝へてやつたら非常に喜んで帰つた。

二月二十四日（日曜日）　晴れ

（省略）

二月二十五日　夜半から朝まで雨後晴れ

国鉄が争議を始めてゐる。従業員側から出した緊急時突破一千五百円と家族一人当り手当五百円の要求が容れられなかつたからである。従業員側では争議の手段に列車の運行は止めないと声明したが、けふは実際上サボタージユをしてゐる。省線電車区間だけであるが、山手線がひどくて一時間に一、二本の列車しか通らない。迷惑するのは省線電車を利用して通勤する勤労者たちであつて、この従業員側の取つた手段は「安全運行」といふ名目をつけてゐるが、何としても大衆の反感を買つてゐる。しかしまた一方ではマツカーサー司令部から従業員組合の方へ「列車を止めてはならぬ」といふ厳重な命令が出てゐるので運輸省の方が、たかをくゝつて強硬な態度をとつてゐるのだと伝へられる。ともかくこれは近来の重大問題である。

支局長会議第一日。神田が風邪のために休んだので編輯局長の代理として挨拶を述べる。地方の事情をこの会議を通じて聞くことは一つの希望であつたが、いろんな雑用で会議の席を離れなければならぬので、その希望も十分達することが出来なかつたのは残念だつた。会議が終つてから懇親会が五階の会場であつたが、地方の支局長たちが持集つた材料が豊富でなか〳〵の豪華ぶりだつた。それを早いめに切りあげて昭和寮に帰り富永謙三の歓迎会に臨む。高松、新名、中島など、極めて内輪の会であつたが、富永よほど嬉しかつたと見えて、大いに酔つてとう〳〵寮に泊り込む。寮は支局長会議の連仲が泊つてゐるので、今日は超満員であつた。

けふは新円交換の第一日だが、新円の印刷が間に合はなくて、札の右角に証紙と称するものを貼つて新円の代用とすることゝなつてゐるが、それもまた十分に末端まで配布されてゐないために、一人百円といふ引換への間に合はないところが多いさうである。

二月二十六日　　晴れ時々曇り

（前略）

支局長会議第二日、そう〳〵な打合せを行ふ。地方の声も聞いた。国鉄のサボタージユは今日も続き、従業員側に対する民衆の非難の声いよ〳〵高く、あちらこちらでサボ列車の運転手や車掌に対する殴打事件が頻発してゐる。しかし心配されてゐた鉄道と逓信関係の従業員との共同戦線は形成されさうにもないし、私鉄への波及も今のところ実現してゐないものと見られる。

弘島昌がいよ〳〵原稿を持つて来て出版屋を世話してくれといふので、鱒書房に紹介してやつた。もしこれが駄目だつたら、日本通信で新しく始める出版部の方へ廻してやらうと思ふ。けふは更に村田昌三が番町会のことが調べたいから教へてくれといふので社の資料部からその材料になるものを出して貰つて用に供してやる。もう一人の来訪者は遠藤静一で、これはこの間から頼んである桂のためのゴム靴が注文先の神戸からまだとゞかないと恐縮して、上等のダンロップの炊事用手袋とゴム枕とを持つて来てくれた。六時からエーワンで厚生部主催の支局招待宴があつて、これに出席する。夜は同宿の酔つぱらいどもに悩まされて、なか〳〵寝つかれずゐるところへ十二時ごろ社から電話があり、国鉄の争議が悪化して明朝は運行が止められるかも知れないと云つて来る。

二月二十七日から三月三日まで黒駒滞在

（省略）

三月四日　　晴れ時々曇り　　――黒駒より帰京――

（前略）

桂は、風邪がまだよくならないのでバスの乗場まで見送ることはやめさせて、家の戸口で別れる。豊子には「何とかして早く家を見つけることにしよう」といひ、桂には「好い子になつて待つてゐるんだよ」といつて家を出る。バスは調子よく出た。甲府で支局に立寄つたが、まだ早くて記者室の鍵がかゝつたまゝであつた。十時甲府発の列車に乗る。新円切換へと去る一日以来列車運賃が一律に約二倍半に騰つたので、このごろ乗客はぐつと少くなつたと聞いてゐたが、この列車は左様でなかつた。そして大月では富士登山電車で来るアメリカ兵を三、四十分も待合してゐたために、大変延着して、新宿着が二時半過ぎ、社へは三時四十分に顔を出した。そこで驚いたことは吉岡文六の死である。三十一日のひる芝白金の自分のもとの家で狭心症でぽつくり行つてしまつたのである。僕の会つたのは二十六日のことであつた。そしてその夜昭和寮で旧東亜部系の家の子郎党に取りかこまれて大いに気炎をあげてゐたことも知つてゐる。まるで東京に死に、来たやうなものである。留守中これといつて変わつたことも無かつたやうである。四時から部長会、席上来る十日ごろＧＨＱから彼等が日本に来てから類例のない大きな発表ものを出すといふ噂を中心にあれでもないこれでもないと取沙汰をする。だが、これといふ根拠のある説でもなささうだから、僕は通り一ぺんのことゝして聞棄てゝおいた。（以下略）

三月五日　晴れ時々曇り

田園調布にある貸家といふのが、先日押へられてゐて駄目だと藤井からの葉書で通知されてゐた。一方慶応の方の話がどうなつてゐるのか、藤本には会へないし、佐藤とは連絡がとれないし、気を揉んでゐたら、今野がＵＳ軍第八軍からＯＫが来たと藤本が云つてゐたと知らしてくれた。こゝまで来たら、この方は成功しさうである。

二時から各社社会部長会議が共同であるのに出席したが、これといふ議題もなく雑談をして解散した。南条真一の息の水産講習所入学は伊東重任に頼んであつたのだが、今日になつてどうも入学覚つかない——といふ農林省当局者の話しである。九州の中学から送られた成績表は頗る悪いので、これでは入れることが出来ないといふことになつたらしい。しかし何とかして入れてやりたい。事情が事情であるし、入つてから後の成績が良くなくつて、やめるといふのなら仕方がないとして、入学だけはさしてやらなければ南条家でも気がおさまらないであらう。明日伊東がもう一押し押してくれることゝなつてゐる。

昨日あたりから大きな問題となつてゐるのはＮ・Ｙヘラルド・トリビユーンのジヨンソンが東京から送つた電報をＵＳＩＳで打ちかへして来た「天皇制国民投票」の情報である。これは四月十日を期して

（つまり総選挙と時を同じくして）天皇制の是非を政府は国民に問ふといふのだが、その後あちらこちら手をつくして当つてみた結果はどうも事実ではないといふ結果に落ちつく。しかし一方で御退位の問題は、かなり深刻に一部に動いてゐるらしい。今日も藤樫君の情報では、高松宮さまの動きが、東久邇宮さまの動きより活発で、その高松宮さまのお考へは、どうも陛下のお考へとしつくりゆかぬものがあるやうだ。勿論陛下は必要とならば退位してもよいといふお考へで、そのために宮内省の方でも京都の大宮御所は陛下御退位のことでもあつたら、そのお住居にと取つてあるさうだ。ところで御退位となつたら、皇太子さまのご即位、高松宮さまの摂政といふ案と、皇位を高松宮さまへといふ案と二通りになつてゐるといふ。前の宮内相石渡は高松宮さまへ、皇位のことをめぐつて高松宮さまのお立場は頗る大切であるから、御慎重にお願いしたいといふ旨を申上げたさうであるが、結果は高松宮さまの御行動は余り慎重ではないやうである。

三月六日　晴れ、時々曇り小雨

明日限りで手持ちの旧円を処理しなければ、爾後無効になるといふので、けふはそれを社の一階にある住友銀行の有楽町支店に普通預金としてあづけた。一千四百五十円である。それと同時に黒駒の方へ東京での僕の居住証明書といふものを送つた。これは僕の名義になつてゐる少しの郵便貯金額を財産調査のために黒駒で申告するのに必要であるからである。これで僕は旧円といふものを少しも持つてゐない。いよ〳〵僕の一家は毎月

現金で受取りの許される僕の給料　五〇〇円
世帯主として僕の預金から引出し得る　三〇〇円
世帯主に準ずるものとして豊子の引出す　三〇〇円
桂のために豊子が引出し得る　一〇〇円

合計七百円で二つの世帯を食ひつないでゆかねばならぬ。この間までは原稿料などは総て現金支払ひといふことになつてゐたので、その方で十分ゆとりがつくものと考へて安心してゐたが、大蔵省では急に原稿料なども封鎖支払ひにすると云ひ出した。これはたゞ僕の場合のみではなく、もつと困るのは作家や評論家など文筆だけで食つてゐて、給料の入らぬ連仲たちである。

政府の手になる憲法改正草案が夕方発表せられた。これに関する勅語、マッカーサーの声明なども同時発表せられたのである。その草案では、天皇について

天皇は日本国民最高の総意に基き日本国およびその国民統合の象徴たるべきこと

といふところに発し、主権在民の精神を基盤としてゐるほか、永久に戦争を放棄することを規定し国の主権の発動として行ふ戦争および武力による威嚇または武力の行使を他国との間の紛争の解決の具とすることは永久に抛棄すること、陸海空軍その他の戦力の保持はこれを許さず国の交戦権はこれを認めざること

となつてゐる。世界に類例のない憲法である。

夕方ＧＨＱ新聞課長のバーコフを社に招いて、新聞製作についての当面の問題についていろ〳〵な意

見を交換した。その会合で得た二、三の収穫。

一、ＧＨＱ新聞課の見てゐる日本新聞紙の思想傾向――左から云へば民報、読売、朝日、毎日、時事といふところ。朝日が真中から少し左に傾いてゐるとすれば、毎日は真中にあり、朝日が中位にありとすれば、毎日はやゝ右か、時事は自ら自由主義を標榜してゐるが、出来てゐる新聞そのものは保守的である。日本経済が資本主義的保守的であることは疑ひなく、東京は性格不明のところが多い。

二、大新聞として左にも右にも偏しない存在は結構である。アメリカの例を見ても少数の小新聞が極左であり極右である場合のほか、一般の大新聞はそれぐ〵中道を歩いてゐる。

三、小国民新聞が大きな頒布分野を持つことは望ましい。それについて援助をしよう。日本の婦人や子供を対象としての言論報道は今後ます〳〵活発にすべきものがある。

四、現在の新聞用紙の配給は不合法である。良い新聞には多くの紙を与へなければならぬ。三月の新聞用紙割当は据置きにした。四月分からは新しい見地からこれが行はれるであらう。

五、日本の新聞用紙としてキヤナダやスエーデン等から紙を輸入する計画は目下のところ成立たぬ。日本が欲しいと同様にアメリカもそれを欲してゐるからである。

バーコフとの会見を終り、席に戻つて刷りあがりの市内版を見たうへ宿に帰つたら九時過ぎであつた。けふ高橋トキが鶏卵をくれたので、これをオムレツに焼かしておいて食事をとつて寝る。脚が腫れて社から宿への路を歩くのが辛らかつた。

三月七日　　曇り小雨、夕より晴れ

社の建物のなかに書籍の売店を一つ置いて界隈の読書人たちの為にも供し、社員の教養の便にも役立てようといふのが僕の計画の一つで、その相手を岩波書店として交渉したところ、岩波の主人も賛成して、今日は店から場所の検分に来た。間もなく開店することにならう。社員のためのスタイル・ブックを新しく造らうとする僕の計画もまた進捗して、その委員会をまづ造り、今日第一回の会合を行ふことが出来た。五月までに完成したいと思ふ。

黒駒へ送つてやる薬品を求めてゐたが、今朝出社の途中銀座の松屋でかなり沢山必要なものを買ふとが出来た。そのうへ社に行つたら、この間依頼しておいた通り平田が近ごろ得がたいものを、これもかなり豊富に持つて来てくれた。戦前にはあれほど氾濫してゐた薬品が今はてんで無いのだ。

午后部長会議。憲法草案解説のための四ページ紙を明後日組込みで出すこと、新円下の各部経理をどうするかといふことなどについて協議する。

「旋風二十年」の次に、わが社会運動史とその運動の犠牲者とを織込んだ「風雪の碑」といふ一本を鱒書房から出すことにした。方法は「旋風二十年」と同様に社内の若い者数人が手分けをして執筆したものに僕が眼を通すのである。その原稿がぼつ〳〵集つて来たので、今日は夕食後から十二時ごろまでその仕事を続けた。なか〳〵骨が折れる。夜に入つて大そう冷え始めた。今朝はうんと冷えると気象台はいふ。

三月八日　　寒し、晴れまた曇る

神田と社の薬局の佐藤薬剤師とに紹介されて今日は日大医学部の川島好兼博士に診てもらふこと丶した。川島博士は日本でも超一流の消化器系統医学の権威ださうである。自動車で駿河台の病院に行つたらすぐに見てくれた。診察はなか〳〵ていねいである。結果はやはりひどい胃酸過多症で、それ以上には進んでゐないが、心臓弁膜の方もかなり悪いし、十分注意を要するといふこと。勿論酒と刺激性の飲食物は禁じられた。処方箋を貰つて帰つて社の薬局で調剤して貰つた。

慶応の佐藤、宗宮両教授来訪。工学部の校舎の方が第八軍司令部からの許可を得たので、けふは最後の相談にゆくといふから、また藤本に介添人を頼んだ。さて僕の家の方のことはどうなつたのか、まだはつきりしたことが判らないが、今日は話しをしなかつた。

（中略）

公職から追放されるG項該当者の決定は、すでに書類が日本政府からGHQに廻つたので、明九日から十一日までの間に公表せられるであらうといふことだ。その中には言論界の者も含まれてゐるので社内でもいろ〳〵と取沙汰されてゐる。情報もまた区々であつて一定しないが、満洲事変から戦争終了までの間に社主であつたもの、編輯長であつた者は全部追はれるといふ説もあり、さういふ線を仕切らずに個々の指名で追放されるのだといふ説もある。

鱒書房から「旋風二十年」下巻の見本刷を五部送り届けた。夜「風雪の碑」の原稿をみる。福湯と佐藤八郎が部室に来て暫く話しこんでゆく。

三月九日　　曇り時々晴れ、寒し

出社の途上、松屋デパートの書籍部で「アンデルセン物語」を柱に送るために求める。けふ社には山田武雄や高良トミ子などが来訪。また久富達夫もやつて来た。台湾からの帰還者伊藤金次郎などは一昨日中国の大竹に上陸したが、そのうち緒方昇が会社に顔を出す。一行中には磯江仁三郎も加つてゐて、これは数日間山陰の妻子のところに逗留したうへ、上京するとのことである。台湾在留の邦人はこれからどし〳〵帰つて来ることになつてゐて、おそらくもう一ヶ月もしたら恭彦君の一家もひき揚げて来ることゝならう。

（中略）

城戸元亮氏社に現はれる。第一客室でビールを供しながらいろ〳〵昔噺しを聞く。なか〳〵元気であつた。夕方はニユー・トーキヨウ地階で今度出版する「風雪の碑」の協力者たちの小宴を開く。そこでは心配しながらコップに一杯のビールを飲む。

三月十日（日曜日）　　霙、雪となる

（前略）

けふは一月四日附マツカーサー指令の軍国主義者、極端な帝国主義者追放令のうち、E、G項に属するものが発表される。そのG項には文筆家だの僕たち新聞人も含まれてゐるので他所ごとではないのだが、発表されたものは漠然たる基準を示したゞけで、具体的に誰と誰とがこれに該当するかといふことは判らない。今後調査して個人的に指名するといふのであるが、果してさういふことが適確(ママ)性を持つであらうか。

三月十一日　晴れ寒し

天然色写真の幻灯で毎日のニュースを写して宣伝にしようといふ案が写真部から出たが、これを取扱ふべき事業部の方ではそれを受入れない。理由は社より一歩先に朝日新聞がその計画を立てゝゐて、朝日の計画の方が規格が大きいから競争にならぬといふのである。この幻灯写真は必しも固執しないでもないのであるが、やがてはモノクロームの写真は新聞紙の上からもなくなる時が来さうであるから、今からいろ〳〵研究準備は十分しておかなければならぬと思ふ。これとは別に平田が文化映画会社を社の傍系事業として設立する案を持つて来た。これも面白い案である。村田忠一の未亡人が訪ねて来て、例の社の寮の世話人に入り込みたいといふ希望についていろ〳〵話すのであるが、村田未亡人はこの間の社葬をめぐつて社の一部の者の感情を害してゐるので、なか〳〵事を運ぶのに面倒を伴ふのである。風邪のために咳が出る。これは僕にとつて大きな苦手だ。「風雪の碑」の原稿に目を通すことも、今夜は早いめに切りあげて床に入る。

三月十二日　　朝晴、次第に天気崩れる

（前略）

新聞通信従業員単一組合の民主戦線結成促進懇談会といふものが朝日であつた。それに出かけたが、どうもをかしかつた。僕たちは組合の機能は専ら経済的闘争に終始するものと思つてゐたのに、こゝでは政治的に組合の運動を展開してゆかうとする一部の野望が窺はれる。警戒しなければならない。社でも従業員組合の会合があつて、朝来高橋信三、本田親男、金子秀三、浅井良任などが上京して昭和寮に投じた。

三月十三日　　雪、霰

八王子支局長永沢の処分問題について、一色地方部長を混へて神田、渡瀬と審議する。馘首するのは可哀さうだけれども、やはり思切つた処断をする必要はある。四時から部長会議。昨日の朝日新聞で開かれた会合で問題となつた民主戦線結成問題に関する本社としての態度を決める。このために各社の共同宣言といふやうなことは社として拒絶するが、民主戦線を結成するといふ運動に対して紙面での援助をすることは賛成といふのが皆の一致した意見だつた。

黒駒へ小包を送る。薬品をどつさり入れ、麺麭や桂のための絵本、折紙、鉛筆、塗絵帳、消しゴムその他いろんなものをぎつしり詰めた。これがとゞいたらさぞ喜ぶことであらう。

夕方宿に帰つたら、遠州の村松喬から茶の小包がとゞいてゐた。この間は漸がやはり遠州の茶を送つてくれたところだつた。金子、高橋、浅井など僕の部室に来て話し込んだが、余りおそくなるので、病人の僕は彼等につき合つてゐる苦痛に耐へない。そこで一同にそれ〴〵の部室に引揚げて貰つた。咳がなか〳〵止まらないので困る。

台湾帰りの磯江仁三郎、明日は社に現れるといふ伝言あり。

三月十四日　　晴れ

昨晩はまた胸部の圧迫感と間歇的に出る咳とで安眠出来なかつた。いく度か床のうへに半身を起して、そのまゝうと〳〵するやうなことを繰返へす。夜が明けてから少し楽にねむることが出来た。こんなわけだから午前中は社に出ることをやめ、午后社から自動車を呼んで小林ドクトルのところへゆく。いはゆる心臓脚気といふものださうだ。これは絶対安静の情態で養生するに越したことはない。明日から往診するから診療所へ出てくることもやめた方がよいと云ふ話しだ。てうど上島清徳老も来て「自分もそんなことがあつた。夜半ふと眠を覚ますと心臓部が苦しくて、このまゝ死んでゆくんだ」と思ふやうなことがあつた。これを治すには第一に便通をよくすることだといふやうな意見を述べた。小林ドクトルには強心剤を葡萄糖に溶かして注射をしてくれた。服み薬もくれた。銀座から社に立寄り、今日開くことになつてゐる社会部々会と整理部との懇親会について二、三の注意を与へ、明日から数日間は社を休むことに決めたので、それに必要な手配をして車で宿に帰る。そして床をとらして臥てゐるところに今朝着京した磯江仁三郎がやつて来た。羨しいまでに元気である。僕は飲めないが何はともあれ——と酒を温めさせ、一緒に来た森下春一と二人に奨めて磯江のめでたい帰還を祝福した。磯江のいふところでは富田幸男がやはり復員してもう大阪の社に現はれたさうである。

＊以降三月から八月まで病気加療　割愛

九月二日　　晴れ

けふより出社。これで闘病生活に一節を画し得たら大成功である。

予定の通り今日は社に出る。封鎖貯金申請のために銀行へゆく豊子も桂を連れて一緒に家を出た。この二人も弁当持ちである。大岡山まで歩いて、そこから目蒲線で目黒まで出た。目黒は都電の起点であるから、待つてさへ居れば空席のある電車に乗ることが出来る。そのやうにして三人とも坐席をとり、日比谷まで乗り、二人は三和銀行日比谷支店へ、僕は社へ、家を出てから社に到着するまで一時間半余りかゝつた。社へは神田も渡瀬もまだ来てゐない。僕の出社を知つた連中が代る〳〵に僕の席にやつて来る。さういふ人々と応接するのがかなりの骨折りである。間もなくまづ神田来り渡瀬出る。僕の出社は目下のところウオーミングアップといふ形だから、編輯局の仕事も出来るだけ直接触れないやうにしたいのだが、なか〳〵さうは行きさうにない。また殆ど半年に亘つて休んでゐたのだから、その間の社内、編輯局の変化を知り、新しい情勢にぴつたりと身を置くには相当な努力と時間を必要とするのだ。ひる食を豊子と桂の二人と一緒にエー・ワンでゞも食はうと思つてゐたが、二人の来るのがおそくなり、僕の仕事が立て混んで来たので、それは出来なかった。豊子は三和銀行日比谷支店と住友銀行有楽町支店の両方で用事を済まして来たのださうで、桂は三和銀行で待つてゐる間に悠々と弁当を開いて、もう握りめしを二つも食つて来たといふことである。午后一時から部長会議。僕がいよ〳〵今日から出社を始めた旨の挨拶をする。

社に出る第一日、早速ぶつかつた問題――(一)都内への新聞(三版)と地方へゆく新聞(一、二版)との紙面をがらりと代へる件、つまり翌日の地方ゆき新聞の記事が前日三版の返へしであり勝ちであつた態勢を一変すること、それは左様することに関した技術的の問題もあるが、もつと根本的な問題として地下〔ママ〕で東京紙の歓迎されるゆえんを考へ、東京臭のある新聞紙面を棄て去るやうな行き方が果してよろしいかといふことも一応考へねばならぬ。(二)新聞用紙いよ〳〵窮屈化す。そこで手段はいろ〳〵あらうが、何とかして用紙を獲得する工作のために社内に一つの機関を設ける件。これは至急を要するのである。

緒方昇の夫人が長春から無事に脱出して来たので社内で会ふ。よくも帰つて来たものである。緒方夫人の話と、それまでに社に入つた諸情報によつてその後の満州の模様や満州に残つてゐる社の連中の消息をおぼろげながらにも知ることが出来た。死んだと噂されてゐた小関己太郎はまだどうやら生きてゐるらしいといふ。北崎学が国民軍に捕へられたことの確実性はいよ〳〵動かせない。北崎、滝本の二人は終戦後、緒方夫人と一緒の家に住んでゐて、そこから拘引されたのである。北崎が書いてゐた日誌、彼が蒐集してゐた終戦時の紛糾を描写した写真、彼のさういふ目的のために使つてゐた白系ロシア人のこと等から彼がスパイの名目で拘禁されたといふことが明かになつた。彼のことだから新聞記者的な職業意識から終戦時の混乱のなかをぢやん〳〵働き通したのであらう。さうした結果、自由を奪はれることになつたといふのだから、これは見上げたものといふことが出来る。

城戸又一から文化部のその後について聞く、小い二、三の問題を除いては、どうやらこの部も静穏の日が来たといふこと聞いてほつと一安心する。雑用——通勤電車定期券購入の件、これがなか〳〵うるさいのである。都庁へ強制移転に関する補償申請の件、これは佐々木芳人に委せる。共済課配給の南瓜を買ふ。社内挨拶にまはり、二、三の者へ独立した家を見つけることの依頼。

六時十分に社を出て帰宅。帰りも都電と目蒲線を利用した。今度は正味一時間で帰ることが出来た。家ではまだ食卓をとゝのへたまゝで僕の帰りを待つてゐた。食事を先に済ませておけばよかつたのにと云へば、桂が待つてゐると云つてなか〳〵承知しないのださうだ。そして僕の帰りが遅いと云つて北千束駅まで一度出迎ひに行つたといふことだ。僕の出社を祝ふ意味で赤飯が用意されてゐた。三人でうまい楽しい夕飯を共にする。留守中正木夫人の来たことを聞く。

九月三日　　晴れ

けふは大井町駅まはりで社に出た。この方は所要時間はたしかに短くて済む。社へ行つてから通勤用定期乗車券を手に入れるべく手続きをする。そのために封鎖小切手を住友の有楽町支店で作らせたのであるが、使を交通公社へやつたり、銀行へやつたり、いろ〳〵として然も乗車券の手に入るのは明後日ごろだといふからやり切れない。

けふ開かれた新聞用紙委員会では、朝日のウイークリー用と民報の労働週報用の紙の配給を決定し、同様に申請してあつた本社の東京日日用の紙を否決した。本社はこの会に委員を送つてゐないが、朝日の新田、民報の長島がお手盛りでこの措置を採つたもの、本社としては黙つて承認してをれないことである。ともかく委員会の不公明性をいろ〳〵な方法で糾弾することゝ決めた。

（中略）

九月四日　晴曇り、風強し

いろ〳〵世話になつた社の薬局に挨拶へゆく。この上ともまだ薬のことでは厄介をかけなければならない。日米通信社へも挨拶に行つた。高田氏、下田氏には会つたが、桑原はまた昨日から休んでゐるといふ。名古屋総局長の西村義男が上京してゐる。このごろ兄が時々名古屋にゆき西村のところで厄介になつてゐるらしいから、彼と菊屋で茶を喫んでいろ〳〵話しをする。帰りは目黒まはりにしたが、薬局から薬類や、厚生部で手に入れた味噌や、経済部の山本の呉れた豆などがあつてなか〳〵重い荷物である。少し疲労が出たので早く床に就かうと思つてゐたら、階下から七海老人がやつて来て社の業務関係の話などなが〳〵と始る。つひ就眠がおそくなる。浜田の山崎坦より来信。大連の模様は依然としてはつきりしないといふことだ。

九月五日　晴れ

（前略）

社では午後三時から漢字制限に関する委員会を開く。これは僕の休んでゐるうちはずつと藤森校閲部長のところで専門的な調査が行はれてゐたのである。今日は文部省の関係機関の意見もとり入れた漢字制限問題のほかに、支那の人名地名の問題、西洋の人名地名の問題などにも及んで討議した。これは大体において見当もついたので、社として一切をとりまとめて社のスタイル・ブツクを作製することゝした。家での夕食は鮪と鮑と海老と鶏卵との握り鮨である。階下にもこれを振舞ふ。九月五日は僕の郷里では白髭神社の例祭である。早場米も出て好い気候である。遠い少年の日が想出される。

九月六日　晴れ

出社の途中九品仏に病臥中の新井達夫を見舞ふ。けふを選んだのは昨日貰つた海老があつて、これを贈るのに都合がよいからである。松原至大に訊いてをいたが新井家はすぐ見つかつたし、新井君も思つたより元気だつた。もう少し涼しくなつたら信州にでも転地療養をしようかと云つてゐた。明日豊子と運送屋を甲州へやるのでその乗車券を社会部に頼んでおいたが、うまく手に入つた。大阪から奥村信太郎老来る。実に久しぶりにいろ〳〵と話合つた。岡本の大邸宅をもて余して人手に渡し、もつと小さい家に移転したが、それでももう二人、人を入れないと解［ママ］放を要求されるかも知れないと云つてゐた。続いて山田武雄来訪。これもながい間病臥中であつたのである。出版会社を始めるといふので助力を頼みに来たことがあるが、それが挫折した。今日は挨拶に来たのである。

「東京日日」のための新聞用紙配給が否決されたことについては、まだいろ〳〵折衝が続いてゐる。普通ならばこの度の委員が次に選ばれる委員に「東京日日」のために配給するやう努力されたいと申送るよりほかに方法がないのであるが、委員長の小野秀雄といふのが貪欲な男で、彼にまいないを使ふことは効果があるといふのである。そんなことをやつてよいか悪いか賛否両論あり、僕は不賛成である。

主食三合五勺配給問題といふのが大いに揉める。朝日新聞が四日の紙面で二合五勺説を農林省の決定事項であるかの如く書いたのである。これは閣議でそのやうに決つたのであるけれども、ＧＨＱ——といふよりはアメリカの輿論の関係があつて当分の間絶態(ママ)に発表しないこと、なつてゐた。もしこれが外部に漏れて新聞に出るやうなこととなれば、これを漏らしたものは団体といへども処分するといふのが吉田首相の意思だつた。しかるにそれが出た。これを漏らしたのは閣議に列席してゐた外務省の情報部長奥村である。本社も他の社も知つてゐた（同時に奥村から聞いたのであるが）。しかし書かなかつた。朝日と奥村とに非難が集つてゐる。奥村はくびになるらしい。だが問題はこんなことで納らない。アメリカ側はかん〳〵になつて憤慨してゐる、あるひは二合五勺配給はおぢやんになるかも知れないといふことである。

家に帰つたら秋田の大助君が来てゐた。栗饅頭をくれる。

九月七日　晴れ

（前略）

社に出た。渡瀬が下痢で休む。

実に久しぶりに銀座に出てみる。大変なかはりかたである。家なみがぎつしりと並んだことも一驚だが、店々の品物が豊富になつたことも驚くのみである。伊東屋で画仙紙を買ふ。とても入手困難と思つてゐたのに案外容易に買ふことが出来た。これで藤岡端の母堂に書いてもらふのである。十月十日の桂の誕生日に間に合ふやう

久かたの月の桂を折るばかり家の風をば吹かせてしがな

を書いて貰ふやう、すでに頼んである。出来ることなら

正宗の太刀の刃よりも国のためするどき筆の鋒ふるひみん

といふのも書いて貰つて聯にしたいものだと思つてゐる。

蜂谷輝雄がひよつこり訪ねて来た。八月の末に帰国したばかりださうだ。彼ほど難儀なところを廻り歩いた者も少からう。最後はチヤンドラ・ボースのゐるところへ外交代表として行つたのだが、戦争が終るとインドまで連れてゆかれ、今度は寺内元帥の遺骨と一緒にシンガポールから帰つて来たのである。甲府支局へ電話をかけたが、豊子一行は無事に到着して支局とも打合はせを終へ黒駒へ立つたといふことを聞いた。

九月八日（日曜日）　曇・晴れ、雨

（省略）

九月九日　曇つたり晴れたり

（省略）

九月十日　晴れ　――豊子、桂の二人黒駒より帰る――

爽かな朝である。庭のむかふの電線に百舌鳥がとまつてゐるのを見た。大助君が社に来る。徳島の青年二人を社に入れてくれと頼みに来たのである。今度は見習生採用試験を実施すること丶なつて、もうすでに各大学、専門学校へ募集の手配をした。尤も採用人員は極めて少くなくおそらく十人を少し出るくらゐのことであらう。大助君の頼んで来た二人も、先日僕のところへ直接頼みに来た中原といふ青年もみなこの試験を受けさせるより他に方法がないわけである。

永戸主筆、僕の全快を祝ふのだと云つて神田編輯局長とをリッツに招いて午餐を共にする。このごろのものとしてはかなり入念の料理であつた。午后一時から部長会を招集して北海道旅行から帰つた中島通雄から北海道新聞業界の新情勢と製紙事業の現状等を聞く。つゞいて総合企画委員会、こ丶では「教育通信」刊行に関する協議を行つた。提出された原案について検討をしたが、不十分なところが少くなかつたのでもう一度これを作りなほすやう皆の意見を出し合つた。これも先にたつものは用紙であるが、

「東京日日」の用紙問題も未解決のまゝにあるので、その方が片附かぬ間に「教育通信」の用紙を請求することは作戦としてまづいと思はれる。そこで十月もしくは十一月まで持ち越すことゝした。

甲府支局から伝言があつて豊子と桂とが今朝十時過ぎ甲府発の汽車で立つたと知らせて来たが、社から帰宅したら、元気な顔を並べて待つてゐた。黒駒での話しをそれからこれへと聞かされる。荷物の運搬は一両日の後のことになるらしい。今夜は仲秋である。

九月十一日　晴れ

（前略）

散歩かた〴〵鱒書房に行つて増永社長その他に会ふ。新著の話し。「旋風二十年」合本の話し。「風雪の碑」再版の話しなどをする。「旋風二十年」合本の装幀を横山大観画伯がするやうになつたいきさつは知らなかつたが、今日聞いてみると別に特別のつてがあつたわけでもなく、無理に頼みこんで承諾させたものであるといふ。ともかくも大観の装幀など前例のないことであるから、序文とも一、二行そのことを書き加へるやう約束した。

九月十二日　晴曇なかばす

（前略）

部長会議を開く。いよ〳〵明後日夜半から始まる恐れのある国鉄ストライキについて対策を協議する。

小関己太郎はやつぱり死んでゐるといふ報あり。——昨年十二月東京(トンキン)で発疹チフスで死んだといふことを当時一緒にゐたといふ朝日新聞の記者が齎らしたのである。

九月十三日　晴れ曇り

明日午前零時を期して国鉄が二十四時間のゼネラル・ストライキを決行するか、どうかは、今日の午后一時三十分に決定するはずであつたが、その時刻に先だつて午后一時二十分運輸省当局と国鉄総連幹部との間に妥結が成り、当局は七万五千人の馘首をやめることが条件となつてストライキは取りやめと決つた。号外を出す。うちの号外は朝日のそれよりも約五分間早かつた。読売は出す能力がない。大成功である。ところがその後平塚運輸相が議会で行つた話しといふのが、ひるの協定事件に反駁するといふことが総連側に伝はつた。これは産別のアヂも力があつたらしいが、ともかく形勢逆転して、協定は協定成立前にかへつた。そこで明日はどうなるか編集局は大活動に入つた。神田は大阪、渡瀬はゐないから、かうなれば体のことなどすつかり忘れてしまつておそくまで、社に居残つて働いた。運輸省側では協定成立の調印を行ふべく、大臣次官以下が人目につかぬ議会で待ちつゝ時間を過すのであるが、総連の代表はそこへなか〳〵やつて来ない。かくして午后八時になり新聞最終版の締切の間に合はぬことなつたので、後のことは整理部と社会部長に委して帰宅した。帰宅したら京都から来た隅田の広中が先着してゐた。学校の用事で出京したと今日忙しい最中に社へ訪ねて来たのを取りあへずわが家へ送つたのである。

大阪で開かれてゐる社の経営委員会も揉めてゐるらしい。社内にあつた紙面刷新委員会――それは僕が病臥するまでは活動してゐたのであるが、それから中絶の形であつた。それを復活し、かつては各部の副部長を中心とした会合であつたのに今度は各部から二名づつの委員を別に挙げてこれに加へることとなつたのである。その第一回会合が今日午後五時半から開かれたので顔を出す。今後定例会合は月水両日である。

九月十四日　曇り風なく夕より雨

朝早く広中を出発させた。たとひ明日からストライキが行はれたとしても、今日のうちに沼津を突破して西下しておけば、名古屋、大阪鉄道局管下はストライキをやらぬことになつてゐるのだから、京都まで無事に行きつけるはずである。これにストライキを心配して一般旅客の足はにぶつてゐるから、乗車券の入手にも苦労がなからうと思つたからである。果してその通りであつた。ストライキの方を心配しながら僕も少し早く出社したが、もう社の貼出し板に「罷業中止本極り」といふ掲示が出てゐた。編輯局で聞いてみると午前九時に話しは完全に成立して総連の争議本部から各地の出先機関にストライキ打止めの指令電報がとんださうである。社会部の多数が昨晩は社に泊り込んで警戒したのださうだ。産別組合では、しかしこれをきつかけにして政治的闘争に入る準備を進めてそれぐ手配をしてゐる。国鉄自身もこれでもつて争議行為が打切られたといふ訳ではなく、それから後の動向には十分注意しなければならない。この国鉄争議に関係して今日読売新聞社は国鉄総連と運輸大臣とに抗議を提出した。それは、昨日午后一時二十分になつて総連は出先に対して「十四日附読売新聞の発送を停止せよ、地方においては積放にせよ、妥協ゼネスト止めの記事あり、誤報につき念のため」といふウナ電を打つてゐる。その結果として読売の十四日附新聞は六、七十万部も読者の手に渡つてゐない（十四日正午調査）といふのである。これは中央線、東海道線、東北本線、奥羽線、上越線、信越線、横須賀線等で逆送、輸送中止、積下し駅通過などが行はれたからである。読売新聞ではこの抗議につゞいて業務執行妨害で国鉄総連を、契約違反で運輸大臣と内務大臣とを告訴した。

山本光晴北海道より帰京。その報告を聞く。出月父子黒駒より帰京。東京ゆきトラックの出発がおくれるので一度帰つて来たといふのである。出月その報告に来宅して夕食を食つて帰る。雨しきりに降る。

よい雨である。

九月十五日（日曜日）　晴、曇

社には出なかつたが、国鉄では汽車、電車とも正常運行をしてゐるらしい。働いた社の連中もほつと一息ついてゐることであらう。しかし、まだ海員のストライキといふ厄介ものが残つてゐる。国鉄の場合とおなじ記者がこの事件をも担当してゐるのだから大へんな苦労である。すべて片ついたら慰労休暇でも与へるやうにしなければならぬと思ふ。胃の具合が少し悪い。散歩もせず終日家のなかで休息する。徳田秋声の「縮図」を読む。

九月十六日　曇り

早いめに社に出て十時三十分からの紙面刷新委員会に出る。今日も胃の調子が良くないので減食することゝした。

（以下略）

九月十七日　晴れ夜更から大雨

この間から大阪で社の経営協議会といふのが役員と組合代表との間に行はれてゐた。経営協議といふがあり態に云ふならば、従業員たちが如何にして社の持つてゐる金を喰はうかといふことにある。もとより僕なんかも自分の収入が多くなることを希はぬではない。だが、それには限度がある。各人の経済生活の根源が社の業態如何にある以上、社運を発展させてゆくに十分な資本的余裕を社に与へておかなければ、社業は抑制するに決つてゐるし、さうなれば個人の経済的要求なども元も子もなくなつてしまふのである。であるのに今日の従業員代表と称する組合一部の者の云ふところは、そこの限界が至つて不明確である。そのまゝ放つておいたらえらいことになるのではないか。大阪の会議に出てゐる神田編輯局長の寄せた手紙には「資本家ならぬ自分たちが資本家呼ばはりされてゐる」「会議の内容について組合機関紙われらなどには随分誇大宣伝があらわれてゐる」組合側の要求は――積立金も食へ、幹部もやめよ、整理会社にしろ（特別経理会社の特免を申請せずに第二会社を作れといふ義）といひ、つひでは傍系新聞や出向社員を犠牲にしてまでもといふ意見や、今度の案が通らなければストライキも辞せぬといふやうな意向すらほの見える」と云つて来てゐる。その経営協議会も十五日の夜終つたが、本俸の増配、さきに決定してゐた物価手当の改正、第二次の年切手当、家族手当等が従業員組合の要求によつて承認された。東京、大阪、門司の従業員二千に対して総額三百万円である。かうして従業員の個人経済生活が豊かになることは結構であるが、かういふ状態で社の運営を続けてゆくには一方で経営の大節減や新規計画の一切打切りをすることは止むを得ないと思はれる。

（以下略）

九月十八日　　雨、夕方大雷雨

九・一八記念日である。静かに顧れば想出することの多さよ。神田大阪より帰り午后一時より編集局部長会議で給料、手当増配のこと〻これに伴ふ経費節約とについて話す。佐賀の高等学校で舎兄に教へを受けたといふ。社内の上田常隆、江口栄治、それに毎日館二階に事務所を持つ石井鉄二郎、専務の中嶋、外務省の武内などと午后二時過ぎからエーワンで会食した。武内の語るところによると、彼は近く北海道の終戦連絡事務局長となつて赴任。東京裁判の係りをやつてゐる太田三郎が横浜にゆき、その後に広瀬節男が来ること〻決つたさうである。

戦争責任者として新聞界の者も職務から追放されることと決定したさうである。従来いはれてゐた公職といふものの範囲を拡められるのである。放送協会や全国的な統制機関の重要な位置にゐた者も該当者とされてゐるらしい。しかし、それが何々の職務にあつた何のクラス以上の者と風に決るのか、地位は全く拘泥せず個人的な審査によつて決められるものであるのか判然としない。だが戦争中毎日新聞といふ大新聞に論説委員として社説を書いてゐた僕なんかは、責任者として指名され〻ば文句のないところである。

九月十九日　　豪雨未明に止み、けふは終日曇つたり晴れたり

出社途中電車が恐ろしく混雑したためか、社に出てから気分がよくなかつたので医局でアンナカにメタボリンを混じて注射をして貰つた。気分よくなる。

小関己太郎の死は確実となる。昨年十二月十日新義洲で発疹チフスによつて死んだのださうである。

その遺骨や道具は小関と行動を共にしてゐた某警察官が持つて帰るはずだ――といふことをやはり小関と一緒に退避してゐた朝日の田畑記者が伝へて来てゐる。

（以下略）

九月二十日　晴れたり曇つたり

国鉄争議が片づいてからも、なほ闘争を続けてゐた海員組合の労働争議も今日の未明三時に至つてやうやく解決した。ところが今度は新聞通信放送組合の読売新聞争議団に対する同情罷業のことがある。単一組合の中央執行委員は各支部に対して二十三日までにストライキを実施するに十分な準備を整へるやうに指令したといふことである。それによつて社内にもよりよりの声あり、今のところはストライキ参加を反対するむきが多いやうである。それは新聞の公的性質から来るもののみでなく、読売の争議団に同情してストライキに移るとすれば大新聞で発行を続けるのは読売だけとなり、毎日や朝日は読者の非難を被ることが落ちで、読売は大いに売れ、大いに評判を良くすることゝなり、結局効果は逆のものとならざるを得ないといふ点である。しかし社内の動向については各部課で会議を開いてその態度を決定することゝならう。地方の出先き機関で働く連中にもさういふ機会を与へなければなるまい。

十一時から始つた企画委員会は、原業務局次長等から北海道の新聞界や製紙業界の話を聞き、本社の用紙が甚しく窮迫情態に置かれてゐることに及ぶ。

東芝の大迫から鯨肉の上等を呉れるといふので東芝別館までそれを受取りにゆき、使ひに来た出月の息に持つて帰らせた。五百匁あるさうだが、良かつたらまだいくらでも出すといふ。

各局次長会議、職域業務配給酒の分配について協議して各局の取り分を決する。五時から五階大会議室で今度設置した特信部の披露会あり。城戸元亮氏たまたま社に現はれて、この会に出た。久しぶりに話し合ふ。そこを中座して家に帰つたら荷物の整理は一通り出来て、書棚、小箪笥、大箪笥、洋服箪笥、屛風、敷物などが部屋に入つてゐた。たゞ惜しむらくは此方へ来る荷物のなかに軸もの類が含まれてゐなかつたことである。杉浦先生の書、父の書、父の師五岳の書、さういふものも久振りに親しく接したいのだ。

九月二十一日　　晴れ

（省略）

九月二十二日（日曜日）　　曇り、晴れ

（省略）

九月二十三日　　雨

新聞ゼネストに入るかどうかを討議するための社内従業員組合が午前十時半から五階の大講堂で開かれ、さらに二時半から再開された。議論出て決定を見ない。午后一時から紙面刷新委員会。こゝでは新聞界の争議について解明的な記事がもつと無ければならぬといふ意見が出た。尤ものこと、思ふ。早速手配することを約した。また争議頻発に伴つて争議係の記者陣を充実することはこの前も論じられたが、今日もこれが出たので具体的対策を決めることとした。すなはち現在の労農記者会加入の社会部二名、政治、経済両部各々一名の記者を基幹として社会部から必要に応じて遊軍記者をこれに配すること、そして指揮は社会部デスクより出るようにすることである。

兄の友人加藤実一郎氏来社。終戦時は牡丹江にゐて、赤軍に捕へられ約二ヶ月北鉄東部沿線を引まはされ、赦されて新京に帰り、そこで約十一ヶ月滞在のうへ、このほど帰国したさうである。

午后四時から次長会議。清瀬農場の経営をどうするのかについて審議する。続いてエーワンで宴。これがおそくなつて帰宅は九時半になつた。

九月二十四日（秋季皇霊祭）　　曇り　小雨

（省略）

九月二十五日　　曇り　小雨

（前略）

新聞ストライキのために開かれる組合の大会に送るべき代議員を選挙する会あり。各部課から五人もしくはそれを超過する毎に一人の割合で選ぶのであるが、編輯局長室は局付等を入れて総計十七人であるので四人を選ぶのである。しかし僕と渡瀬とは被選挙権がないのである。結局松本今吉、石原哲二、小林邦人、中村元郎の四人を出すことゝした。夕方下のキクヤ・グリルで高原四郎と会食する。

九月二十六日　晴れ

従業員組合の代議員会は午後一時から五階大会議室で催された。そして新聞ストライキについては、内部の結束強化、読売、労委に対する妥協工作継続等の三留保条件をつけてストライキ態勢に入ることを容認した。

（以下略）

九月二十七日　曇り時雨

朝小林ドクトル来宅。桂にヂフテリアの予防注射をしてゆく。朝のラヂオを聞いてゐると、そのニュース放送で「新聞通信放送労働組合では十月五日を期してゼネラル・ストライキに入ることを昨夜の最高委員会で決定しその旨の指令を発した」と云つてゐる。意外のことである。昨日の社の従組代議員会議では三ヶ条の保留条件を附してストライキ開始に同意した。つまりこの三ヶ条の項目が達成されるまではストライキには入らぬといふ意味である。しかるにこの三ヶ条の目的貫徹に何等の見通しもつかないのに十月五日といふストライキ期日を決定したといふことは本社の従業員の意見を無視したものであつて、単一組合の機関は独裁的な処置をとつて本社従組に臨んだものと云へる。これは大きな問題でなければならない。これを聞いたので早く社に出た。今日は忙しくそれだけ疲労も多からうと思はれるので、まづ医局に行つてヴイタミン剤の注射をして貰つてから仕事に取りかかる。午后零時半から局内取材関係の部長会議、ストライキ問題についてその取扱ひ等を審議する。一時から従業員大会があつたが、これは昨夜の最高闘争委員会でストライキ決行を決議したことの始末が報告されただけで、どうしてあゝいふ結果に到達したのか、本社の三条件の運命はどうなつてゐるのか――といふやうな点については適確な説明が加へられなかつた。要するに昨日の昼から夜にかけてのことの運び方を見ると、組合側――その背後には単一組合に手をさし伸べる共産党分子がゐることは今や明白である――さういふ連中の戦術にうま〳〵と操られたことは疑ひを容れない。午后四時から編輯、出版両局長会議。これは結局夕方の六時三十分ころまで続いたが、論議の中心はストライキ問題で、ストライキに対する社の最高指導者の態度は何処にあるか――と云つて、正論と思はれるもの空論と考へられるもの等区々として出る。さらにこの問題からストライキ問題を論じた社説のことに及ぶ。今日も新しい事態に応じて病臥中の永戸主筆の出社を促し社説を書いて貰つたが、それは結局時期(掲載の)の問題から一両日保留することゝなつた。しかし、原稿はＧＨＱの検閲係へまはしておくこととする。この会が終わつてから編輯局長主筆と善後策について協議する。僕はストライキに引込まれることが、あるひは社運の絶望を意味すべきことを説き、また社運を傾けてまでこの度の殆ど無意味なストライキにかけるべきものでないとし、時に応じては単一組合を脱退する積りで時局に臨むべきことを主張した。また当面の諸対策についても私見を述べた。忙しい一日だつたし、難題百出の形であるが、体はそんなに苦痛を覚えない。張りがあるからであらう。

今夜は森下と菅沼とが宅へ来るのであるが、二人を一足先に家にやり夕餐も僕の帰りを待たず始めさせること、してておいた。僕の帰宅したのは九時前であつた。

九月二十八日　雨

午前中、ストライキ問題をめぐつて局長、次長の会議。あれやこれやと他からの思わくを懸念してぐずぐずしてゐては大切な時期を失する怖れあり、共産党の戦術にあやつられて社運を傾け、社会の秩序を乱し再建途上の祖国の方向を誤らしめるやうなことがあつてはならぬ、僕たちも一つの作戦本部と戦術とを持たなければ成功するものではない。大阪、西部にも働かけて三社歩調を一つにすることも肝要だ。今夜佐藤人事部長をそのために大阪へ出発させること、した。

今日は漢字制限に関する委員会を開く積りであつたが、事態それを許さぬので暫く延期することになつた。村田昌一来訪。これも仕事のことを依頼に来たのである。

来月十日実施の入社試験について具体案を作る。今のところ約二百人の入社希望者が願書を出して来てゐる。このなかから十名くらゐを選ぶのである。

午後早く帰宅。体を休める。

九月二十九日（日曜日）　曇り

（前略）

社ではつまらない解説記事の検閲のことから四十二万部の新聞を刷りなほさなければならぬこととなつた。検閲の最後的ＯＫを待たずに輪転機を廻してしまつたのがいけなかつたのであるが、この際の四十二万部は大きい。整理部長の植竹と検閲部長の綿貫とは進退伺ひを出すといふが、そんなことをしたところで追いつくものではないのだ。

桂がさかんに咳をするやうになつた。悪い風邪でもなければよいがと心配する。

九月三十日　晴れ

十一時から紙面刷新委員会を開く。この会はもと〳〵各部の副部長を中心としたデスク会であつたのだが、それが最近では副部長級よりももう少し若い級のものが沢山入つて来て、それ等の者の一部に抱かれてゐる考へを紙面製作のうへに生かさうと試みるのである。今日なんかもこれ等の連中の持出す主張を聞いてゐると、本紙を新聞通信放送労働組合の左派の云ひ分で埋めようとするかに見える。そして近づきつゝある危険のもう棄てゝおけないことをつく〴〵感じさせるのである。午后は南方で戦没した本社従業員のための合同葬について協議する。この催しも来る十月二十五日といふことになつてゐるが新聞界がかう落ちつかぬ情況にあつては、果してその日に出来るかどうか――と思はれる。新聞ストに対するＧＨＱの意向について聞く。はつきりしたことは解らぬが、今までの回避的傾向を棄てゝ、実行したらば抜打ちに処断する方針に変つた様子である。

夕方、病中いろ〳〵世話を焼かした事務部長の安養寺、同副部長の村口、薬局の佐藤三君を家に招く。

十月一日　晴れ

社に出て感じられることは、何といふことなしに社内がざわついてゐるといふことである。これは多くの社員たちが、このまゝ新聞がストライキに入ることを否定してゐるに拘らず、一部の力で形勢がぐん〳〵ストライキ決行の方へ傾いて行つてゐるがためである。何故この情勢を正しく視て、ストライキ決行を非とするのなら、そのための努力がもつと積極的に講ぜられないのであらうか。それは組織に無理があるから不可能なのである。これまで社員のうちの心ある者でも組合運動を如何に導いてゆくべきか――などゝいふことに真剣でなかつたのである。それが社内の左翼の者たちが外力を借りて十分彼等の運動力を発揮するに十分な余地を与へたのである。

紙面刷新委員会、出版企画委員会、入社試験打合会などをやつたのでくたびれる。社ではもつと重大なことをはつきり準備しておかなければならぬのだが、僕もそれをどう扱つて行つてよいのか見当がつきかねる。永らく休んでゐたことに社内の形勢も大変に変わつてゐる。こゝはかうしておくべきであつたのに――とか、こんなまづいことがしてある――とか思ふことが余りにも多い。一つぐらついたらなかく\収拾のつかぬことになりはせぬか。

十月二日　雨

ひる原為雄君宅に招かれる。三浦、桑原の二人も一緒であつたが、鶏と牛との肉の上等があつて夫人の手料理の洋食なかなかうまかつた。

破局だんく\近づいて来てゐるやうに思はれる。

読売新聞の争議に神田と朝日の長谷部と共同の伊藤の三人が仲裁に立つたが、この話しもとうく\纏らなかつた。労働委員会を仲にしての解決も今は絶望。政党方面もちよつと動いては見たもの丶争議双方の話しを聞いただけで、こんなに大きな開きがあつては、ものになる見込みなしとそのま丶手を引いてしまつた。いま本社組合にも指令の出てゐる単一組合の新聞ストは、最も大きな理由が読売の問題であるので、その読売問題がいよく\絶望とあつてはスト突入必至と見なければなるまい。単一の方もどんく\その準備をしてゐるし、社内でも組合役員大部分の意向がスト決行にあることは云ふまでもない。本社組合のある者が共産党の戦術によつて直接操縦されてゐることも想像されてゐる。単一の後ろには産別の力があり、産別の動きが共産党の手のうちにあることも解つてゐる。しかし、だからと云つて今これをどうこうすることは絶対に出来ないのである。彼等の力として行くところまで行かせること、これに対抗してわれ等の力を強力に働かせること、つまり勝つか負けるか、乗るか反るかの一番を演ずるより他に途はないのだ。午后四時から編集局部長会議を開く、そして（一）ストライキ必至、（二）その場合において新聞発行を継続するか、(三) するとしたらその方法、今からの準備如何、といふ題目で協議をする。二十四人の部長のうち大部分が出てゐた。ストライキ派のなすがまゝに委しておつて新聞製作を放擲する考などを持つものは幸にして無いやうである。たゞ多くの者の期待は最高幹部がどういふ態度を採るのか、これをはつきり示さない以上、自分たちとしても押切つてゆかない——といふことである。役員の態度のはつきりしたものを明示せよと要求するのである。尤も千万な話しだ。その点、これまでのところ至つてあいまいで、僕にしても甚だ心許なく思つてゐる。しかし、つひに東京在住者だけであるが、社の役員は最後の肚を決定すべき会合を開いた。神田、永戸、楠山、塚田など出席。僕も時々その席に顔を出した。そして決定したのは「如何なる事態にぶつかつても新聞発行を継続すべく最善の努力を続ける」といふことであつた。それで良いのだ。部長会は開きつ放しにしておいたが、そこへ神田たちの出席を求めて、今役員会議で決定したばかりの決議を神田の口から話して貰つた。一同は拍手でこれを迎へた。念のため出席者一同の賛否を問ふたが部長二十四名中二十一名が出席してゐて一人の例外もなく賛意を表した。この調子ならきつと乗切つてゆくことが出来る——と僕はひそかに思つたのである。時に午后八時。

十月三日　雨　後止む

昨夜家に帰つたのが十一時近かつたが、今朝は八時に家を出た。体はやうやく順調になつたところで、これからの養生如何で本調子が出るかどうかといふところ。それにこんな事件にぶつかつて体を駆使しては、きつとぶり返しが来るであらう。これは、よく解つてゐるのであるが、とてもそんなことを心配して活動を停止するなど丶いふことは出来ない。

九時から部長会議を開いて混乱下の新聞作製を遺憾なからしめるために協議をしたが、いろ〳〵と熱心な討議があつて、これは一時近くまでかかつた。全部長の賛意を大阪とも電話連絡をして、情報を交換した。この大阪との連絡も社の交換台を通つての電話では話しが漏れてそれを材料に悪用される恐れがあるから、電送写真の部屋から大阪の電送室へ直通で架けること丶した。岩下連絡部長の話しでは電送写真課は東京も大阪も間ちがひないから安心しろといふことである。一般の電話通信も社の交換台を経ることは十分警戒しなければならぬ。役員室に直通電話器をとりつけさせること丶した。

編集局入口の掲示板などに事務部を経て貼らせた掲示がストライキ派のために赤インキで塗りつぶされたりして暴行沙汰やうやく目立つて来る。

十月四日　雨

読売新聞の争議解決、組合傘下支部の団体契約締結、組合傘下支部における待遇改善問題等を理由とするストライキは、このま丶でゆけば、今夜半から始まること丶なつてゐるのである。今日一日の動き如何は実に重大である。しかも二、三の問題はもとより読売問題が今日中に解決されるといふやうなことは絶対に考へられない。如何なる情勢に入らうとも新聞を今までと少しの変りなく出してゆくかどうかについては、昨日編輯、出版各部長の賛否を問ふた。事がらが事がらなので あいまいな態度を避けて

萬難を排し新聞發行

ゼネストに對し本社の決意

日本新聞通信放送勞働組合の指令に基きその支部たる本社從業員組合は組合としてストライキを決定してゐる、しかし本社は國民生活に一日も缺くべからざる新聞の使命、社會秩序維持に重大なる影響を持つ新聞の本質及び現在の情勢下において言論機關に課せられたる當然の義務を痛感し、新聞の發行を斷じて休止せざる決意を有するものである、これが實行のためにはあらゆる障碍困難と戰ひ、必死の努力を拂ふ覺悟をもつて諸般の態勢整備を急いでゐる、これによつて本社は一日の休刊もなきことを期するのであるが、必然ゼネストに伴ふ大混亂のため本社の決意、努力、熱望にも拘らず新聞發行の繼續が一時不可能となるかも知れない、その場合にも最も敏速に發行可能の狀態を回復し、讀者並に國家社會の蒙るべき損害を最少限度に止むるやう最善を盡すこと勿論である

こゝに本社の新聞ゼネストに對する態度、新聞發行の熱意と誠意を明かにし、讀者並に全國民の御諒承を乞ふ次第である

毎日新聞社

一人々々の意見を聞き、賛成か不賛成かを一人々々の口からはつきり云はせることにした。一人の不賛成者もなかつたのである。これは大きい力である。ところでこの賛否の意見を一般社員に問ふては如何といふ意見も出たので、けふ各部の意向をそれとなくうかがつてみたが、区々として一定しない。これは止めることゝした。その代り午前十時半から編輯、出版両局合同の会合を開いて神田から全局員に対する固い決意の開陳があり、皆のものにも協力を求めるといふ趣旨を徹底させた。ところがストライキ派では、たゞちに編輯局に乗込んで来た妨害隊（もとより彼等は別のマイクロフオンから反対気勢の演説を編輯局内に流したのでラウド・スピーカーを撤去するといふやうな騒ぎもあつた——）妨害隊を入れ、三瀬が神田の話し終わつた後の演壇に立つてスト決行の演説をする。それに続いて浦和支局長の伊藤実がまた三瀬たちの論旨を反駁する演説をするといふやうな場面も展開された。

しばしく編集会議を招集して刻々に深刻化してゆく事態に備へるべく協議を行つた。

新聞を出すか出さぬかについて（と云ふよりは新聞を出すといふ編輯責任者の決心を全社的に認める

ことについて）組合執行部と再三交渉するがなか〲まとまらないので、つひにこゝに貼つたやうな社告を今日組込みで紙上に掲げることゝする。原稿は永戸俊雄に依頼したものである（これはしかし後刻の新情勢で掲載しないことゝした）。

城戸元亮氏、社の問題を心配してか、社に現はれて半日ゐる。読売新聞が本社や朝日のストライキによる発行不能を見越し、さういふ場合四五〇万部分の用紙を貰ふことが決定したとの噂が飛んでゐる。この噂によると、さういふ場合朝日が読売の第一予備工場、本社が第二予備工場となるだらうといふ。去る二日インボデン少佐が朝日の工場を視察したところから、こんな説が現れ出たのではないかとも思ふ。

また新聞のゼネラル・ストライキが始まつたらGHQは共同通信の業務はこれを接収しても継続させる肚である。放送局に対しても同様の考へを持つてゐると伝へられる。――このやうな説が伝はることはストライキ派にとつては誠に不利であるので本社でも執行部では盛んにこれがデマであることを宣伝するのに務めてゐる。

朝日新聞社では昨日以来、ストライキに入るべきか否かについて代議員会を開いて引続いて討議してゐる。今日一日も論議するとある。何時けりがつくか解らぬといふが、かういふ態度は見ならふべきところが多い。そのやうな情勢のもとに夜に入り、見透し混沌。組合執行部でも協議々々で通してゐるし、此方もまた対策を練るのに余念がない。そして午后十一時五十分、期限までわづか十分を残すばかりの時刻となつて本社組合執行部はストライキ保留を決定した。実に危いところ、正午を一分でも過ぎたら、それだけの時間でも自動的にストライキに入つたといふこと丶なる。一分やつても十日間やつてもストライキを実行したことには変りなしといふ事実が是に生れるわけであつたのだ。午前二時半になつて四階顧問室にソファーをならべて、そのうへに仮眠する。くたくに疲れてゐるのであるが、どうしても頭が冴えて眠れない。夢うつ丶に「インターナシヨナル」の曲を聞く、はて不思議やと、よく耳を利かしてみると、それは五階の単一労組に貸してある部屋から聞えて来るのだ。

十月五日　曇り晴れ

けふは午前十時から社の従業員大会を開き、昨夜のスト保留等を承認すること丶なつてゐる。この大会は、重大な意義を持つてゐる。余ほど慎重な態度と入念な準備とをもつて臨まなければならない。早朝から三局の次長会議を開いたり、社内の有志とよく〱相談したりする。その会は十時四十五分から五階の大会議室で催された。この種の会合が産別や単一本部から来た外来者の力に動かされる在来の危険を考慮して、けふは絶対に外来者を入れないやうに注意したが、しかしスト派もその勢力を結集して臨んで来てゐる。会場の空気は実に凄惨ともいふべきものである。しかし大勢は僕たちの希望した線にそつて動いて行つた。左翼の連中のもつ理論的な動きを見ることは出来ないが、強引に押切つてゆく。わがストライキ反対派（スト派はこれを反動派と呼ぶ）は、つひに勝利を得た。すなはち――昨夜の執行部の決定であるストライキを保留、ストライキ態勢を解かずとする件、ストライキを決行するに当つては全従業員の総意を一般投票によつて問うたうへでなければならぬ件を決めたのである。この会議で一気にストライキ打切りの動議を提出してこれを決めようとする態度は引込めること丶したのであつた。これでまづ〲一安心である。これからは後をどう固めるかといふことを考へればよいのだと思つてゐたら、さういふ形勢は午后に入つてから逆転した。スト派は何としても彼等の初志を貫かうとしてゐる。おそらく単一の本部――あるひは産別――あるひは日本共産党あたりから厳しい指令を受けてゐるものと思はれる。頑強に攻勢を続けるのである。この形勢には朝日新聞社の空気が反映したところも少くない。

一昨日から続いてゐる朝日の代議員会は午后三時十分休憩に入つたが、先ごろ来頻々論じられてゐる一日スト決行に関する論議区々。一日ストを主張する工場側は独自の立場から行動するとさへ云ひ出した。それで朝日の工場は単独でストに入るだらうといふやうな風説が本社にも何処からともなく伝へられて来る。そんな空気のなかで朝日の聴濤克巳は自らの社のバルコニーに立つて「朝日新聞社の工場は今輪転機を止めた！」と街路上の民衆に向つて叫んだ。これが本社にも伝はり、スト派から歓声が挙がつたが調べてみると嘘である。これが嘘であると伝へると「本統だ。この目で今見て来たのだ」など丶云ひ張る者もゐる。文化部の堀（スト派）が僕のところにやつて来て「僕の努力で青年部、婦人部の者たちの行動を停止させるから、彼等の首を切らないことを保障して下さい」と云つて来る。僕は「そんな約束が出来るものではない。だが何も云うまい。若い者たちが単なる騒擾としか思はれない行動へ引張つてゆかれることには同情してゐる。何とかして彼等を救ひたいと思つてゐる」と答へただけであつた。

　高石老が心配の余り社にやつて来た。刻々到着するニユースのうちで社内の空気を緩和する材料となるやうなものを掲示することにしたが、高石さんは自ら筆を採つてその掲示文を書いてくれたりする。好きなことだから——と云ふ者もあるが、僕は有りがたいことだと思つた。社の運命を思ふてのことである。七海又三郎老もぢつとしてをれないと社へ詰めかけてゐる。校閲部の藤森部長、老ひぼれみたいな格好をしてゐるが、スト派の若い者を相手にして叱咤怒号して渡りあつてゐる。みんな尊い愛社心の現はれである。

　社前の風景は物々しい。いくつものデモの列がしばしば通る。彼等は赤旗をかゝげ、「インターナショナル」や「高く立て赤旗を　そのもとに戦死せん」といふ歌をうたつてゐる。共産党のやることゝおなじ格好を具へないと労働者の運動がなり立たないと思つてゐるのらしい。そのデモの列にある者たちは社の前まで来ると本社の楼上に向つて歓呼の声をあげてゐる。四階に根城をかまへてゐる単一組合本部の連中に挨拶を送つてゐるので、単一の本部からも旗を振つたり紙テープを投げたりして、これに応へてゐる。単一に事務所を貸したのは本社の大失態であつた。これでは本社が挙つてストライキに賛成してゐるやうに見えるのである。またこのデモの列は読売の建物に向つては罵言を浴せかけるのであるが、読売の方ではスト反対の長い幟を吹きながし、ラウド・スピーカーでスト派をやつつけるための余り上品でない放送を続けるのである。そんな光景のなかを共産党の志賀義雄が歩いてゆく、多分単一の本部へ何かの打合せにでも来たのであらう。放送協会のストライキ派がさうした空気のなかへトラックに放送装置を乗せてやつて来て、読売の放送とどなり合ひをするのである。やかましいこと、云つたら話しにならぬ。

流言はスト派から全国に乱れ飛んでゐる。本社関係でも出向社員にまで「本社はストに入つたから皆も仕事をやめろ」などゝいふ電話が架けられたらしい。山形新報は朝日と毎日ともストに入つたといふスト派のデマ電話を信じて、これに後れをとつては大変と発行をやめてしまつた。そしてやがてそれが嘘とわかり切歯したがもう後の祭といつたやうな悲劇もあつたさうだ。

午后五時半、放送局を政府がその管理下におくといふ情報が入つた。スト派はそんな馬鹿なことがあるものか――と最初は極力否定してまはつてゐたが、やがてこれは正真正銘の事実であることが一般に解つた。これは非常に危険な状態になつた。社内の空気を転換せしめるのに役立つた。

十月六日（日曜日）　晴れ

ラヂオは今朝八時半から国家管理となつた。昨日の情況で本社の方はまづ〳〵大丈夫と思つたが、一方ではまた何かしら心配がないでもない。そこで昼食をうちで済ませると早々出社した。社に顔を現はすや否や、こんなことか、来てよかつたと思つたのである。社のなかはデマで埋まつてゐる。社前から朝日新聞社付近にかけては争議風景あはたゞしいものがある。新聞ストは全国的になつてゐた。五日発行の夕刊、六日附朝刊紙でストライキのために発刊出来なかつたのものを共同通信は次のやうに報道してゐる。

一、単一組合加盟社――民報、新岩手、山形、高知、愛媛、日向日日、西日本、夕刊岡山、時事通信

一、単一組合未加盟社――東海夕刊、岩手新報、高知日報、南海タイムス、夕刊フクニチ

編集局では日曜日に拘らず、各部長の顔をほゞみんな揃つてゐる。今日の新聞は騒ぎのことを予想して一版制にするやうに一たん決めたのであつたが、昨日の雲ゆきが好調子であつたゝめ整理部では安心して三版制に戻してゐたのである。僕はそれを知らなかつた。今日になつてみて、この不穏な空気に接したのであるが、今さら一版制とするわけにはいかぬ。社内の闘争委員会は、午前からひき続いて開かれてゐる。この委員会の会場内には社内のレフテイストの集団を始め、社外のもの――単一から来たスト支持派の者たちが混り込んで委員長池松文雄を中心とするスト反対派に対して妨害行為を続けてゐるのである。そして池松たちは正当な主張を通すことが不可能であることを察知して、同志のもの十一人会場を脱退した。その後においてこの会場は委員長等不在のまゝストライキ突入を決議した。時に午后

八時二十分である。この決定は第一にストライキ決行の際は全従業員の一般投票に問ふといふ昨日の大会決定に背くものだし、また闘争委員会は発行責任者に対してこのことを一から通知もしないのである。通知は十時を過ぎてから行はれた。この決議が暴力をもつて正当派の言論を封じて正当派の委員たちを会場に居たゝまれなくしてから行はれたことも不法極まること、云はねばならぬ。池松文雄分会長は次のやうな声明を発表した。

六日夜の中央闘争委員会においてスト即時突入の採択あるに先立ち私は闘争委員長たるを辞し退席した。理由は五日の従業員大会においてスト突入の場合は従業員の全体投票にする旨大多数を以つて決定したのである。当日の議長としてあの多数従業員の意志は絶対に守らねばならぬと考へたからである。不敏にしてかやうな事態に陥つたことは全従業員に対して全く申訳なしといふのであつた。また今夜のゼネスト宣言は少数闘争ファッシヨの分派的行動であつて効力を持たぬものであるとし、中闘委員会の業務局選出委員は真相を紙上に掲載してくれと申出たが、それは都合により取りやめた。しかし記録として残しておきたい。

六日夜の中央闘争委員会は日曜のため出席者は全員の半数に満たず、しかも少数決行派は東芝争議団、読売争議団の数名を引入れ、本社工務局員の如き錯覚を他の議員に与へつゝ、激情的な脅迫的な決行演説をなさしめた。また青年部、婦人部行動隊をして会議室を包囲せしめ、絶えず労働歌と国際共産党歌と脅迫的怒号をもつて決行を迫るなど言論の自由を抑圧する計画的な包囲態勢のもとに開催された。まづ彼等は五日朝正規代議員会に代へて開かれた緊急従業員大会においてゼネスト留保と共に決定された「スト決行は全従業員の投票によつて決定」といふ従業員大衆の意志を蹂躙し、ゼネスト目標以外の放送局同情スト（労働戦線面目スト）の決行を一気に採決せんとしたのである。遂に彼等の意図はゼネストの正道から完全に逸脱し理性を失つた感情ストあるひは政治ストの外道に堕し闘争ファッショの正体を露呈して来た。しかも彼等闘争ファッショの憎むべき陰謀的企図は、全従業員信頼の標である池松分会長を無視し、最近の会議には議長席に就かせず、分会長であり中央闘争委員長である実権を掣肘し、同じ闘争ファッショである光田善孝君をもつて後任分会長たらしめんとしてゐる。しかも更に奇怪なことは朝日新聞との共同歩調をとるべく工務局高野、山崎両氏が朝日新聞社において交渉中の不在を奇貨として一気にスト決行を採決せんとしたので、われ〳〵は、「少数は多数に従ふ」といふ組合精神に違反する分派活動と認め、池松分会長はじめ編輯、工務両局の同志たちと共に退場した。われ〳〵一同の退場後、わが闘争ファッショ派が中央闘争委員会の名称を僭称してなした如何なる決議決定も総て無効であることを宣言し、毎日新聞従業員組合東京分会の正統を堅持し全従業員の自由と幸福と、組合運動の正道を回復するため彼等少数闘争ファッショに対して神聖闘争を開始せんとしてゐる。従業員同志諸君、蹂躙された従業員大会の決定を汚辱から救ひ出すため全力を尽くしてわれわれと共に神聖なる闘争に参加されんことを希望してやまない

と云つた調子のもので、言辞用語必しも当を得てゐるとは云ひにくひが、まづ彼等の云はんとするところを伝へ、それはまた真相を語るに十分なものであると思ふ。

ともかく事は始つた。事端は暫くの猶予も許さない。僕の態度はすでに決つてゐる。飽くまでも新聞

を出すこと、これを最高目標として進んでゆくのだ。ストライキは労働者の貴重なる権利であるにしたところで、新聞はその埒外にあらねばならぬと僕は思ふ。言論の機関を棄てゝ、闘争の具ありとすれば、これは暴力である。暴力の行使が許されるとすれば、軍閥跳梁の時代と今日と何れを選ぶことが出来るか。しかも今日われ〲がストライキを決行することによつて、一部の者の云ふやうに読売のスト派を救ひ、またわれ〲の経済生活を有利に導くことが出来るか。

本社だけの計算によつてみても、三社発行部数三二八万で一部がそれ〲五円二十銭の月収入、そこで販売欠損だけでも

¥5.20×328＝1,705.6000

で一日の販売損を五六万八千五百円とする。広告では三社で一月五〇〇万円と概算されるから一日一六万六千二百円、そのうへ発行停止中の分は販売店への損害賠償が必要、読売は一日一部十五銭を払つたが、本紙の場合はそれだけでも四九万二千円、本紙で刷つてゐる他社紙の損二〇万円、出版の月額二八〇万円の損、八月分販売店から未納の売揚金四〇〇万円が入つて来ない怖れあり、その他間接的な損害を見積ると恐しい数字が出て来る。さういふ物質的な損害よりももつと恐ろしいものは無形のもの、即ち本社に対する世間の信用等に及ぼす影響の大きなことを考へねばならぬ。

しかしこれ等は本社の利害の問題である。いま僕たちは一新聞社の利害を云つてゐる場合ではない。連合軍占領下の日本のことを考へなければならないのである。新聞が出なくなる。その後に何ごとが起るか、どんな事態が発するか、敗戦の悲惨事は今日の場合の比ではない。

夜の社内はごつた返へしてゐる。騒然たるなかにあつて、沈着に思慮しなければならぬ。僕は（一）警視総監を訪ねること（二）丸の内警察署に連絡すること（三）渉外関係の責任者である高田市太郎を急に呼ぶこと等を考へ、これ等のことが終るまでは新聞の発送を留保することを手配した。そして野口至淏を伴れて鈴木警視総監をその官舎に訪ねた。総監との対談は二十分で終つた。警察当局の立場もあることだから僕は決して無理は頼まなかつた。総監は合法的な対処を約束した。その帰り丸の内署には野口に行つて貰ふ。社に帰ると高田がやがてやつて来たが、ＧＨＱへの交渉は明朝を待たなければ出来ない。こちらの準備は、しかし一通り出来た。

単一組合本部からの指令を受けた行動隊の者たちは、ひしくと社の内外にやつて来た。その間に朝日新聞社からは同社の東京地域大会が「読売争議解決の手段としてストライキを採用しない」といふ声明を出したと伝へられる。本社はそれどころではないのだ。ごたくしてゐる間に七日の未明となり、同午前五時、いよく逓送課が新聞を発送しようとすると待つてゐたとばかりにスト派行動隊員がこれを妨害しはじめた。それ等の行動隊員には本社員も混つてゐるが、総数で百五十人はたしかにゐる。社内スト反対派の猛者たち、本社の急を伝へ聞いて駆けつけた販売店の者たちがこれと揉み合つてゐる。妨害を受けてトラック十二台のうち最後の三台がなかく出ない。つひに乱闘となり、その結果、警戒の警官隊のために読売争議団の山根某を始めとする、アカハタ紙のものその他合計八人が検束されてゆく。女も一人ゐた。後で解つたことだが、それ等の者は共産党からの指令によつて動いてゐたものであつた。夜はほのぐくと明ける。雨だ。ひどい雨である。今度は社内からレフテイスト一派を追出すことである。編輯局の一角にある第三会議室が闘争本部の別室になつてゐたが、そこを明け渡せと云つたら中から鍵をかけて籠つてしまつた。そこで戸をこじ明けた。女と子供の多くがその中にゐることには驚いた。何の彼のと云つてなか〳〵たちゆかぬのを無理に追払ふ。彼等は読売争議団のものたちがゐる関東配電の数寄屋橋倉庫へ合流した。

十月七日　雨

混沌たるうちに七日の朝を迎へたが、雨はぢやん〳〵降る。社内は殺気立つてゐる。今日一日も何としてゞも新聞を発行すべく能ふ限りの努力を続けなければならぬ。まづさきの池松組合分会長の声明と併して永戸主筆の書いた編輯責任者の声明を神田、塚田、阿部、石川の名で社内に掲示した。「従業員諸君へ」といふのである。

五日の従業員大会はスト決行を留保した。同時にスト決行の可否を決する場合にはこれを全従業員の一般投票に問ふことを決定した。この決定を蹂躙するストライキは非合法であり、非組合的である。それは全従業員の多数意志を無視した不法なる社内攪乱行為と断定する。この攪乱行為のために社内あるひは組合が分裂を示すならば、その責任の帰属するところは自明である。われ〳〵はこれ等一切の攪乱行為を排して、断乎毎日新聞を守り抜き、新聞としての使命達成に邁進する。

けふ組込みの本紙は一版制である。たとへ今日のうちにもう大丈夫といふ曙光が見えても、この一版制を変更しないこと、した。

雨が降つてゐるといふことは、われ〳〵にとつて一つの幸であつたかも知れない。もし好天気であつたなら赤のデモでかなりひどく煽られたことであらう。何れにしても今日の最重要事は社内の平静をどうして保つてゆくかといふことである。レフテイストの昂奮も甚しいが、社内にゐる正当者たちの感情もなか〳〵昂ぶつてゐる。この両者を一緒に置くやうなことがあつたり、どんな思ひがけない騒ぎが起るかも知れない。そのうへ僕たちは当面の最重要案件を平常通り新聞を発行することゝした。だから、新聞発行に反対し何とかしてこれを妨害しようとするスト派の連中は危険で社内に置くわけには参らぬのである。そこで少し手荒過ぎるとも思つたが、僕は編輯局の各部長に命じて部員のうちで左翼として危険視される者のものゝ(ママ)リストを提出させ、これ等の者を少くとも今日の職場から遠ざかつてゐさせることにした。さういふ者は編輯局内に三十一名ゐた。別に給仕で三人ゐる。他の局もそれにならつて同様の者たちの出勤を抑制したのである。編輯局では事を荒立てないやうに、これ等の者たちをどうして社に遠ざけておくか、方法までは教へ込んでおいたのであるが、部長によつては手際よくやつてのけ、ある部長は極めてまづかつた。

玄関は平常の受付を撤去して、各局各部から人を交替でこれに送つて臨時の厳重な受付をつくつた。受付といふより関所だ。混雑のうちにも新聞発行の仕事はまづ〳〵順調に進んでゐる。昨夜は殆ど一睡もしなかつたが、それほど疲労してゐるとは思へない。緊張のためであらう。

朝日は一昨日から続いた代議員会で揉みに揉んだ揚句、七日午前一時全会一致でゼネスト態勢解除を決定した。本社がこの危機を乗切つたら単一の野望も水泡、以来言論界に被ひかゝつた脅威はこれで解消されるのである。踏張らなければならぬ。ところが意外な運動が社内で起つて来た。社外に追放した闘争委員会直属のレフテイストとその手先のものたちを本社に呼戻してくれといふのである。勿論レフテイストの社外放逐については今朝も部長会議で反対する者があつたし、社内にはこれを非難する声が聞えぬでもない。しかし左様いふことを知つて僕はこれを強行したのである。ところが今度はこれ等の連中の「罪」を許して社に迎へ入れて貰ひたいといふ声がストライキ反対派とストライキ派と双方から出て来た。後者はこれをやらなければまた一騒ぎを起すぞと云はんばかりの勢ひを示すし、反スト派はスト派の気分をなだめるために、この際一歩を譲つて貰ひたいといふのである。さういふ希望は業務局からも工務局からも出たが、みなそれ〴〵の立場からなされたもので、業務局や工務局を代表したものではなかつた。これ等の者と別にレフテイストの森下春一、橋本博、嶌信正等が同様の希望を持つて来た。そして森下たちは僕にかけ合つても成功の見込みが少いので、渡瀬を説き落さうとしたのである。渡瀬はかういふことになると感情で事を裁くので、他からの手に乗り易いのである。総ての情を殺して進めるといふのが僕の行き方である。そこが非常に違ふ。しかし今日のことは渡瀬の所存で決定したのではなかつた。先ほども書いたやうに、この種の希望はあちらこちらから持込まれたのである。そこで結局は神田の裁断を待つことゝした。そこで神田が強硬に最初からの方針を変更しなければ、あるひは社内に残つてゐるもの丶足なみが揃はず、これ等の者たちが二派に分れる懼れなしとしない。さういふ事情から神田は呼戻しに決めたのだ。それについては部長会議にも諮つた。部長会の意見はいろ〳〵あつたが、それも神田の意志が呼戻しに決つたとなると、それならそれで行かうといふことに決つた。たゞこれを自ら進んでレフテイスト一派の者の集つてゐるところへ、「君たちの希望通りにしよう」と云ひに行つたのが渡瀬である。かういふことは渡瀬が他から誤解を招く原因となり勝ちである。夜に入つてから放逐者たちは社に戻つて来た。静粛に帰つて来るといふ約束であつたが、労働歌を歌つたりして帰つて来た。光田のごときは一たん社に帰り、また関東配電倉庫に行つて、街頭に向つて「飽くまでもわれ〳〵は戦ふ」などと演説してゐたさうである。ある目的のためにはどんな嘘もつくし、どんな恥しいことも敢てする彼等であることを知つてゐるから別に驚きもしないけれども、僕は誠に不愉快に感じた。新聞はどん〳〵刷れてゐるし、どん〳〵積出されてゐる。だがこれから何が起るやら知れない。編輯局内部長の責任当直制を実施する。七、八人で三部制にして今夜から始めることとした。そして十一時ごろふら〳〵になつて家に帰る。何の欲望もない。一ぱいの水を自分自身で汲んで飲む元気もない。綿のやうに疲れた体を床に横たへた。新憲法、けふの議会で成立。

十月八日　曇り

さきほどはデモの行列ゆきすぎし　跡にならびをり映画観る人

朝から部長会議を開いて善後策を相談する。それは午前零時半まで続いた。第一に大切なことは昨夜のレフテイスト呼戻しの結果として生じた社内の左翼一般に対する取扱ひと公平化である。昨朝社を追出して夕方呼戻した連中は、みな実際運動にたづさはつて多かれ少なかれ、われ〳〵の新聞発行の仕事を妨害した者どもである。それに対して昨朝出社する早々社を遠ざかつてゐるやう各部長から申渡した者たちは、思想的に左かかつてゐたり、ストライキ決行に賛成をしてゐたとは云ふもの丶、まだ実際運動に加つてゐない者がかなり沢山含まれてゐる。前者が既に社に帰つてゐるのに、後者が社に入れないといふ法はないのである。それを公平にするために、後者の連中にも社に出入り支障なしといふ措置を講ずること丶した。昨夕のことがあつた以上（これは決して僕の意見ではなかつたのであるが——）この措置は当然のことであるが、一般に追放者を社に入れるやうになつたことに対しては非難がなか〳〵多い。社に復帰した者が復帰早々もういろ〳〵な運動を始めてゐるといふのである。社内闘争委員会は午后一時ごろ「ストライキの指令を解除した」といふ通知を編輯局長のところへ伝へて来た。これに接して神田はその旨を掲示しようと云つたが、僕はそれに反対した。それを通知することによつて社内の空気を緩和することは出来るであらうが、同時にさうすれば六日の午后八時二十分から八日の午後一時まで社がストライキ情態にあつたことを認めること丶なり、彼等の行為を法的に正当化することに役立つ懼れがあるのである。僕がさういふ意見を伝へておいたのに、神田は事務部に命じて、これを掲示した。それは業務局方面からの抗議となつて結局引込めること丶なつたのである。午后業務局の幹部会議に編輯局を代表して出る。

単一組合の事務部を社屋外に追出すことは緊要なことである。これはほんの当座のこと丶して役員が許したので、牧野純夫なんかの橋渡しであつたのだが、これが社屋のなかにゐるために新聞ストは何の社のものに拘らず毎日新聞が根城をなしてゐるやうに思はれてゐる。また社のスト派の行動がこの事務所の存在で活発化したことも一再ではないのである。単一の闘争本部だけは先日追出した。今度はどうしても事務所そのものを出さなければならぬが、役員の交渉はまだ〳〵手ぬるい。政府当局は放送協会のストライキについて共産党化を言明した。

社の闘争委員会は午后八時総辞職を決定、発表した。これは今度の事件の一終幕と見てよい。おそく帰る。

十月九日　曇り

非常に疲れた。このあたりで一休み休息をとらなければ体が持たない。そこでけふ一日社を休むことにした。相談をしたらきつと出て来てくれと云ふにちがひないから、一方的に「休むから――」と電話で通知したまゝ休んでしまつた。そして午前中は休養して、ひるから豊子、桂の三人づれで町に出る。明日は桂の誕生日なのでかねての約束通り祝ひの品物――玩具などを買つてやる。行きには電車がそんなに混まなかつたが、帰りは大変な混雑であつた。大手町から目黒に出ようと思つたが、待てど〳〵も目黒ゆきの電車が来ないのには弱つた。目黒から東横線も混んだ。家に帰つたらもうふら〳〵だつた。

（以下略）

十月十日　晴れ曇り

普通なら今日は社員採用試験を行ふことになつてゐたのであるが、ストライキ騒ぎのために延期すること、した。最近まで見透しがつかなかつたからである。けふになつて、こんなことならやつても良かつたのに――と思ふのだがもう遅い。

疲れが癒へないので家で休養してゐるところへ社から電話が架つてくる。もう大丈夫と安心してゐた社はまだごた〳〵と紛れがほぐれないで残つてゐるらしく、神田は「何とかして出て来てくれぬか」といふ。そうと知つては棄てゝおけないから出てゆくことにした。社では代表委員会が開かれ執行委員の総辞職を承認した。この次にどんな執行委員会が出来るかといふことは現在の社の情勢にとつては極めて大きな問題である。これを棄てゝおいたら社内左翼の運動で厄介なことになる惧れがあるので、こちらでも一通りの対策を講じておく必要がある。有志の者とこもぐ〳〵話し合ふ。執行委員会の解散によつて表面的には左右の対立が落ついたので、この際、解散した委員会の左右両派（四十七人のうち右三十一左十六）の親和を目的に一案を設けるやう提議した者があつたので、生麦酒一樽を工面してこれに応じた。麦酒はもう社には少しもないので、鱒書房に頼んでニユー・トーキヨーから廻して貰つたのである。

七日朝の騒ぎで業務執行妨害の名目で警視庁に検束され検事局の取りしらべを受けてゐる者たちの身柄はそのまゝになつてゐるが単一組合やスト派各団体では差入れなどもしてゐるし助命運動もやつてゐる。その矢先き社内でもそんな動きがあつて、三瀬と光田の二人が今日外出中の神田のところへそれ等の者の救助について電話を架けた。神田はその話しなら森君にしてくれと答へた。そこで二人は僕のところにやつて来た。二人の云ふのに「検察当局の意向を聞いたところ、何日の何時にストライキの通知を受け何日の何時にその解除の通知を受けたといふ毎日新聞社当局の一筆があつたら、彼等を返すと云つたから、それを書いてくれ」といふのである。これを聞いた僕は二人の申出は検束されてゐる者たちを救出することよりも彼等がやつて失敗したストライキを合法化するための窮策であると睨んだ。そこで「あのスト行為を合法化するやうな言動は社として採れない」と返事をした。

二人――ストを合法か非合法かと批判するやうなことは今やるべきではない。一切のことを水に流すと双方で話が決まつてゐるではないか。今さら左様いふことを云ふのなら、此方にも考へがある。話しをもとに戻す。

僕――もとに戻さうと戻すまいとそちらの勝手だが、あのストが合法か非合法かを論じてみたところで今の場合は水かけ論になるのだ。水に流すといふ意味はそんな水掛論でごた〳〵することを止めるといふことだ。彼等を救出することをいけないと云ふのではない。こんなやゝこしい材料を持ち出して救出するといふ考へ方に賛成出来ないのだ。

と云つて一蹴した。一蹴しておいて他から調べさしてみたところが、検察当局は今急に彼等を釈放するといふやうな考へを持つてゐないことが判つた。従つて二人の云つて来た肚は僕の推察した通り彼等の救助にあつたのでなく、スト合法化工作であつたのだといふこともはつきりした。

社から自動車を出して貰つて帰宅する。

（以下略）

十月十一日　曇り

社から電話が架つて来て出社を促すので体の調子は必しも良くはないが、自動車を迎ひによこさせて出社する。これは誠に困つたことであるが、最近神田も永戸もその他の役員たちも、業務局次長の原、上田たちも、編輯局内の部長の大部分も渡瀬に不安感を抱くやうになつた。肝心のところで彼が主張を曲げたり、意見の腰を折られてしまつたりしたりして全く頼りにならない――といふのである。情にもろいといふか、こゝは強い意志で押通さなければならぬといふところを、つひ弱気に傾いてしまふところが渡瀬には確かにある。これは考へやうによつては彼の性格的な良さを示すものであるけれども、このごろのやうな社内の事態では、やゝもするとこの渡瀬の性格が禍ひをせぬでもない――とは僕も感じてゐる。しかし、それだからと云つて編集局長と次長の一人とが妙な仲にあるといふやうなこと、編輯局内の部長が次長に飽き足らぬ気持ちを持つてゐるといふやうなことは困つたものだ。

今日なんかも病体の僕を社に引張り出す神田たちの意図もそんなところから出て来てゐるのである。今日の出社には万一のことを心配して豊子に付添つて来て貰つた。喜んだのは桂である。思ふ存分自動車に乗れて満足らしい。

今になつてやつと役員室に直通電話「九四三〇一五」をつけた。こんなことに限らず今度は何も彼も火事泥式であり、後の祭りである。しかし、社としては良い経験になつた。出来ることなら、各局にもつと交換台を通さずに済む電話器がなければならぬ。

七日未明の業務執行妨害の連中はまだ検事局にゐる。昨日助命運動に三瀬や光田がやつて来たことが見当ちがひであつたことは、はつきり判る。けふは池松文雄をはじめとして守口、小林、大川、加藤光子などが証人として検事局に呼出された。

代表者会議開かる。この会議では組合役員総辞職を承認し、その改選を十五日に行ふことに決定した。この改選には次の組合分会長（執行委員長）書記長などゝする者を出しておかなければならぬ。誰がこの際適当であろうか。永戸俊雄その他の者たちといろ〳〵相談したが、まづ住本、佐倉といふところがよろしからうといふことゝなつた。役員にも一応そのことを話して置いたのである。

このごろのやうなストライキ流行では、社の取材部門にもどうしてもストライキ専門の係りが必要である。社会部長の江口はこの前僕がそのことを提議した時は、当分今のまゝで行かうと思ふから成績を見てをつてくれと云つてゐたが、とう〳〵尻尾を巻いてストライキ・デスクを独立させることを申出た。高原四郎がその位に当り、社会部記者のほか、政治、経済両部からそれ〴〵二人づゝの記者をこの新設の係りに送ることゝしたのである。社の医局の川崎博士に診て貰つて、自動車で帰宅する。

十月十二日　曇り雨

（省略：自宅静養）

十月十三日（日曜日）　晴れ

（省略、自宅静養）

十月十四日　晴れ

二日間の休養で体の具合は大ぶん良くなつた。浮腫もかなりよくなつたやうである。午後自動車で出社。

組合代議員の選挙あり。執行委員長へは住本が辞退したので佐倉か岩井良太郎か井上縫三郎かを推すよりほかなくなつて来た。いまのところ左翼に譲つてはならぬ。さういふ時機はまだ急には来るまいと思はれる。

七日朝のスト行動に際して業務執行妨害で検挙された連仲を救出すると云つて、その運動の表面に立つてゐた光田と三瀬との二人は今日拘禁された。そして検事局の取調べを受けることになつた。自動車で帰宅する。

（以下略）

十月十五日　雨

けふは大ぶん良いので電車で出勤した。

きのふ拘留された光田、三瀬の助命運動が社内のレフテイストを中心として行はれてゐる。組合が動いただけでは効果がないので社の名においてそれを行はうとするのが彼等の狙ひである。そこで例によつて彼等がウイークスト・ポイントと見定めてゐる渡瀬に対して働きかけること頻りなものがある。すると渡瀬も自らそれに乗つてゆく。彼等を救ひ出すことの可否について社内でも両論があり、僕は賛成しないのである。いやしくも新聞の使命を飽くまでも遂行しようとしたわれ〳〵の行動に妨害を加へた彼等ではないか。情のうへからも理屈のうへからも彼等に有利な処置をとるべく苦労しなければならぬことはない。それに諸情報を総合すると検察当局は今度の事件を重大視してゐるのである。新聞争議と云はず、この種の事件に対する検察当局の見解をはつきりとこの際表明しようとしてゐるのである。そのためには光田等に対する取調べはまだ〳〵周到に行はれなければならぬ。国家の検察機関がさういふ大きな方針によつて鋭意動いてゐる最中に、私情などに立つてその目的に添はぬやうなことをするのは取るべき手段ではないのである。渡瀬も僕に対してこの話しをもちかけて来たが、ほゞこのやうな意向を伝へて彼の方針には一応反対したのである。

　執行委員長選挙の準備があつて、佐倉が委員長、高原が書記長といふことに決つた。それはこれでまづよろしい。しかし今度の執行委員全般の顔ぶれ予想を見ると余りにもレフテイストが抑へつけられてゐる。彼等を極度に窮地に押しこめるやうなことをすると、彼等は地下に潜つてしまふであらう。さうすれば却つてやりにくゝなる。この辺のことは十二分に注意しなければならぬ。

　十七日の新聞休刊日に各部で「全舷上陸」をやるので、その費用を僕のところまで寄付を仰いで来る。口数が多いとこれも馬鹿にならない。

　石炭事情の窮迫から新聞用紙問題はいよ〳〵厄介になり、前途甚だ心細い。そこへ来るべき地方選挙のために投票用紙で六百万ポンドが必要とされ、教科書用の本年九月から来年三月まで六百五十万ポンドといふ、しかも特別の手当が出来てゐない。これ等のものが新聞用紙の方に喰ひこんで来ることゝなると一大脅威である。ところが今日全炭ストライキ解決の報至る。新聞用紙のストックは、東京において今後六日分といふ際どいところであつたのだが、これでいく分か安心出来る。しかし今後どの程度まで気を許してよいか不明である。

十月十六日　晴れ

組合執行委員選挙終る。右派勢力伸長。

茂森唯士来訪。ソ聯研究会について相談をする。城戸元亮氏社に訪ねて来る。

豊子、桂をつれて買物のため町に出て社を来訪。三瀬、光田、取調べも一通り目鼻がつくことゝなり、一両日中に出て来るといふ見透しがついた。

読売新聞争議解決――条件（一）問題の三十六名は一たん帰社させ、其後おもむろに退社させる（二）争議費の一部分は社側で負担する。

十月十七日（神嘗祭）　晴れ　――新聞休刊日――

（省略）

十月十八日　晴れ曇り

大手町の安田銀行で、この間大森山王から北千束に引越した際の都の補償金一千五十円を受取る。運送屋への諸払ひを始め諸雑費を計算すると、これだけの金でほゞ足りるやうであるが、病中の僕が住居移転を余儀なくされて、そのために体の恢復を遅らせたことは少からぬ損失で、これは些かも補償されてゐないのである。

午后総合企画委員会あり、北海道の新聞「新北海」をどの程度支援すべきか、支援するとすればどういふ方法があるのかなど〻いふことについて協議する。この問題は技術的や経済的に可能であるとしても、もう一つ政治的に考へならぬ点が残つてゐる。これはGHQが日本の新聞――なかでも本社と朝日のトラスト化を懸念してゐるといふことを聞いてゐる。本社が新九州、新大阪、東海日日、福島民報、北海日日等を傘下に擁してゐることについては既に特別の眼で見なしてゐるのだから、これ以上地方紙に手出しするに当つては十分の考慮が必要とされるわけである。しかしその問題を今日の会議の席に出しては、話しの腰を折ることともなり、事情をたゞ混乱に陥入れる場合もあるので差控へておいた。

十一月一日から主食の配給が二合五勺となること、新しい米穀売価が決定されること等が今日の午后発表されるといふから、それを号外にしようと思つてゐたら、その発表は延期された。放送協会のストライキも解決しさうでなか〳〵解決しない。

組合役員本極り――組合分会長佐倉、同副一宮（業務）、山崎（工務）、書記長高原である。

十月十九日　快晴

何だか知ら疲労を覚えるので朝食後二時間ばかり寝てから出社する。光田と三瀬とが昨夜釈放されたと云つて挨拶に来た。
大切な当面の問題は、組合分会も新しい陣容で発足したことであるし、社内の締めくゝりのある措置を新しく立てることである。それについて永戸俊雄、井上縫三郎などと話す。多数の知能を集めてこの事に当りたい。

十月二十日（日曜日）　晴れ後曇り

（省略）

十月二十一日　快晴、後曇り

下野新聞の社長福島武七郎とその弟の正助とともに横領罪で検束されたさうである。予想されてゐたことであつて、こんな所報が来てわれ〳〵は別に驚きもしないのであるが、この新聞と本社との繋がりを考へると見棄ておくわけにも参らぬ。しかし急いではいけない。この際暫く形勢を観望して徐々に爾後の行動を考へるべきである。同社最高顧問の小坂新夫が取りあへず宇都宮へゆくといふから、さういふことを話しておいた。

社の従業員組合新役員は就任最初の仕事として次のやうな項目を盛つた要求を単一組合本部に提出して声明を発表した。

（一）ストライキ態勢の解除

（二）十月五日附ストライキ突入指令の取消
（三）単一組合指導部の引責総辞職
（四）単一組織の改革

十月二十二日　　雨

高尾正夫、朝早くから来宅。ＧＨＱに勤めた彼の新しい仕事について語り、彼と一緒に家を出て社にゆく。

ＧＨＱの書籍検閲部から「旋風二十年」の出版について相談したいことがあるから出て来いといふので、鱒の責任者と一緒に関東配電の同部に出かけた。二世の係官がゐて部長代理だと云つて話すところでは、この書物は新しく削除をしなければ出版することが出来ぬといふのである。をかしな話しであつて、それはすでに初版再版十数万部が世に出てゐてゐる。それはおなじマツカーサー司令部検閲部の正式な許可を得て出したのである。それを今さら、あそこがいけないとか良いとかいふのは全く腑に落ちないのである。その意味を伝えると係官も「全く同感である」と云つて、実は「今さらさういふことを申出るのは妙なことにちがひないが、左様しなければならぬ情勢に立至つたのである。悪しからず――」と弁明してゐる。腑に落ちぬことゝは云ふものゝ、こゝで此方の主張をいくら押通してみても成功するものでないことは判り切つてゐるので、そこへ強く主張することは検閲を長がびかせるか不許可とするかで、損をするのは鱒書房や僕たちである。仕方がないので先方の云分に服することにした。削れるところはソ聯関係の個所、対米作戦のある個所、戦争中、終戦時に死んだ日本人の死を英雄視したものと見れば見られるといふ個所等である。帰途鱒書房に立寄り増永にも会つて善後措置を話合つた。増永は損害は少くない（削除は四十ページに及んでゐるし、もう紙型も出来てゐるやうな次第）しかし出版はきつとやると決意を示した。

社員採用試験の委員たちを集めて会場、準備打合せ。

けふから新聞通信放送組合の大会が早稲田の大隈講堂で開かれる。重大な意味を持つ会である。本社支部は先日決定した決議の線に沿つてこの会議に臨むのである。

主食二合五勺（十一月一日より）決定。号外を出す。このところ何方をながめても暗いことばかり、この号外はさういふ空気のなかで朗かさを人々の心に与へる唯一のものと云つてよい。これが出たのが夕方の五時七分、よほど速かつたとみえて、他は追つかけて来なかつたし、大阪でも大いに勝つたさうである。

十月二十三日　　曇り時々晴間あらはる

早稲田で開かれた単一の大会は昨夜おそくまでかゝつても埒があかず、とう〳〵今日に持ち越ししたさうである。そして今日の会議では、本社を中心としたいはゆる四社提案なる単一現幹部弾劾が論議の中心となり、揉みに揉めた揚句、もう一日延会といふことゝなつた。本社の旧大売捌店を集めた懇談会といふのが小会議室で開かれ、それに出席した。こゝに集まつた人々は本社が極度に左傾してゆくのではないかと、そのことを心配してゐる。一応の説明をしておいた。

（以下略）

十月二十四日　雨

単一大会の第三日、執行委員の吉村（クートベで勉強したといふ日本経済新聞の男）が四社提案を毎日新聞の陰謀であると云つたので、社から出てゐる代議員たち――もちろんそれは右派の連中であるが、それ等の者たちが承知せず、ぐん〳〵詰めよつて執行部を窮地に追ひつめてしまつた。しかしこの大会に出てゐる金子秀三の話しを聞くと、毎日新聞から出てゐる代議員ほど論理的に心許ない者はゐないといふことである。それは三瀬だとか光田、菅沼、牧野などゝ云ふ左派の者たちが壇上に立てばそんなことを云はれるはずはないのだが、何しろこの頃活躍してゐるのは右派の森口、伊藤、森竹などゝ云つた連中であるから、金子の批評のやうなことを聞くのも無理ではない。

社内の左派は早稲田の大会に呼応して社内にビラを撒いたりして活動を続けてゐる。早稲田の会は余り大事にならずに済みさうではあるが、その後の情勢がどう変つてゆくか、その行き方によってはわれわれは単一組合と手を切らなければならぬことゝなるかも解らない。その際のことを考へてぼつ〳〵協同組合のことなどを研究しておかうと思ひ、ひそかに調査室へそれを依頼した。高尾正夫社に来訪する。

単一の会で毎晩おそくなり、神田はもう二晩も社に泊つてゐるので、今晩は家で寝るやうにと彼を帰らせ、僕は社に残る。しかし明日は役員会でどうせ早く出社しなければならぬからと云つて神田また出社してくる。そこで八時半僕の方が帰る。

十月二十五日　晴れ

社に出て聞いたところでは単一組合の大会は今日の午前三時半まで続いて閉幕となつたさうである。役員が改選されたのである。組合長が時事の川添、副組合長が本社の山本正雄と放送協会の加賀谷、書記長が朝日の中川でどちらかと云へば聴濤の系統に属する者が多い。

加藤克一郎、大平均一来訪。

放送協会のストライキが解決した。本当のところは発表されてゐないが、従業員側の大敗北である。争議経費を協会が支払はないのは勿論のこと、ストライキに先走つた連中が大量的に首を切られること、なつてゐるさうである。

（以下略）

十月二十六日　晴れ

役員会第二日、結局大阪の本田、西部の加茂は上京して来なかつた。永戸主筆もストライキ騒ぎ以後、またく体を毀してずつと休んだ切りである。

鱒書房から「風雪の碑」再販の印税、最初の分一千円を受取る。てうど小遣が無くなつてゐたところである。夕方九州から上京してゐる金子秀三の歓迎かたぐ渡瀬と三人で宴を催す。会場は東横線第一師範駅前に近い三谷茶屋といふ家であつたが、それが政治部に最近までゐた筒井千栄の経営してゐるものであることを知つたのはその家で会食を始めて暫くしてからのことである。いろ〳〵な人間がゐるものである。僕は殆ど酒を飲まない、酒を飲む金子、渡瀬をせきたてるやうにして宴を閉ぢたが、駅まで出ると駅員がもう大井線には直結しませんといふ。そんなことはないが――と云つて調べさせてみたら、辛じて直結の電車があるらしい。そして自由丘に出て、おそく家に帰る。

十月二十七日（日曜日）　晴

（省略）

十月二十八日　晴れ

いよ〳〵明後日は社員採用試験であるから、今日は試験委員を集めて最終的な打合せをする。問題はすでに用意され、厳重に封ぜられてゐる。

（中略）

北海道の現地から伝へられるところによると、新聞用紙の生産情況はいよ〳〵悪い。これは石炭事情に起因するところが最も大きく、この調子でゆくと新聞は一週一回の休刊（日曜）くらゐでは納りがつかず、もう一回休刊するか、あるひは日曜休刊のほかに週二回のタブロイド版を出さなければならぬと云ふところまでは行くかもしれない。何しろ十月まで足りないい〳〵といひながらも毎月一万一千トンあつた製紙用の石炭は十一月には六千五百トンに減らされてしまふのである。それが苫小牧に廻るのは僅か三千トンしかないので、これまで日産八百万ポンド出てゐた紙が百万ポンドもおぼつかないといふことになる。しかも月々の内需は一千四百万ポンドといふのだから話しにもならないのだ。商工省の繊維局あたりでいくら頭をひねつてみたところでも、どうなるものではない。大たいこれは新聞社も悪い。新聞社の仕事に用紙がどれほど大切なものであるかは論ずるまでもない。それだのに紙の問題と云へば業務局の仕事のやうにして、編輯の首脳者がこの問題を政治的に取りあげて政府当局に迫るといつたやうなこともなかつたのである。今にして騒いでみたところで少しおそいと思はれる。だが棄てゝおける問題ではない。朝日や読売とも手を繋いで当局に当つてみる一方、記事にもこの事情をどん〳〵書いて輿論を喚起することが必要であると思ふ。

（以下略）

十月二十九日　晴れ

ひる食を食ひながら第一客室に佐倉を招いて組合の問題について聴く。佐倉の持つてゐる情報によると単一組合本部は十一月下旬に大阪で年次大会を開く意図をもつて準備をすすめてゐるといふ。そこで今度選ばれた役員は中間的の意味を持つもので聴濤たちの意図するところは、この年次大会を機会に再び最左翼分子の掌中に組合の機構を固めようといふのだと伝へられる。

（中略）

この間、検閲当局の許可を待たないで一版を刷り出し、その後に検閲にまはしてゐた記事の削除が通達されて来たゝめ印刷をうち止め、四十二万部の刷りなほしを行つた事件がある。これについて植竹整理、大貫検閲部長から進退伺ひが出てゐたが、今日それを決定して整理部長にだけ罰俸処分をすることとなつた。事情をくはしく聞いてみると、あゝした処置に出ざるを得なかつた経緯もよく解るのであるが、これをそのまゝ棄てゝおいては職務規律のうへから面白くない結果が生れる懼れがあるので、かう決定した。しかし植竹には物質的な損害を少しも与へないやう、罰俸分だけを別途に補塡するやうな方法が講ぜられてゐるのである。夕方銀座「鶴の家」に検事局から沢田、下牧両検事を招いて、先日のストライキに関する検察当局の意向や判断を聴いた。なか〳〵有効であつた。社から神田、山根、佐藤、僕、中島誠などが出席する。

十月三十日　未明雨ふる。後晴れ　――社員採用試験日――

社員採用第一次試験の課目は（一）作文（二）常識単語解釈（三）文章要約（四）演説要約それから特に希望する者に対してのみの（五）語学試験である。九時二十分から始る。東京で受けた願書の数は二百四十近くであつたが、今日実際に試験を受けに来たのは百五十人ばかり、そのうちから編輯、業務おの〳〵四人ばかりを採用するのだから、かなりの激烈な競争であるといふことが出来る。試験の重点を作文に置いた。総点二百のうち、これが半分の百点である。その課題として（一）日本社会党の将来性（二）最近の物価と国民生活（三）世相雑観（四）中国の内戦と日本（五）米・ソの国際政策を論ずといふ五題を掲げ、そのうちから各人が欲する一題を選んで一時間以内に書き終ることになつてゐる。常識試験としては十五の単語を出した。

反対訊問、完全雇用、カルガン、安本、自進合同、バーンズ、守操義務、高野岩三郎、ヘボン式、四つの自由、PX、木戸日記、プラカード事件、クローズド・ショップ、くにのあゆみ

これだけのものについて四十分以内に解答を書き終わるのである。採点は一語について二点で三十点満点といふことにした。次の文章要約は翻訳の電文をそれもかなり長いものを印刷にして提出し、項目書きでもよいから要領を抜き書きしてみろといふのである。これが三十分間で三十点、それから演説要約。これは僕自身が五分間演説をやつた。最初は受験者が二百五十名もあると試験場を二つに分けて、演説をする者も二人にする必要がありはせぬかと懸念してゐたが、今日は五階の大会議室だけに全受験者が納まつたので、この一堂に集まつた青年たちに、僕は一九三九年四月から九月までに亘る英仏ソ会談から独ソ不可侵条約、ポーランド侵入へといふ第二次世界大戦の序幕を語り、このやうな国際的な大問題が民衆の耳目から遠ざけつゝ如何にして実現へと運ばれて行つたか――これを五分間で片づけたのである。メモを取つてよいことにしておいたが、受験者たちはこの答案を三十分間に纏めあげることになつてゐた。語学の試験は英語を受けるものが三十数人で最も多く、この採点は四十五点満点である。そのほかにドイツ語、フランス語、ロシア語、支那語などを受ける者がおの〳〵少数づゝゐた。しかしこれは先の課目の試験とは別に扱はれてゐるので、語学試験の結果が甚しく良ければ、他の課目がそれほどでなくとも入社に優先条件を与へられるのであるが、これが悪い結果であつたところで、他の試験

課目の成績に悪く影響するやうなことのないやうに出来てゐた。かくて凡ての試験は午后二時半ごろ終つたのである。
森島守人が訪ねて来た。林正義が彼の世話で北国毎日に論説委員として勤めてゐることを聞く。森島が敗戦と同時に禁酒をして今日までそれを続けてゐると聞いて驚きもしまた感心もした。小笠原隆が訪ねて来る。これは大日本航空が息の根を止めたのでラヂオ屋を始め、芝と神田に店を持つてゐるといふ。

（中略）

ＧＨＱのインボーデン少佐、社の工場施設を見に来る。

十月三十一日　　曇り夕より夜にかけ雨

（前略）

「転落の歴史」の序文を鱒書房に送附する。ところが一方で「旋風二十年」の合本がＧＨＱの書籍検閲係から出版見合わせの通知を受けてゐるのである。先日は先方の云ふ通りあんなに削つて再検閲を受けたのである。この処置は諒解し難い。

十一月一日　　晴れ

社の組合執行委員会々議は昨夜おそくまで揉みに揉んだ揚句、総辞職を決定した——といふことを今朝出社して始めて聞いた。理由は先日の単一組合の大会に出席した代議員の藤原勘治は部長以上の職についてゐる者だから、代議員に選出される資格を持つてゐない。そんなものを出したのは現執行部が組合を御用化してゐる一つの証拠だ——と云つたやうなことにあつて、レフテイストはそんなところから一つの破壊工作を戦術として採用したのである。ところが今そんなことを云ひ出しても、それがどうなるものでもなし、またそんな事柄で幹部が辞職するのはをかしな話でもある。そこで一たんはこのまゝで押切ることゝなつたのだが、レフテイスト一派はもしも居据りをするなら、われ〳〵は単独で辞職するといふ。それが出版部選出の四委員とそれに合流した少数の委員だけである。しかし、このまゝ押してゆけば結局執行委員会の内部分裂は避けられない。そんなことから「閣内不統一」と云つた事情によつて総辞職と決つたのである。だが、大たいこんなくだらぬことで揉め続けに揉めて貴重な時間を空費してゐることは誠に残念である。こんなことでレフテイスト自身も別に得をするわけのものでもないのだから、早くこの情勢を改め無ければならぬと思ふ。方法を研究しなければならぬ。

今日から早速試験の答案を見はじめた。みんなで手分けをして公正第一をモットーに始めたのである。僕自身も採点する。郷里の知事柴野が社にやつて来た。地方長官会議に上京してゐるのである。ところがこの間丹羽吉夫から来た便りによると、柴野が地方長官として「我」の強さで評判を悪くしてゐるといふのであつた。しかし、僕はこれは何かの間ちがひでないかと思ふのである。彼はいまの役人のなかでは物解りのよい性質の純な男の一人である。さう思つてゐるので丹羽の云つて来たことを秘かに心配してゐたが、社の西元に心配の余りこれを話したところ、西元は柴野と友達甲斐として伝へたのである。けふ来た柴野もそのことを気にしてゐた。柴野には心配することはない旨を伝へ、丹羽には別に手紙でも書いて柴野を失望させるやうなことをするなと伝へてやらうと思ふ。

「旋風二十年」の検閲のことを藤本に依頼する。彼は検閲局のザーンといふのに私的に話しをしてみようと云ふのである。ザーンは「世界の動き」誌の方の検閲にも関係してゐて、こんなことで藤本の云ふことをある程度聴きさうなのである。

十一月二日　晴れ

ソ聯の年中行事の一つであるモスクワの体育祭。その昨年度の催しを映画にとつたものが日本へやつて来てゐる。五日から一般公開するといふのであるが、文化部の白石に頼んでおいたら、今日その試写を見せるといふのである。その試写は特に僕からの注文によつてやつてくれるものらしい。社内有志の者たちと午后二時に指定された松竹の本社試写室に出かける。僕たちが先方に着いた時には「愛から憂へ」とかいふ誠にくだらぬ日本ものゝ試写をやつてゐたが、間もなく「体育祭」が上映された。本ものはもう僕には何の珍しさもないものであるが、映画となつたものを見るとまたところ〳〵感じ入るところがある。第一この映画は着色されてゐるのであるが、映画の着色といふものは一般に誇張の多いものである例に漏れず、ともかくきれいである。特に人々の皮膚の色がうつくしい。次ぎに遠近が誇張されてゐるので、クラースイヤ広場がとてつもなく広く見えて見ごとである。そのほかにも気づくのは映画の方が本ものより数等優れて見えるといふ点だ。だが何としてもこれだけのものをものにしてゐるソ聯の映画技術は驚嘆すべきものであるし、音楽効果もなか〳〵大きい。これが一般に公開されることゝもなつたら少からぬ「ソ聯心酔者」を造り出すことであらうと思はれる。ところでこれを観終わつて場外に出たところで、僕と永戸俊雄と城戸又一とが期せずして一様に云つたことは「これはドイツのゆきかたとは、ちつとも変つてゐないね」といふのであつて、それを云つた三人が三人ともおの〳〵感じのぴつたり合つたことに驚いた次第である。ともかく民主主義などではとても真似の出来ない芸当であることは確かである。

渡瀬休み。雑用の多い日。試験の採点を続ける。用紙の行き詰りの状態にある新聞のことについて地方長官会議で上京中の増田北海道長官は「自分で自由に出来る一万トンの石炭を差当つて製紙の方へ振向けた」旨を声明した。これはどたん場に追ひつめられてゐる新聞用紙の現状にとつて誠に重大な意味を持つ言葉である。ほつと一息つける。取りあへず記事とした。

十一月三日（日曜日）　曇り晴れ　――明治節、憲法発布――

新しい憲法は先月七日の帝国議会で成立したが、今日いよ〳〵公布される。明治節といふ日を特に選んだのであらう。休みに当るので社では一昨日すでに内祝ひという意味で生麦酒を取つて成年男子の全社員にそれを無料で一ぱいづゝ飲まして、女子供には菓子と珈琲とを与へたのである。用紙事情の窮屈きはまる時であるが、今日組込みで四ページ新聞を出すことにした。朝日、読売、日経等も四ページ、「サン」までが昨日は四ページを出してゐる。憲法をめぐる祝ひの催しは今日正午の政府、貴衆両院主催の祝賀式は帝国議会議事堂であつたのを始めとして、東京都主催の国民祝賀会が宮城前広場で催された。この両方に□陛下はお臨みになつた。ことに後者では無数の人混みのなかを□両陛下が馬車に召してお通りになる。群集は雪崩を打つやうに□陛下の御車のまぢかに押寄せて「万歳」を奉唱するといふ光景が展開されたのである。憲法は変つて天皇のかたちにも変つた解釈がなされることとなつた。だが天皇に対する純真な国民の心に変りがない。

（以下略）

十一月四日　曇り　――先考忌――

社の組合代議員会議は午後一時から開かれたが、予想された通り総辞職といふことゝなつた。新しい代議員は来る十一日までに選出され、新しい代議員による初会合は十六日に開かれることゝなつた。レフテイストの希望が何処にあつたにしろ、今の空気では新しい代議員も、今までと殆ど変りのない顔触れによつて占められる様子である。社で——主として編輯局において——購読されてゐる各種の通信は、おそろしいもので年額三百八十八万円にものぼることが調査の結果判つた。それを細かく当つてみると、ずゐ分出鱈目に契約されてゐるので、一つ整理をしてやらうといふ気になつたので早速手をつけた。そして今日一日で月額一万三千円を節約させる目度がついた。年十五万円以上のものを浮かせることが出来るわけだ。

吉田内閣の六施策といふものが公表された。(一)新憲法の普及徹底、(二)教育制度の刷新、(三)行政機構、公務員制度並びにその運営の改革、(四)地方自治の確立、(五)産業経済の再建、(六)労働問題の解決および民生の安定といふのであるが、この施策の是非を云々するに先だつて、吉田内閣が憲法制定の仕事も片づいた今日、かういふ施策の旗じるしを掲げて、なほ長く居据つて行かうとする態度はけしからぬといふ声が政党の一部に高い。

今日は亡父の忌日である。今年は十三回忌に当るのではないか。この日を目ざして帰省しようかとも思つたが体の具合と仕事の忙しさとによつて、とう〳〵その計画も実現しなかつたのである。

十一月五日　　雨後止む

何かしら体の疲労が抜け切れないので午前中休んで昼食後に出社した。かうした疲労を覚えるのはその原因が心臓よりも胃の具合にあるらしいと思はれる。そこで減食して胃の休養をはかることを心掛けてゐるが、これはかなり効果がありさうである。堀場君社に来訪。元気である。この間来、市ヶ谷の国際軍事裁判所法廷に証人として出てゐた。社の法廷付記者たちに聞くと堀場の答弁はなか〳〵面白かつたといふ。「総力戦研究所といふところは何をするところであつたか」といふ検事の問ひに答へて「つまり総力戦を研究するところであつた」と云つたさうだが、彼の面目を躍如たらしめてゐる。けふは古い毎日年鑑を手に入れたいが方法があるかと相談しに来たので、大阪の出版営業に手配してやつた。

（以下略）

十一月六日　曇り、雨あり

（前略）

社の組合運動の前途を想ふと、いろ〳〵心配がある。かういふ諸問題を処理してゆくのは、とてもわれ〳〵の力が貧弱に働いてゐる間は出来ることではない。社内の大衆のなかへ身をもつて入つてゆき得る若い連中の力を借りなければならぬ。さういふ希望のもとに今日は整理部の林原と、経済部の朝居の二人を呼んで銀座の「中国」で茶などを啜りながら話をした。そして僕の考へてゐたよりも以上この二人の青年はしつかりした考へを持つてゐて、熱意もまた旺盛であることを知り、いよ〳〵頼母しく感じた。

高石老人来社。この間手紙をもつて頼んで来てゐたのであるが、千畳敷大原の青年で高石翁の知り合ひに当るのださうだが鶴岡操といふのが社の採用試験を受けた。何とかして合格するやうにしてくれと云ふ依頼であつた。しかし今度の選抜は極めて公正な方法で一貫してゆくやう決めてゐるので、一応高石老の依頼も断つておいた。入社試験で採れないのなら、別の方法で考へてみてもよいとは思つてゐる。たとへば志村富寿を甲府支局に入れたやうな行きかたで鶴岡といふ青年を千葉支局にでも入れることである。高尾正夫が社にやつて来た。彼の所属してゐる部門のＧＨＱの高官の話しによると、「旋風二十年」の検閲があんな状態になつてゐることは、どうしても正当に諒解することが出来ないといふことである。

十一月七日　　曇り時々雨あり

東京大相撲の秋場所は昨日から始まつてゐる。国技館が聯合軍に接収されて、その名も Memorial Hall と変つて新装を施してゐる。それを相撲協会が逆に借りて場所中利用するのである。僕はそれをまだ見ないのであるが、あの汚れに汚れた国技館が白いペイントで塗られ、諸設備も一新され、実にさつぱりとした心地よいものとなつてゐるといふことである。

アメリカの中間選挙が今行はれてゐる最中であるが、アメリカからの入電では共和党の優利に帰することが殆ど全く決定的となつてゐる。フーバー以来の共和党の天下がこの際やつて来るのである。ニユー・デイールの敗退、ストライキに対する抑圧、対ソ協調政策の放棄等が予想される。そして日本にとつてはマツカーサー元帥の地位が安定するといふ意味で重大な影響を及ぼすものと見られる。これはわれ〳〵の立場を悪くするものではないと思ふ。

けふはソ聯の革命記念日である。ボリシエヴイキ革命も第三十回の記念日を迎へたわけである。だが、昨晩のボリシヨイ・シアトルでのモスクワ市ソヴイエト、モスクワ市共産党共同主催の祝賀式典にはスターリンが出席しなかつたさうだ。ジユダーノフがその祝辞を代読したと伝へられる。その会の壇上にスターリンが姿を見せないといふことは実に重大なことである。一九三六年であつたか、その年の春以来、あらゆる公式非公式の会合場へスターリンが現はれなかつたので、スターリンの重病説や死亡説が世界のニユース界を賑はしたものであつた。ところが、その十一月六日の夜僕たちが招かれて臨席したボリシヨイ・テアトルの式場へ、ひよつくり現はれたのが当のスターリンである。大変な賑ひであつたことを想出す。今度のことであるがスターリンの健康上の問題であつても事柄は少くない。しかし健康には支障がなくてなほこの会場に臨むことが出来ぬやうな事情がありとすれば、更に重大だ。

総合企画委員会の小委員会が午后二時から催されて社の北海道進出について協議する。これも早く態度を決定し、やるのならやるで確実な施策を立てなければならない。

社の組合大阪支部で昨日代議員の改造をやつたところが三名を除いて外はみな右派だといふ。ところがその三名の左翼といふのが和田伝五郎を最も左とするといふのだから、また何をか云はんやである。東京の方でも新しい委員長について下打合せをしておく必要があるので、二、三の者の意見を聞いてみたが、右翼優位を絶対的条件とする者の声が圧倒的である。委員長には佐倉潤吾の再選説が有力である。「風雪の碑」再版の二回め印税が二千円鱒書房から届く。石沢正男来社。彼の口から始めて聞いたのであるが、今度社では新館七階に大ホールをつくることになつてゐて、そこにピアノを置く予定である。

ところがそのグランド・ピアノは石沢のものを買ふやうに話しが進んでゐるのだといふ。二十万円とか二十三万円とかの値段である。石沢はこれを売つた金で家を買ふ積りらしい。左様だとすると新円支払でなくてはならない。石沢のことだから是非とも左様してくれといふやうな態度を採つてゐないが、彼の計画を訊いた以上、そのやうにしてやりたいと思ふ。

社会部の上村の世話で柏原兵太郎の食生活安定協会から林檎二箱を手に入れた。夕方は戦犯本部の連中と一緒に大作で広瀬節男を招いたが、その帰り社の自動車を廻して貰つて、広瀬を目黒の寮に送る序に、林檎の箱をわが家まで搬ぶ。最近の素晴しい買物である。

十一月八日（立冬）　晴れ

きのふ家に持つて帰つた二箱の林檎に今朝起き出したばかりの桂大いに喜ぶ。喜んだのは桂ばかりではない。一箱はゴールデン・デリシヤス、一箱は国光。少しは七海家へも頒けたが、それで思ふ存分林檎の味を満喫することが出来た。新しく文部省中心の国語審議委員会で判定された当用漢字と新仮名遣ひとを審議する社の小委員会を午后一時から開く。新しく制限された漢字は一千八百字である。仮名つかいは音の通りに書くといふことが原則とされてゐる。新しい体制によつて新聞を作るのを何時からとするかが当面の問題であるが、僕は十二月一日から主張してゐる。なかには全面的な体制がもつと整つてからといふものもあり、国定教科書が新体制によつて世に出てからといふものもあり、少くとも文部省やその他の諸官庁が告示やなんかを新体制でやるやうになつてからといふやうな説もあるが、苟も新聞社のやる仕事である以上、啓蒙的な態度で常に先頭に先頭にと進んでゆくことを必須とする。だから僕は忙ぐのである。工場の方にも新しい母型をつくつて活字を鋳なほすことを注文した。スタイル・ブックの基本とする冊子も（今のところ当用漢字表、新仮名つかい表くらゐのものであるが――）急に作製することゝした。そしてこの委員会を来週月曜日に開き、続いて翌火曜日に部長会議を開き、大阪、西部とも連絡をとり、半月の準備期間を置いて一斉にこれを実施しようと思ふ。そんな訳だから、この日記も新しい仮名つかいと当用漢字に準拠して書かうと思ふ。それまで用ゐた漢字や昔からの仮名遣ひを棄てることは感情的に忍びがたいところが無いではない。しかしこれは確かにわが国文化のうへの一革命である。革命には感情による働きは禁物である。社内でも左様な感情的なもので、この企てを妨げようとする者があれば極力排撃しなければならぬ。この委員会が済んだところへ新聞報から記者が来てインタビユーを求めた。本社の当用漢字と新仮名遣に対する態度を聞きに来たのである。

（以下略）

十一月九日　　曇り小雨

（省略）

十一月十日（日曜日）　　晴れ

――井荻に猪狩先生を訪ふ――

福島の郷里の方に疎開されてゐるとばかり思つてゐた猪狩先生が東京にまた帰つて来て居られること

を知つたのは、八月ごろのことであつたらうか。その頃から是非お訪ねしなければ済まぬと思つてゐながら、つひ〳〵その機会に恵まれなかつた。一、二度手紙を頂いたが、その後連絡もと絶えたので一層どうして居られるか、お年もお年であるしと思つてゐたところへ、先日中原功から聞いたら、体を悪くして休んで居られる。そのために毎月一回づゝ催される約束になつてゐた老子の講義も最近はずつと休みである――といふことである。そこで多少の支障を押してでも見舞ひに行かうと決心した次第だ。今日の日曜日をその日に当てたのは数日以前のこと。桂を連れて行つてやることはつひ昨日あたりの決定である。お見舞ひ品として例の林檎を十個ばかり包んだのを持つて八時半ごろに家を出た。コースは大井線を自由ヶ丘へ、そこから東横線で渋谷へ、帝都線で吉祥寺へ、省線で少々戻つて西荻くぼへ――といふことにした。自由ヶ丘の駅で電車を待つてゐると、富士が雪を冠つてくつきり空に聳えてゐるのが見える。渋谷で電車を降りた時、左近司政三老に出会はす。永福までゆくといふので一緒に帝都線の電車を待ち、うまい具合に車内でも席を占めていろ〳〵な話しをした。

この電車の沿道、ことに浜田山、久我山あたりから井の頭公園にかけての風景は実によい。てうど紅葉の時期であるから一層さうなのか知らないが、まだ昔のまゝの武蔵野の姿が至るところに見えて、出かけて来て良かつたといふ気持ちがする。電車はなか〳〵混んだけれども、車窓の眺めは、その不快を償ふに十分であつた。西荻窪駅から井荻への途は間ちがひはなかつたけれども、ずゐ分長い間来ないので、井荻の先生の家に近くに行つてから見当がつきかねて、あちらこちらで尋ね〳〵して行き着いた。先生のお宅の例の櫟林は未だ黄葉し切るには少し間があるやうであつた。台所の方の縁近く坐を占めて客と対話しながらふかし芋を食つてゐるのは小太郎君（先生の長子）にちがひないと思つて、話しかけてみると、髯など無性に伸ばした親爺になつてゐるが、それは小太郎君に間ちがひなかつた。考へてみると彼がほんの子供のころ会つた切り、今まで相見なかつたのである。先生は在宅であることはすぐ解つた。表玄関へ廻ると小太郎君の夫人から注進があつたものと見えて、もう先生が居室から縁側に出て、「お、お、良く来てくれた。さあ上り給へ、こちらへ来てくれ給へ」と云つて居られる。先生の服装は木綿の労働着のやうなものであつた。釣りにゆく時の衣服なのださうだ。嬉しかつたのは先生が元気なことである。病気の気配など少しも見えない。そのことが心配になつたので、席に着くか着かぬかに聞いてみたら、「八月ごろ悪かつたが、もうとつくに良くなつてゐるんだよ」といふこと、この前お会ひした時と変りのないお顔と共に僕をほつと安心させた。

桂は頗るおとなしい。何しろ出発の前から「父ちやまの先生のまつ白なお髯の生えたおぢいちやまのところへ行くんだから、おとなしくしてゐないとお父ちやまが恥しいからね」と云つてあるのだ。先方に着くと背負つて来たランドセルのなかから煎餅を出して先生のお孫さんに頒けたり、自分でもそれと干芋を食つたり、なか〳〵落ついてゐる。何時ものことであるが、先生のところへ伺ふと茶がうまい。杉浦先生も左様であつたが、猪狩先生も一々自分自身で茶を煎れて供して下さるのである。そのうへ今日は庭に実つたのだといふ柿を御馳走になつたが、これがまたなか〳〵風味のある結構なものだつた。先生の話はいろ〳〵な方面にわたつてながく続く。夫人の亡くなられた頃のことも承つた。先生は「立派な往生であれはあれでまた幸福だつたよ」と述懐されてゐた。

福島の疎開地は先生の故郷で夫人の方には、余り親しい人もなかつたから初めの間は気分のうへでも楽ではなかつたが、そのうちだん〲慣れた生活が出来るやうになつたし、食物なども豊富で、東京生活では想像も及ばぬくらゐだつた。昨年八月十五日戦争が終つて、その後二週間の二十八日、外に出てゐた――釣りに行つてゐたと云はれたか――先生が帰つて来ると、これを迎へられた夫人は「夕食の支度は出来てゐます。私はちよつと風呂を貰つて参りますから」とすぐ坂下の家に出てゆかれた。それが最後で夫人はその風呂場で卒倒されてそれ切りになられたのださうだ。

　先生は郷里では読書と釣りをしてゐたよ云つてをられる。そして郷党子弟の教育などといふことにまで手は及ばなかつたが、疎開した書物や倅の送つてくれる書物などを村の青年たちに貸し与へて、書物の読みかたを教へたり、読書の指導などをした――とも云つてをられる。書物や著述の話に移ると、私の「旋風二十年」を面白く読んだと云つて下つた[ママ]し、先生は昭和のはじめ「天皇論」といふものを書いたことを話された。それは上梓されたものではないが、この際一度眼を通して再検討したうへ、満足のゆくものとして残しておく積りだ。しかし出版する意志は今のところ持つてゐない――とも云はれた。日本中学のことにも話しが及んだが、先生の考へでは今の校長の森口といふ人も年齢が年齢だから、早手まはしにもつと若い人を学校の中心となるやうに準備しておきたいと云はれるのである。

　理想的な一つの案があるんだよ。先生のお婿さんの益彦さん（先師杉浦重剛長孫）がなか〲立派な人だ。今の仕事（多分文部省の役人だと思ふ）に優れてゐるやうに教育の方にも良い素質があつて、それに興味を感じとられるなら、あの人を迎へれば上案なんだがねといふのである。益彦さんのことについては僕も聞いてゐる。故吉秋さんが「隔世遺伝だよ」と云つて、ひそかに自分の息の出来のよいことを喜んでをられたことも想出す。いま猪狩先生からかういふ話しを聞いてみると、何とかして実現させたいものだと思ふ。大たい僕はまだ杉浦先生が在世された頃に「日本中学校解散論」を主唱したものである。杉浦先生が他界されることがあつたら、それ切り日本中学校は生徒の新入学を拒絶し、それから五年の後には全学年のないこと、して学校の形を無くしてしまふといふ説なのである。それは杉浦先生の大人格が生きものを扱ふ学校といふもので毀損される日の来ることを懼れること、先生なくして先生在世当時のやうな学校の形態と精神とは持続出来ないと考へたことに起因するのである。しかし、僕の説など容れてくれるものなく、現に今日も日本中学が残つてゐるところを眼のあたりに見ると、これを何とかして少しでも立派なものとしておきたいといふ希望は大きい。けふの猪狩先生のお説にはその意味で特に耳を傾けた。

先生はまた同窓の誰彼のことについて僕にたづねられた。一つ骨を折つて同窓の者を出来るだけ多く一堂に集め、そこへ先生に来ていたゞくやうな機会を造りたいものである。一時間ばかり、そんなことを承つたり、こちらからも近況を申上げたりして辞去した。先生は下駄をつつかけて、外まで見送つて下つた。(ママ)帰り途にキヤベツを売つてゐるのを見て、それを一つ買つて、家への土産にする。新キヤベツはながらく買ひたいと思つて果たさなかつたものである。西荻窪から省線で目黒へ、そこから東横線で洗足へ——といふ途順で帰宅する。帰りの電車は案外空いてゐた。おそい中食を終つて風呂に入る。

夜に七海老が二階にあがつて来て、社の運営のことなどについていろ〳〵話しを交わした。

十一月十一日　朝晴れ、曇り後雨

けふから永戸が出社する。ストライキ騒ぎ以来ずつと病院にゐたのである。新井君がまだ出て来ない。まづ〳〵かうして毎日出勤して一通りの仕事が出来るやうになつた僕自身を喜ぶ。「当用漢字と新かなつかい」の小委員会を開く。何時から、この新しい体制に入るかは何よりの問題で大阪などは国定教科書の問題や諸官庁の態度などを考慮して、それ等と歩調を合せるやうにと云ふのであるが、僕はこれを取らない。苟も新聞を立場としてやる仕事である以上、常に啓蒙的、指導的な態度を失つてはならない。今度の企ても陣頭に立つて一般国民を引張つてゆく心組みでありたい。その仕事は確かに大きな困難を伴ふであらう。何故かならば、それはわが国の文化革命と云つてよいからである。革命である以上、なまやさしい心の持ち方で、これに臨んではならぬといふことも銘記すべきだ。そんな考えをもつて小委員会に臨み、次のやうなことを決めた。

一、新しいスタイルに移るには「建設」欄、「雑記帳」欄、碁・将棋解説、ラヂオ欄、社説、「硯滴」などから始めて全紙面に及ぼすこと。

二、十二月一日を期して全紙面新スタイルに入ること。

三、これと同時にルビーの全廃（「小国民」例外）。

四、この間代用語の研究を十分にする。

五、実施までには各部の講習会、研究会を開いて新スタイルによる記事の書き方を研究する。

六、横書きは左からとし、これも十二月一日より一斉に実施する。勿論欄外の横文字も左から。
七、「現代かなつかい附当用漢字音訓索引」といふ小冊子二十五万部を印刷（一両日中に完成）して東京管下の社員に送る。大阪、西部にも参考として送つてやる。これは将来出来あがるべき本社スタイル・ブックの基本となるべきものであつて、これに、代用語、固有名詞仮名代用、外国語各標示表、ローマ字スタイル等といつたものが附加されて完璧なものとなるわけである。
八、代用語の検討決定等の仕事のために特別委員会をつくること（出稿の多い各部から委員を出す）。
右のうち特に問題となつたのは、十二月一日から実施することの適否とルビー抜きで支障はないかといふ二つであつたが、第一の問題は工場の方の準備は十分出来るといふから、編輯の方に技術的な困難のあるはずなく、十分やつてゆける。たゞ感情的なものは当然起こるにちがひないが、これを取あげてゐては今度のやうな大改革は出来るものではない。ルビーの方は全部これをなくすることに多少の無理はある。義務教育六年制下では漢字の習得は一千三百二十字だから、今度の制限範囲一千八百二十字にはほど遠い。それは義務教育の九年制を待たなければならぬ。しかし今までのルビーも決してむつかしい漢字ばかりがルビーを背負つてゐたわけではない。新聞を読むことで勉強させると云ふ風にしてゆきたい。ルビーを抜くと工場の仕事は大変良くなるのである。これに関連して活字の改良も組み方の新工夫もなければならぬ。二十日には新しいスタイルによる本紙の見本刷りが試みられるはずである。

午后二時からの次長会議では、六、七、八階の新設各室の検分をする。六階の大ホールの出来栄えはなかなか良い。五百三十人の定席を持つたものだが、こゝに今石沢家にあるピアノが据へられるのである。これはたしかに丸の内の文化センターとして、また東京でも他に類のない文化的集会所として大いに活用されることになるだらう。八階の旧工業会跡もよい食堂になる。こゝは菊屋の小林と金谷ホテルの長男が共同で経営する予定であるが、希くはこの前の工業会の場合のやうな下品なものとしたくないのである。

この間以来「旋風二十年」第三版の検閲や、ボリシエヴイキ革命記念におけるジユダーノフの演説についての検閲などでも解るが、米国の米ソ関係に関する心つかひはなかく細い動きを見せてゐる。米国の中間選挙に関する外電の検閲でも、そのことが明かに露はれてゐる。八日附ニユーヨーク特電「米外交政策は不変」の記事中、削られたのは決して一個所ではないけれども、特に

日本および中国に関する限り推断し得るところはマ元帥の役割が増強され、米国が中国および朝鮮の問題において、ソ聯の勢力を増大せしめるやうな解決に対して従来より以上に反対するだらうといふことである。

といふ個所が削除されたことは注目に価するものである。

十一月十二日　　曇り

河合厚生大臣がひる飯を食ひながら話しをしたいと云つて築地の錦水に招いた。永戸、神田、美濃部そして僕の四人が出かけた。大臣は閣議があつたからと云つて遅刻して来たが、話しをするうちに、最近の政府の動きなどいろくと新しい知識を得ることが出来てよかつた。以下メモにまで

一、労働省新設は立消え、労働庁が出来た。一省を新設することについてはＧＨＱの諒解も出来てゐたのであるが、関係の数が多くあり過ぎるといふ閣内の意見からかうなつたものである（そこで僕たちの考へとして、一そうのこと現在の厚生省の名称を労働省としてはどうか。厚生などといふ言葉が国民にぴつたりと響かず、名前だけ聞いても何をするところか解らぬといふことを提議しておいた）。僕自身も左様思ふ。労働省があり民衆の保健衛生のことなど、その部門に含めるべきだと思ふ。

一、自進合同問題はひとへに鳩山一郎の色気から実現しないといふ。鳩山はまだあれで自分が自由党の首脳に返り咲けると思つてゐる。鳩山が思切れば自由党と進歩党とが一緒になることは簡単だと思ふ。鳩山にとつても一そうのこと、こゝで身を捨てた方が却つて浮ぶ瀬の発見となると思ふのだが、そこまで行つてゐないのである。

一、講和会議は案外早く行はれるのではないか。左様判断する材料が多い。明春ころかと思ふ。

一、現在の国内における石炭不足を補ふために重油をアメリカから輸入する問題は具体的に考究されてゐる。実現可能と思ふ。石炭を材料とする施設には石油燃料が向かないといはれるが、左様ではない。時には石油を石炭にぶつかけて使用してよいわけである。

一、中労委の勧告文（今朝の紙上に出た中労委の電業ストに対する調停前文）には中労委の力の及ばぬところは政府でよろしくやつてくれと云つてある。政府が中労委の働きを信じないなどといふ評は当つてゐない。

午后三時から部長会議（編輯、出版を含む）を開いて漢字とカナツカイについて協議する。大体昨日開いた小委員会の決定事項を承認すること丶なつた。この問題はなか〳〵多難な前途を予想せしめるものである。だから特別委員会（今までの小委員会に出稿の多い部から委員を出したもの）をつくつて、気ながにやつてゆくこと丶した。漢字が一千八百余に制限されると、当然新しい代用語が出来て来なければならぬ。しかしそれは俄かに、しかも無理に造つても用をなすものではない。十分な考慮のうへに造られたものに十分な検討を加へ、世間に問ひ、自然に残つてゆく言葉こそ本当の言葉である。代用語は代用語でなく、本当の国語でなければならぬ。

単一組合の新しい副委員長になつた山本正雄が社の組合運動について話を持ち込んで来た。云ふところは組合運動を中心として社内が左右両派に対立してゐるやうなことでは困るから、それを改めるために、今度は組合役員の選挙を機会に一つの手を打つてはどうか。つまり右派が出さうといふ佐倉、左派が出さうといふ森本の二人とも一度引込めて、双方の納得のゆける人間を委員長にして、この急場を乗切つてゆくべきではないか――といふのだ。それに対して僕の立場では、それが良策であつても、自ら動いてそれを成就させるといふことは出来ぬ。たゞ諸君の働きに俟つより仕方がなく、僕に許されるものは単なるモラルサポート以上に出ないであらう。ところで今いふところの君の案はそれで良いと云へるであらうか、人間の面をどう配列するかとか、どういふ格好を整へるかと云ふやうなことで片づくものではあるまい。こ丶まで感情的にこぢれて来た双方の対立を解消することに重点を置かなければならない。形の問題でなくて心の問題である。選挙を一両日後に控へた今日、それに手を染めてみても、急に成功するものではないが、気ながにその軌道を進んで行くべきではないか。ともかくやつてみたまへ

――と答へた。

（以下略）

十一月十三日　晴れ時々曇り

南方で殉職した本社員の第二回合同社葬が、今日午后二時から東京、大阪、門司で一せいに執行された。東京での葬儀は五階大会議室で浅草本願寺花村輪香の導師で行はれ旧重役なども出て来てなか〱の盛儀。遺族たちも満足してゐたやうである。しかし小さな遺児が式に臨んでゐるのを見ると全く心がつぶれる。桂があんな境遇に置かれたら――など、考へるとたまらないのである。夕方はエーワンで列席の遺族を招いて宴があつた。一時金、退職金なども今日それ〲遺族に手渡されたはずである。さうかうするうちに、また第三回の合同社葬の準備をしなければならぬことになつてゐる。

「漢字と新カナ遣い」問題で大阪と交渉する。大阪が今になつて十二月一日からの発足が困難なことだとか、その他いろいろ消極的な考へを述べて来た。大阪の準備が間に合はぬといふのなら、東京だけでも先づやつてゆく積りである。ともかくも大阪、西部との打合せも必要だから、十五日夜山本活版部長、十六日夜藤森校閲部長がそれ〲東京を立つて下阪し、大阪で会議を開くこと、なつてゐる。

広瀬が社に訪ねて来て、山陰のするめを呉れたが、別に伊東重任が郷里の常州から送つて来たといふあまだいをくれた。

この間来ぐず〱揉めてゐて海のものとも山のものとも見当がつかなかつた「旋風二十年」の検閲に

ついて鱒書房から情報が入つた。検閲課から出て来いといふので人を遣したところ、多少さらに削除を要求するかもしれないが、出版を許可することは間ちがひないと云つたさうである。

十一月十四日　晴れ曇り小雨

総合企画委員会があつて、週刊の教育通信発行のことについて協議をする。これは小国民新聞の休刊日である日曜日に国民学校の教職員を主たる対象として出すタブロイド八頁の通信である。名称を「教育毎日」Weeklyとすること、発行部数はまづ五万を目標とすること、定価は一部八十銭乃至一円とすること等が決り、なほ見本刷りを基として内容を検討した。

「漢字とカナツカイ」の第一回特別委員会を開く、大阪の態度如何に拘らず十二月一日から全面的に新態勢で新聞をつくること、ルビーは思ひ切つて全廃すること等の再確認をしたうへ、代用語の問題について僕の腹案通り事を運ぶことゝした。そして今日明日中にそのために国語審議会の原博士の支援を得た代用語々例を編輯局全員に頒布し、各人の具申をも参考として社が日々の紙面作製上緊急必要とする言葉から次ぎ〳〵に新代用語を紙面に使つてゆくことゝした。

（以下略）

十一月十五日　快晴。寒し（朝三度）

社員採用試験の第二次試験日である。今日は口頭試問と体格検査でその口頭試問はみな役員に委した。

僕にはどうしても入社さしてやりたい中原功がゐて、その運命が今日の試験で決定するのであるから、そこに出ることは気がとがめる。後で聞いてみると中原の試験の評判は悪い方ではない。

工藤と三高が同窓である法制局の井手第一部長が訪ねて来る。用むきは今朝の本紙第一面トップを飾つた皇室典範の記事についてゞある。これは内輪の話が政治部の西山が取つて来た本紙の特種子なのであるが、それを紙上に出したことは政治として非常に痛手であるらしい。といふのは、かういふものが出る、これは原案であるが、いよ〳〵議会の前にその法案がまた発表され、両者を比較して相違が発見されたら、その部分でGHQで手を入れたものであることは少し気の利いた読者なら、すぐ想像するのだ。だからGHQは原案が他に漏れることを一般に嫌つてゐる。この次に出るべき皇室財政法などゝなると、皇室財産のことにまでマツカーサーが関渉（ママ）したといふことになつて国民の怨嗟がマツカーサーのところへ振向けられるであらう。さういふことを懼れてゐるのである。だから日本政府でも、その辺のことを呑み込んで厳重な秘密を保つやう努力してゐる。今日本紙に出た材料などでも、閣議には閣議が始まつてから文案を関係に頒け、会議が済むと匆々それを回収したといふほどであるのに、毎日新聞はどうして手に入れたものであらうか、想像もつかない。こんなことがなほ続くやうならば政府の進退も窮まることゝなる――といふ泣きごとである。と云つて政府としては新聞に何も要求することも出来ないのだから、たゞこの苦衷を察して頂いて、何らかの好意ある措置を考へて貰へれば幸だと云つてゐる。勿論どうするかうすると約束の出来ることではないが、ともかく趣旨は十分諒解出来たし、出来る限りでそちらの希望に添ふやうにしたいと返事を与へた。今日組込みの社説が皇室典範に関するものであつたが、それは今日の当局の申出でにかち合ふものではないから、そのまゝ掲載すること丶した。

夕方、築地の「楠幸」へ菊池寛と久米正雄とを招く。横光利一も招いてゐたのであるが、彼はひどく胃をこはしてゐるので「残念ながら」と出席を断つて来た。この催しは本社の客員であつた三人と表面上手を切つた形になるので、一応これまでの労を謝するといふ意味のものである。菊池寛がめづらしくよく喋つたりして、今晩の会食は実に面白かつた。そのうちの一つ——今度創元社で「創元」といふ一部百円といふ雑誌を出す。それにのせる小林秀雄の「モルツアルト論」は面白いといふ話しを古谷が切出したことについて、小林秀雄のことに話が移る。

菊池寛は「小林といふ男がそんなに立派なものを書くのかネ」といふ。みなが冗談ではない、小林秀雄を世に出したのは文藝春秋ではないですか、それをあなたが知らぬといふ法はないといふ。そこで菊池は言を次いで、小林の方では僕を認めてゐるかも知れぬが、僕は小林を認めないね。小林が僕を認めてゐるといふのは、かういふ訳だ。大阪へ競馬に行つて小林に会つた。小林は負けに負けてからつけつになつた。可愛さうになつたので、僕は夫々の馬を買ひたまへ、副ならばきつと当るにちがひない。金なら僕がいくらでも貸してやるからと云つて買はしたところが彼は勝つたネ。あれで僕を認めぬといふ法はない。

それから文学論が出た。いろ〳〵珍しい話しに、面白い話しを聞くことが出来たが、「作家の真価とその名声」といふものは決して一致するものではないといふ話しから、菊池は尾崎紅葉と泉鏡花の例を出した。作品の価値では鏡花の方がすぐれてゐるのに、名声は紅葉の方が上に位してゐるのはをかしい事実だといふのである。それに次いで「だが作品の価値とその作家の人間性といふものも一致しない場合があるものだ」と云つて、鏡花について次のやうなことを語つた。

あれほど「恩師紅葉」などと外に対して云つてゐながら、紅葉の未亡人が生活に困つて、ある年の暮れに鏡花のところへ金を借りに行つたところ、鏡花はそれを拒絶してゐる。そして金十円を包んで歳暮だと云つて紅葉未亡人のところへ送つたといふことがある。どんないきさつがあるのか知らぬが、人間的に見て面白くない。それから佐渡の小木港で紅葉の碑を建てるといふので、その資金の基金に僕たちのところへも色紙を書いてくれと云つて来た。僕はまづいのを二、三枚書いたが、鏡花はにべもなく断つてゐる。色紙を書くのがいやだつたら金でもやれば良いぢやないかと思ふんだがネ。

この話しの序に作品のなかの会話について菊池はいふ。

紅葉の作品は大したものでないと僕は云つたが、彼の作品のなかの会話は良い。現代の作品にあのまゝ持つて来ても立派なものです。為永春水の会話もよい。江戸時代のものを今日のものと比べて、しかも優れてゐるんだ。会話のよしあしは時代の隔りがないと云つてよいね。

夏目漱石も菊池寛には極めてみぢめな取扱ひを受けてゐた。「久米や芥川が、あんなに漱石を大家扱ひにするのが僕にはをかしくて――」といふのであつた。

十一月十六日　　晴れ時々曇り

（前略）

原為雄の斡旋で小林亀千代と渡瀬亮輔との四人で中食を共にして話しあふ。小林のおごりらしいが、業務局の当面の仕事についていろ〳〵聞くことが出来て良かつた。業務局が販売を第一、第二の両部に分けて以来、貸金の回収が非常に良くなつたといふのである。小林はその方の天才であることは七海老からも聞いてゐたが、九月末に七百三十六万七千六百八十二円あつた未回収金が十月二十五日の締切りには五百七十五万一千七百三十三円と減り、それから十月末日までの五日間を経て、三百二十五万何円とかとなり、十一月に入つてはそれが更に減少してたゞ今では二百五十万円ばかりの未回収が残つてゐるだけだといふのには些か驚かされた。この会合は銀座一丁目の「菊知」といふバラック建ての家で催されたのであるが、バラックにかゝはらず立派な座敷があるのと料理の良いのには、これまた驚かされたのであつた。

社に帰つて早版締切り変更に関する打合会。僕は他に所用があつて、この会は渡瀬が受持つたが、この間来問題となつてゐた南信地方ゆきの新聞の積おくれ頻出を防ぐため南信ゆき新聞を特別に早版として一版とし、現在一版に含まれてゐる他の地方版をすべて二版に繰入れるのである。そこで本紙一版は第一面の原稿締切――〇・三〇、組上り――一・〇〇、出検――一・二〇、OK――二・二五、刷出し――二・三五となり、第二面は締切り――一・〇〇、組上り――一・三〇、出検――一・五〇、OK――二・五〇、刷出し――三・〇五で、ぎりぎり刷出しが三・三〇。それで新宿四時三十分発列車に間に合はせようといふのである。そして在来一版地区であつた山形、秋田、岩手、青森、北海道を二版地区とし、発送の順序に鉛版の掛合せをする。この組上りは第一面三・〇〇、第二面二・五〇、いづれも二十日組込みから実施と決定した。

けふの厄介な問題は、本紙が検閲不許可の記事を掲載したといふ事件である。ニユーヨーク発UP特電で「日本の対外個人貿易は来年の後半までに再開されるだらう」といふ国務省極東部長ジヨン・ヴインセントの談であるが、そこのところをGHQの新聞検閲課は削除したのに毎日新聞は載せてゐるのは怪しからぬといふのである。社の方で調べた結果は此方の不注意もあるが、先方の手落ちも見のがせない。だがそんなことを云ひ張つても始まるものでないので、僕が面白くもない役割を引受け、社を代表してあやまりにゆく。

（以下略）

十一月十七日（日曜日）　雨

今日から毎日日誌を新しいカナツカイと当用漢字とでつけることにした。なか〱の努力がいることゝ思うが、早くなれることこそ必要である。

（以下略）

十一月十八日　晴れ

社に出ると大阪に出張した山本光春から手紙がとゞいてゐる。十六日に大阪西部の当事者たちと「漢字とかなつかい」の打合会を開いたところ、大阪はなか〱頑固であった。しかしルビー抜きの方針について説明をしたら事情がそんなに大げさでなく、準備にも余り時間を必要とせぬことが解って、だんだん話しの本筋が進んでいくようになったということである。役員会議のために上京して来ている平野太郎も漢字やかなつかいだけのことならともかく一社百万円全本社で三百万円もかゝる活字鋳造を伴ふ仕事を東京だけで決めてしまうのは困るという。これはスタイルの変更と将来の活字改良の問題とをごっちゃにした話しで、今考えているのは当面の漢字とかなとだけの問題で、今ある活字を用い、ルビーをはずすこと、いくつかの略字を新しく活字につくることで足りるのである。大たい大阪がこの期に及んでとかく云うのは感情的なもので、東京の意志に従って動くことをいさぎよしとせぬと云った気分が抜け切らないのである。これ等のことについては今日の特別委員会にも報告し、これから大阪との連絡を十分にし彼等の感情をうまく摑んで行くことに皆が協力してくれるよう頼んだ。今日の特別委員会では、たちまち問題となる代用語について話合ったが、そのうちの主なものは

一、編輯の輯に変へるに修と集とがあり、集の意見多数

一、ソ聯の聯がなくなるので今は連を用いてゐるが、僕の意見としてソヴィエト社会主義共和国同盟をUSSR（CCCP）の正記とし、ソ聯に代へるにソ盟とすること大体了承。朝日はソ同盟としている。アカハタその他共産党刊行物はみなソ盟を用いている。

現在の社の聯絡部は連絡部とした。

高橋政治部長が辞職願を出した。これは俄かに出たものでなく、彼はすでにこのことについて僕に打明けていたのである。彼の心境はなか〳〵立派なものがあって、社のこと、仕事のことをおもう余り今

度のような処置をとったのである。このことを神田にも話し、彼のためにも社のためにも、事がうまく運ぶように努めることゝした。社の組合の幹部は一昨日決定した。いろ〳〵ないきさつはあったが、執行委員長に佐倉潤吾が書記長に高原四郎がそれぞれ就任した。

石沢正男が社を訪ねて来た。彼のピアノが近くおさまるべき六階のホールを見せ、音楽のコンクールの招待券を与える。ピアノの代金を社は現金と封鎖切手と半々で支払うと云っておったのを、僕が上田に話して全額現金ということにした。石沢が来たのはそのことについて謝礼を述べるためだった。

大相撲けふが千秋楽。大相撲も大相撲だが、占領軍の手で改装されてメモリアル・ホールとなった国技館を見物するために一度行きたかった。体育部からは、今日はどうか今日はどうかと毎日誘ってくれたが、忙しくてとう〳〵行けなかった。渡瀬は今日の午后出かけた。

「風雪の碑」の再版の印税最終分二千四百四十円を今日うけ取ったが、「旋風二十年」の検閲の方が依然としてうまく行かない。聞くところによるとGHQ検閲当局は遷延策をとって出版を断念させる肚らしいというのである。果して然らばけしからぬ。

十一月十九日　　晴れ、くもり

今日から役員会議が東京ではぢまる。しかし、本田がまだやって来ない。風邪を引いているともいうが、そうではないともいう。あれほど東京きらいの男はない。大阪は漢字とかなつかいの問題では至って消極的であった。そして東京を「先走り」呼ばわりをした。きのふ平野太郎のごときは「こんなことは準備期間を半年くらいおいて行うようにしなければならぬ」と云った。だから大阪の打合会に行ってゐる山本も藤森もなか〳〵難儀をしているようであったが、今日は大ぶん模様がちがう。西部も大阪もにわかに乗気になった。乗気になったというよりは焦り出したというように見える。それは東京朝日が本社の堂々たる態勢を見て、これではならぬと焦り出し、それが大阪朝日にひゞき、さらに大阪の本社を刺激したもの丶ようである。何にしても、こうなって来るのが自然であるし当然である。これからは仕事もやり良くなるのであろう。

タイプライターを社に売った。レミントンの手提げ、余り使ってはいないが、四千円といふ評価である。それでよいということにした。こうして売り食いして行けば、当分の間、食いつなぎは出来る。

立石隆一が三陸もの丶さんまを三十尾もくれた。それを豊子が社まで受取りに来たが、そのついでに厚生部で買物などをして帰る。小滝顕忠が来て、東京急行が海軍からゆずりうけた金沢八景の印刷所を経営することについて相談をもちかける。これは工務局について何とか具体化そう(ママ)と思うのである。もう一つは小滝は彼の甥の就職口を見つけること頼んで行った。豊子と桂とは小滝の自動車で渋谷まで送って貰ったそうである。僕は四時半から日本橋の高島屋に行って、従業員組合幹部たちのために話しをする。夕食を馳走された。

(以下略)

十一月二十日　晴れ

（前略）

広岡光治が社に訪ねて来た。彼はハルビンで商売をしていたが、いろ〳〵苦労したあげく、先月二十日に日本へ帰ってきたのだそうだ。彼は僕の知ろうとしていたハルビンの模様について豊富な材料を持っていた。

大北新報の山本久次は八路軍に殺された。

古沢幸次老と辻光とは無事に帰って来た。古沢老は厚木にいるはずである。

加藤明は終戦後いち早く逮捕連行されたという。その当時逮捕されたものは邦人無数、白系ロシア人約三千、ドイツ人は三〇三人いたうち三〇〇人が捕われたそうだ。

気の毒なのは岡崎虎雄のことである。終戦後いろ〳〵在留邦人の世話などしてゐた。そして九月十九日に他の邦人たちと一緒にハルビンを出発して引揚げようとしていた矢先、ハルビン駅まで出て列車を待っているところを上田熊生、佐賀常次郎、三井、三菱の支店長など二十人が指名され、出発許可を取消され、そのまゝ抑留されたということだ。

新聞界追放令に関する情報を政治部の松田が手に入れて来たので、ちょうど役員会議を開いてゐる役員たちに知らせる。ＧＨＱから示された線であって、もう動かぬところである。この線が活かされるのなら社内からも相当の該当者を出さねばなるまい。僕自身は今日までどうなるものやら解らぬものと考へ、どうなってもよいと決めていたが、戦争中に論説委員であったことも、今日編輯局次長であることも、いま伝へられる線には引かゝらぬらしい。だが、何処からどんな新説が現れ来て身辺をくつがえしていくか知れたものでない。――それだけは、少くとも日本が占領下にあるうちは忘れられない。

今日から南信版独立にともなう各版組上時刻改正を実施する。渡瀬今朝青森へ旅立ち、神田役員会に没頭しているので、雑用は僕一人のとこへ集注して忙しい。

十一月二十一日　晴れ曇り、夜雨

十二月一日から実施する漢字制限、新かなづかひによる新聞の見本刷りをつくる。全面ベタであるが、漢字の画が少くなったのと、かな文が多くなったのと行間開けに苦心が払はれてること等で紙面全体の感じは決して暗くない。しかし冷たい感じのすることはまたまぬがれ得ない。欄外の文字をはじめとして横書きはみな左書きにした。これは目に馴れるまで読みつらかろう。この見本刷りは編輯局長はじめ局内にひろく行きわたるように頒布し、みなの批判を乞ふていろ〳〵改良の手を加へる積りであるが、今のところうまく行きそうに思われる。当用漢字と現代かなつかい使用に関して社報用の原稿を書く。

朝鮮人の一団が今朝の本紙に出ている「帰国せぬ朝鮮人は日本法律に従う義務がある」という記事について文句をつけに来た。この記事はGHQ渉外局の発表であるが、朝鮮人の有利なところを抜いて書き、不利な個所を引きぬいて特に見出しにしてゐるのは不公平だというのである。この間の新潟新聞の鮮人による暴行事件などもあって、うかつに取りあつかえないが、渉外部の者と記事審査部の山代とに当らせたところ解決を見た。

（中略）

新聞追放令の線がいよ〳〵本極りとなって発表された。この追放はG項に属するのであるが、そのまゝ追放される者と資格審査があって後追放か否かゞ決定する者との二つに分れてゐる。適用を受ける新聞社、通信社は次のとおり

朝日、中部日本、北海道、時事（新報）、時事（通信）、共同（通信）、毎日、日本経済、日本タイムス、西日本、大阪、東京、読売

等の十三社で、そのほかに日本新聞協会、日本新聞聯盟、日本出版協会、放送協会等の新聞通信に関係のある団体や、いくつかの出版会社、日映、東宝、松竹、朝日映画なども含まれてゐる。そしてこれ等の団体、会社の有力指導者で

昭和十二年七月七日から昭和二十年九月二日までにその地位に在った者はG項該当者として取扱われ、その他の者は中央、地方の公職適否審査委員会によって、公職にとゞまり得るかどうかの審査を受けるのである。

そして新聞社では、（一）社長、（二）会長、（三）副社長、（四）副会長、（五）各重役、（六）編輯局長、（七）主筆が追放処分の対称（ママ）となるのであるが、それで行くと本社で審査を待つまでもなく追放されるのは、本田親男（二十年九月二日以前に大阪の編輯局長であった）、楠山義太郎（ジャパン・タイムス社長であった）、塚田一甫（情報局第一部長――勅任官――であったが、現在の毎日新聞重役が公職と認められた以上これに当る）等である。本社傘下であった外地の新聞社を指導してゐた者たちがど

うなるかは、今日の発表だけを見てははっきりしない。言論界と同時に政界二度めの追放令がきょう発表された。大きな禍である。

十一月二十二日　曇り雨

新聞人追放に関する昨日の政府発表は、たゞこれだけでは意味がはっきりしない点も少くない。勅令となって出るまでの間にそれ等の点が逐次解明されなくてはならない。

（中略）

漢字とかなの特別委員会で見本刷りを中心に準備的打合せをする。大阪が急に積極的になって来た。今日大阪の出張から帰って来た藤森校閲部長の話しによると大阪も急に十二月一日から新体制を全面的に実施することになったという。調査室で輿論調査の会あり。この輿論調査も「輿」の字が制限されるので別の用語を用意しなければならぬが、僕は輿論の代用には「世論」がよいと思ふ。また「硯滴」欄も十二月一日から改名するので新名称を懸賞募集するよう今日その掲示を出した。

勝田忠次郎が小林七郎と一緒に訪ねて来た。かねく\来るように小野に頼んでおいたのである。非常に元気だ。ローマ以来六年ぶりに会ふのである。彼の妙技ギター、しかも日本で他にこゝろみるものゝないフラメンコをあのまゝにしておくことは勿体ないと思ってゐたが、東宝と契約が出来て、やがて公演するようになるだらうということである。

十一月二十三日（新嘗祭）　晴

新嘗祭をひかえて、この間から地方の青年などが献納米を東京に持込もうとする。献納米でも主食物の移動禁止の法令に引っかかると云っては警察がこれを阻止しようとする。そこであちらでもこちらでも揉めごとが起ってゐたが、宮内省では献納米の持込みを断った。この時代を特長づける一つの風景である。

社の役員と組合との経営委員会は今日未明二時まで続いて、越年資金の決定を見た。成年職員七百円、未成年者六百円、給仕五百円のうえに、扶養家族員一人あたり百円づゝの手当。これは四人を越えてならぬことゝなってゐるから最高一千円である。部長会を開いて、これを報告し、昨日大阪の打合会から帰って来た藤森校閲部長から漢字とかな文字に関する大阪と西部との空気について聞く。大阪もとう〳〵此方でやる通り十二月一日から全面的に紙面新体制施行を決定したのである。これに関連して今日加藤から手紙が来ていたので返事を書く。

（中略）

黒崎貞次郎と茶を飲みながら話しをしたが、彼の特信部の仕事を拡大するために新しい小規模新聞社を独立して経営したらばよいと云う説はなか〳〵面白いと思う。文化部の会合にちょっと顔を出して帰宅する。森下、新名、磯江、氏森の四人が来ていて、七海老人もそれに加わって宴を張っている最中、新聞の使命と労働運動とについて議論に花が咲く。

十一月二十四日（日曜日）　晴れ　――熱海にむかう――

朝は桂をつれて散歩。本屋に寄って河上肇の「思ひ出」その他数冊を買う。松岡謙一郎がながが厄介をかけたお礼と云って――多分海軍時代から今度の就職に至るまでのことであろう――川崎啓介につれられて訪ねて来た。ひる食を一緒に食ふ。その二人が帰らないうちに、三時過ぎであったか、甲府の志村富寿が友人の医者と一緒にやって来る。僕は旅行に出なければならぬので、ゆっくり話しをしなかったが、志村は近く東京に転勤させることになっている。きょうは十年の葡萄酒を一本持って来てくれた。

販売部の毎日聯合懇談会に出席すべく熱海に出張する。七時十分東京発の汽車に乗った。熱海着が九時半、それから暗い夜道を鶴屋旅館にゆく。先着の七海老、原業務局次長と合室で、かなりおそくまで話し合ひ、ちょっと疲れる。就床の前に湯を浴びた。原が七海老に話しこまれている。

十一月二十五日　晴れ　――熱海滞在――

六時前に起きる。朝日が海のなかにのぼって誠にきれいである。気もちがよい。原は昨晩一時半まで七海老に話しこまれ、今朝は五時過ぎから起されて眠くてたまらないと云っている。隣室にいる販売部の設営係の連中や早く着いている販売店主たち十人ばかりと一緒に朝食をする。朝から酒が出てなかなか賑かである。町を散歩した。いろいろなものを売っているが皆非常に高い。新円成金の暗屋や百姓たちが来て、それをどんどん買って行くのだそうだ。桂に蜜柑を買って帰ろうと思うのだが、それが町には殆ど売出していない。密柑山には一ぱい稔っているのが見えるのだけれども、どこへ流れ出るものであろうか。あるいは見かえり物資としてアメリカへ渡るのかも知れぬ。ひる食をつる屋ですまして、今日の会議の開かれる大野屋旅館に移る。会議に加はる本社の者、地方の販売店主など百数十人が続々と集まって来る。一時から始まるはずの会は三時に始まった。僕も一席、編輯局を代表して話しをする。パーヂのこと、ストライキのこと、編輯陣と経営陣、本社と地方機関との協力の問題、漢字と新かなかいとによる新聞新体制の話し等について述べたのであった。後で販売店主からいろ〳〵な質問や注文が出た。六時半から宴会。百数十人の宴会などゝ云うものは戦争以来まだ一度も経験しなかったところである。だが、おそらく面白くないものだ。僕が酒を飲まなくなったからではない。酒も宴会の始めに乾杯をするというので、ちょっとためして見たが、まずい合成酒で、いくら飲める健康にあってもお断りしたいものであった。早いめに部室に引揚げる。夜おそくまで同室の者たち（塚田、原、木元――）部室に酒を持込んで飲んでいたが、あまりうまくもなさそうである。

十一月二十六日　晴れ　――熱海発・帰京――

早く東京に帰ろうと思って午前五時に起きる。きょうは本社販売部が機構拡大をした祝いだと云って、販売店側が本社側を招待する宴会が大野屋を会場としてあるのだそうだが、僕はそれにはおつきあいしていられないのである。原も社に用事があるからと云って、僕と一緒に立つという。塚田もそうすると云っていたが、これは朝寝をしていたので置いてきぼりにした。昨晩用意させておいた弁当と土産の干魚などを持って宿を立ち、六時五十二分熱海発の列車に乗る。東京、横浜などへの通勤者で汽車は一ぱいになった。原とあれやこれや話し合ったが、疲れているのと眠りが足りないので、二人とも眠ってしまった。品川で降り大井町に引返へし僕は一たん家にかへった。家では豊子が桂をつれて米の配給を取りに行っているとかで家にいない。まづ桂が帰りつゞいて豊子が帰る。桂の報告が次々に話される。「ひらがなが書けるようになった」というのが、そのうちの最も大きな報告で、早そく書いて見せるのであるが、なるほど「もりかつら」と「あいうえお」「かきくけこ」が書けるようになってゐる。

中食を家で済まして出社したら、用事は山ほど積っていた。「当用漢字と現代かなつかい」の特別委員会を開いて、「硯滴」欄の代名に関する投書の審査をする。百数十人からの投書があったが、どうも良いものがない。審査の結果（一）白線、（二）長針短針、（三）起点、（四）余滴などが残ったが、いづれも感心しない。「余録」に復元することが望ましいと思って大阪にもそのことを云ってやる。大阪では編輯の「輯」の字を特例としてそのまゝ使用したいと云って来たが、僕は反対である。こちらの委員会でも反対である。一つの特例を認めることが、如何に危険であるか、それはやがて折角のすべての努力をくつがえす結果となるかも知れないのだ。「編集」と改めるべきことを併せて大阪に云ってやる。

特別市制問題について反対の意志を述べるために神奈川県の内山知事来訪。神奈川県だけの考へでは不十分なので、他の同様の立場にある府県の意志を聞いて記事にするよう政治部に移す。

十二月もようやく用紙問題の目鼻がついたとの報告が北海道からとゞいた。一万二千二百トンの石炭を用紙用に取ることが出来るというのである。予定では十二月には苫小牧へは四五〇〇トン、釧路へは五〇〇トン、合計五〇〇〇トンだけの石炭しかなかったのが、人造石油のためのコークス、暖房用の石炭等と合して五〇〇〇トン。国策パルプに廻す予定であった二〇〇〇トン、勇払工場のための二〇〇〇トンが追加されたので、総計一二二〇〇トンとなって、それだけを見ると十一月よりも豊富になって来るわけである。

十一月二十七日　　曇り、夕より大雨

明後日出発して西下することに決めた。佐々博士に診てもらって決定する積りでいたが、佐々博士に会うことが出来ないので、社の川島博士に診てもらったところ、十分注意して行けば、まづ心配はいらないと云うこと、念に念を入れることが必要である。明後日出発と決まれば、その準備と不在を見越しての仕事の取りかたづけでなか〳〵忙しい。明後日の朝早い列車で出るので、前晩は昭和寮に泊まることゝした。その交渉をする。乗車券と急行券を入手することは社会部に頼んだ。大津支局へ打電して二十九日の夜泊るべき宿屋の予約を注文する。旅費の仮出しをする。旅費といえばながらく出張旅行もしなかったので、全く知らなかったが、熱海出張の清算をしたところ何時の間にか日当八十円、宿泊料百円となってゐた。局長が両方で二十円増、部長が二十円減であり、値あげされたことは、諸物価の昂騰から考えると当然ではある。

いよいよ十二月一日から紙面の新体制に入るので、そのための社告を大西小国民部長にたのみ、社説を論説に頼む。大阪にも通知しなければならぬのである。大阪と云へば漢字とカナのことで電話を架けたが、加藤が休んで居るので本田が電話口に出る。この問題をめぐる例の感情論を述べるので、かなり不愉快であった。いづれ直接大阪で会っていろ〳〵話合ふこと丶しよう。社に関係を少しでも持った女流芸術家――文筆業、絵描きなど――をエーワンに招いて茶の会を開いているので、三時過ぎそこへも顔を出した。金沢八景にある東京急行の印刷設備を利用することについて東急から小滝と大塚が来たので、工務局次長の斎藤に紹介して具体的に話しに入る。これはまづ現場を社から見に行ってそのうへで話しを進めること丶したが、今まで聞いてゐる範囲ではなか〳〵有望な仕事のようである。夕方からの大雨でとても家に帰れない。社に残って「転落の歴史」の原稿を校閲する。ようやく小降りになったのを見て帰宅したが、家に帰ったのは九時であった。

十一月二十八日　快晴

いよ〳〵明日は関西に旅立つので、その準備に追はれる。渡瀬は僕が明日立つことを知ってゐるはずだが、まだ東北の旅から帰ってこない。きょう中に帰って来なかったら神田が忙しいことであろう。準備の第一として留守中のことを神田、永戸二人と打合せる。十二月一日から実施する新漢字とかなつかいによる紙面作製については社説、社告までのこと、大阪と連絡のことなど一切用意した。大阪とは改めて僕が先方へ行って話さなければならぬことが少くない。編輯局内の人事については、さし当り高橋政治部長の動向がある。今の難局を切抜いて行くためには高橋が部長をやめて平部員となって働くと切出して来てくれたことは実に有難い。これを起点として何か新しい手を打ち、それを有効に拡大さして行くように努力しなければならぬ。大阪へ伝えてやらなければならぬ重大事件には新聞界のG項追放がある。本社の当面の問題として打合せをしなければならぬことに連絡部関係の機構問題、調査室関係の人事問題等があるが、これ等についても神田、永戸両君といろ〳〵話合って大阪へどう話込むべきかを計った。

まだ解決しない「旋風二十年」のことも片づけねばならぬ。藤本が明日検閲当局のザーンに会って督促をしてるはずであるが、もしそれでも何時許可されるかはっきりしないようだったら、検閲当局へ文書で督促し、一方UPのボーンを通じて先方の善処を促すようにする手配をとゝのえた。一方で「転落の歴史」のことも、なるべく早く出したいのであるが、「旋風」の方が検閲にひっかかっている以上、こちらもなかなかむつかしいと思はねばならぬ。そこで今まで上下二巻に分ける予定であったのを、上巻が許可されて下巻が通らないというような場合を予想し、上下合本で出版することゝした。そのためには、この旅行から帰る早々また原稿の方を急がねばならぬ。今朝もすでにバルカン関係の原稿を一通り目を通したのである。

（以下略）

十一月二十九日から十二月一日まで省略（滋賀への帰郷、京都の親戚訪問関係記事）

十二月二日　雨　——京都・大阪・京都——

あいにくの雨である。そのなかを鞍馬口まで豊子に見送られて市電で三条へ、それから省線電車で大阪にゆく。大阪駅前の復興情況は目ざましい。社に行く前に梅田ホテルに立寄って上原虎重を訪ねた。やつれた顔を見て驚いたが、突然の僕の往訪を非常に喜んでくれた。あれこれ世のなかのこと、社のことなどを話す。郷里からはる〴〵持って来た一升の酒をまた大へん喜んでくれた。もう一度会うことを約して社に出る。大阪の本社を訪ねるのも実に久しぶりだ。人の変っていることは驚くのほかない。本田、加藤の二人と仕事のうえの話しをする。第一は追放に関する東京情報を伝へ、本田たちの態度をどう決めるかということ、第二は連絡部を中心とする東京の編輯局機構改革について大阪の同意を求めること、第三は調査室の人事について東京、大阪の共同の案件を打合せること、第四には社全体の人事に関すること……等である。話しは事もなく進み大たい意見の一致を来すことが出来たのである。「漢字とかな文字」に関する話しは明後日また大阪へ来て、僕のために開かれる部長会議で話すことゝした。暫く時間の暇が出来たので自動車を頼んで北区浮田町二番地といふところへ秋田の家を探しに行く。しかしこれは失敗に終った。どう苦心してみてもそれらしい家にぶつからないのである。仕方なしに社に帰って電信を打ち、豊子等が京都に来ているから隅田まで来るように伝へた。夕方浜尾橋のつる家で社が新任の府知事を招いている宴会があるので、それに顔を出す。知事以下各部長がみな来ていた。なかなか豪華な宴会であったが、こういふ会の効果も今日はどんなものであろうか。少し早いめに、こゝを抜け出して省線電車で京都へ帰る。隅田の家に着いたのは九時半であった。京都から大阪へ通ふことはなかなかつらい。

十二月三日　　曇り後晴れ　　――京都滞在――

（省略）

十二月四日　　晴れ　　――大阪へ、大阪泊り――

豊子と桂とは後から出発するという。きょうは僕たちが京都の隅田家を辞して大阪の秋田家を宿とすることになっている。僕は大阪への途中ちょっと中村家を訪ねて、今夜中村家に来るはずの兄への伝言を頼む。僕も明日こゝで営まれる故万助義兄の十三回法事に列席することを約した。大阪の社に到着するなり、一時から開かれる部長会に出る。これは僕の来阪を待って特に開かれたものである。この会では一般的な編輯事務と「当用漢字とかなつかい」とに関する事項にわたって話しが続けられた。大阪からの注文には次のようなものがある。

一、大阪の送稿がおくれて早版で朝日におくれる場合が多い。
二、社説にニュース性を持たして欲しい。また社説の論旨に一貫性を持たせることが望ましい。
三、電送写真による東京情報
四、当用漢字で特に編輯の輯に代わるべきものは「集」をとるか「修」を用いるか。朝日、共同等と横の連絡をとって早く決定してもらいたい。現に本社は集を用い、朝日は修を用いてゐる。従って在来の編輯局のごときも、本社は編集局と呼ばれ、朝日へは編修局と宛名にも書かねばならぬ。

なほこの「漢字とかな」の話しを中心として東京が大阪をおいてきぼりにするという非難をする向きがあったが、今日、僕からこの種の誤解を一掃するように話しをした。判ったようである。

午后四時半から北の新地の「川ばた」といふ家で社の同期生の会食が開かれた。出席者は僕のほかに森吉、鴨井、小林英生、小林信司、和田伝、高速度印刷にいる武田修の七人、九州にいる富田幸秀が来れば全員そろうわけである。こんなに沢山の者が集まったのは、何時からのことであろうか。由来僕たちの同期生というものは大正十三年組が同期生の団結力を利用（?）して栄達を焦ったのに反して、どうも団結して何かをするというようなことは少かった。それは良いことであったか悪いことであったか、いま集ってみると次長が二人、部長が二人、課長が一人、実力にものを云わせているという程度より以上のことはないと思う。そのなかでも余り良くない位置にいる和田伝五郎が今晩はウィスキーをあほって悪酔いしたりして、便所の入口で倒れた拍子に眼鏡で目かしらを負傷したりした。それはそれで大したこともなかったが、酔余口をついて出す言葉から不愉快なものを感じさせられた。彼が朝鮮を引揚げる前後の模様から帰社してからの組合運動における彼の動きなど、僕が最近彼について見聞きする範囲の事がらは余り面白くないのである。この会場から夜の道を浮田町二番地の秋田の家に帰る。

（以下略）

十二月五日　　晴れ　　――大阪滞在――

（前略）

連絡部の課長たちが僕に聞いてもらいたいことがあるというので、三階の会議室に集ったが、今度東京の連絡部の機構を改めて規模を大きくする案があると聞いて、それに大阪も同一扱ひを受けたいと云うのである。これは本田が東京は東京限りで自由でやってくれと云った言葉にも、きのう小林連絡部長がそういふ改革をやるにはいまはその時機でないと云ったのとも大分ちがう。

東京の永戸から伝言が来て十二日午后二時から六階の「毎日ホール」の会場披露をすると云って来た。諏訪と井口との演奏が約束されているし、招待状も厳選のうえ六百枚出したと云って来ている。それでよかろう。本田と「川ばた」へ行って当面の社の問題についていろ〳〵と話しをする。連絡部機構のはなしは大阪は大阪流で東京は東京流で現実の要求に基いてやろうと決めた。内田林吉に関する人事も聞いたが、これはむつかしい問題である。社に帰る。

（以下略）

十二月六日　晴れ　――大阪を立ち、東京へ――

（省略）

十二月七日　快晴

（前略）

大阪で話しをまとめて来たこと、今後にゆずらなければならぬことなどについて永戸、神田の二人に話しをする。六時の「毎日ホール」の開場準備は僕の留守中に一通り出来てゐた。これについて永戸俊雄から報告を聞く。永戸はその運営委員会の長である。このホールの開場式は十二日に行われるので、その社告ともいうべき記事を写真入りで明日組み込んでのせることに手配した。「旋風二十年」の三版が出るか出ないか検閲の態度がまだはっきりしない。これが決定しないと年の瀬をどうして越してよいのか思案に余る連中が少からずあるわけである。

能勢寅造がめづらしく訪ねて来た。東亜研究所が閉鎖されて以来、他のものたちは何か働く口をと焦っているのに彼のみは悠々と浪々生活を営んでいる。だが実業之日本社に話をつけて大きな出版物に手を染めているのである。かねぐ＼計画していた「ロシア読本」について能勢寅造の力を取入れることは必要であると感じていたが、好い機会だから今日はそれを彼に話した。喜んで力を出そうと云った。

楠山義太郎から新聞界追放の話しを聞く。僕の旅行中だいぶ分模様が変っていた。本社では編輯局の部長から上のものがみな審査の対称となること、なっている。審査をうけるのも致し方はないが、調書に自分の戦争中に書いたものを列挙するということがなか〱の難儀のように思はれる。億劫なことだ。

（以下略）

十二月八日（日曜日）　曇り小雨

真珠湾事件の記念日である。良し悪しはともかくとして、日本人にもアメリカ人にもこれは永久の思出の日である。

（以下略）

十二月九日　晴れ

硯滴欄の代名を募集したがこれといふ作がなかった。しかし秀作三題の作者に賞金を与える積りでいながら、これを忘れて旅に出てしまったので、今日はこれを渡す。一人に百円づゝである。編輯の仕事に皆を協力させるうえでも、こうした機会は時々つくった方がよいと思う。

中原功が訪ねて来た。彼の来訪をうけて急に思出したので入社試験の合格者に通知を出したかどうかを人事部に聞いてみると役員の方でまだそれを決定しておらぬというのである。何たることか。こんなのろまなことでは社内の人心を導いて行けるものではなく、社外に対しても悪い影響を及ぼすこと必然である。中原には事実はこうだが、君の入社は確定したものと思ってよろしいと伝えてやった。本人の喜びは、僕がかつてこのような経験をした当時のことを思出し、さぞかし大きなものであらうと思うのである。どうせ出社の始まるのは正月に入ってからのこと、思うから、それまで故郷えでも旅行に出てよろしいと伝へてやる。

六社編輯局長会議が三時から共同通信で開かれた。神田が出られないというので代って出席する。議題の第一は新休刊と増頁との件で次のように決定した。

一、一月一日は休む。従って二日附新聞休刊。地方版は十二月二十九日組込から一月三十日組込まで休み。

二、十二月二十五日クリスマス当日を休みにしてくれないか——とGHQの検閲当局から非公式申出があったが、これは断る。

三、一月一日附新聞は増頁して四頁紙とする。用紙は休刊日の分を廻す。

労農記事の問題が各社でも重要視されているが、まづ共同では専門のセクションをつくることになった。受入れる各社側で異存はないかというのであるが、どこにも異議はなかった。それから次は僕が提議した「編輯」の「輯」と「集」「修」何れを代用字として用いるかという案で、これも当今の大きな問題で、僕は大阪の社とも早くこれを解決するよう約束している。

各社の意見は、朝日——東京が集で大阪、西部が修。共同——はじめ修を用いたが今では集が有力。東京新聞——集。読売——各社の決定を見てから決定。時事新報——輯を固執。そして本社は東京が集をすでに用い、大阪は修を主張し、西部は大勢に従うということになっている。

そして今日の会合で出た意見は

一、「修」には官僚臭あって不可（共同、朝日高野個人の意見）
一、「修」はこの次の漢字制限で除かれるおそれあり。「集」ならばなほながい余命がある（僕の意見）
一、「集」の簡易性を尊重すべし（僕の意見）
一、「輯」にはアツメルの意あり、「集」こそこれに代るべきもの「修」はカザル、オサメルでアツメルの意なし（共同）
一、「集」の字は安っぽい感じがする。集配人、集金人のたぐひ（雑音風にその説つたわる）
こんなわけで今日の会では「集」説が圧倒し、共同は即日で「集」で統一すると云ひ出したが、本社や朝日が大阪の意向を聞いてみる必要に迫られているので、決定には暫く時を貸すことにした。しかしこれは今月中に決定を見る内約が出来た。

十二月十日　晴れ　朝はなはだしく寒く零下七度
小林亀千代がひるめしを食ひながら、また話しをしたいという。原と今日甲府の出張先から帰って来た渡瀬も一緒である。販売の売かけ金回収はその後もなかく成績が良くて、もう未回収は殆どないと云ってもよい状態となった。
九月末現在　七三六万円
十月　〃　五七五万円
十一月　〃　一万二千円

この席で用紙委員会を社内に確立し、この問題を一本として専門に取あつかひ機動的にやってゆくようにすること、役員職務の改正――つまり今日のように役員の荷が重すぎて活動がそれに伴ないというような弊害をさけることについて話しあひ、これ等を何とかして具体化するよう約束した。

「旋風二十年」の検閲がまだ片つかないので、今日UPの中島に事の次第を話して中島の友人で検閲当局に枢要な地位を占めているというフレンチハイムにそのことを話してもらうこと、した。

きのう、きょう、わが家では障子の張りかえを豊子がした。明るくなった障子に冬日の射す風景は格別である。日本の家庭のにおいがそこから流れ出てくる。

「西部日本新聞」がGHQの槍玉にあがっている。理由は先般の新聞ゼネストの際にもストライキの先陣に立っていた、この新聞がその後も赤の手先となって、あたかも共産党の機関紙のような観があるのに対してマッカーサー司令部は棄て、おけないとしたからである。先月十二日共同通信社での十四地方紙責任者の会合でGHQ新聞課のインボーデン少佐は「西部日本」の名を指してその不当を痛撃し、その行為は明かにプレス・コードの違反である。政党の機関紙は一党に対し一紙しか許されていないので、もし「西部日本」が共産党の機関紙となりたいようならば「アカハタ」をやめさして、その後をおそうたらよかろうというようなことまで述べた。「西部日本」ではこれに驚いていろ〳〵善後処置をとり、去る七日には社長、編集局長その他の責任者の辞職、赤系の者の解職、労組執行部の総辞職を発表した。しかしこれでこの事件が必ず収まるものとは云れない。インボーデン少佐が今月中旬九州へ出かけると云っているのも、この事件に関係あるものと見なければならぬ。

十二月十一日　晴れ

会議というものを僕は好まない。殊に新聞をつくるのには会議など必要ないものだと思うのだが、そうも参らない。きょうなどは三回も会議があった。十一時から新聞用紙対策委員会、これはもっと本社で積極的に動かなければならないのに今日までおろそかになっていた。きょうの会では新聞用紙に関する諸情報を皆が持ちよってそれを検討したうえ、これからの対策として中島企画部長、梅島業務局調査部長、村上資材部長、木元出版局営業部長、長谷川工務局技術部長という顔ぶれで専門委員会をつくって機動性のある運動に入ることゝした。午后一時からは新年紙面計画に関する部長会議。きょうは大ざっぱな立案をまとめてもう一度細部にわたる打合せをするための会議を開くことにした。第三の会議は午后四時からの毎日ホール運営委員会。明日このホールの開場式が行われるのであるが、それにつゞいて、これを立派に運営してゆくための具体策を練ったのである。新しい日本の文化運動のためにこのホールを十分に役立てようとする一方の希望と、このホールを経営することから、毎月ゆったりとした利益を挙げて、いわゆる新円稼ぎをやろうという一方の希望とをうまくゆう和さして行くことはかなりむつかしいことである。

もとハルビン日日新聞にいた松崎が日本婦人新聞をやっていて、今後いろ〳〵援助してもらいたいと頼みにやって来る。

「編輯」「編集」「編修」の問題はいよ〳〵きょうで大詰となった。共同通信の松方編集局長から電話で一昨日の会議の決定で朝日は大阪、西部と打合した結果、とう〳〵両者とも東京の大勢に従うこと、して「編集」に賛成したむねを朝日の高野編集局長から伝えて来た。このうえは六社の意見として「編集」と決定したいというのである。そこで僕の方も念のため大阪へ電話を架けて加藤にそのむねを話したら、本田がまだ「修」を譲らないという。そんなことがあるかと詰めよせて、とう〳〵納得させた。これで明日から共同の通信も「集」で流すこと〻なる。結局本社が先鞭をつけた通りに全部が従って来たのである。

十二月十二日　晴れ

北海道の現場に出張して帰京した石光新聞協会用紙課長から新聞用紙の生産見透しについて朝から話しを聞く。今日の配炭事情の緩和情態から考へると、一息ついてもよいと云えるが、これも恒久性のあるものでなく、新聞が今以上の紙幅をもって立派に立って行くようになるのは何時のことかわからない。

いよ〳〵きょうは毎日ホールの開場式。予定の午后一時に先だって招待をうけた人々六百名ばかりがどん〳〵と詰めかけて来る。ともかくちょっと見ばえのするホールが出来たものである。開場の祝辞を野上豊一郎博士と渋沢秀雄にたのんであったが、渋沢はどうしたものかやって来ないので、臨時にひきうけてくれた土方与志と野上とにやってもらう。それから諏訪根自子のバイオリンと井口基成のピアノという、今日の日本でこれ以上のものはないという演奏があった。このホールの誇りとなっているピアノが石沢のうちのもの、きょうも石沢夫妻は式にやって来た。その節石沢から彼の苦心にか〻るIndex of Japanese Painters & Art Guide of Nippon を貰う。後者は一巻しか出ていない。そして発行所の東洋美術国際協会がなくなったので、後が心配されていたが、こんど国際観光局がひきうけることになったそうだといっていた。夜のラヂオ放送で勝田のギターを聞く。

（以下略）

十二月十三日　晴れ

（前略）

「転落の歴史」を出すために協力している連中を集めてビールを飲ませる会を正午から「大作」で開く。森下、小野、大島、中村、安藤、管沼、磯江その他の者に鱒書房からは社長の増永が重役会で来られなかった代りに弟の喜之助編集長や藤井がやって来た。増永喜之助が齎らしたところによると「旋風二十年」の検閲が終って来週の水曜日か金曜日に許可がおりるはずだといふので、そちらに関係のある者たち大いに張り切る。「転落」の方も今年中に出版の方に廻したいが――鱒ではこの二十日には全部の原稿を渡してもらいたいと云ってゐるが、むつかしいことだ。

（中略）

写真新聞「サン」でもめ事が起った。「サン」の経営を明朗化せよという希望意見が社から「サン」に出向している者たちによって発表せられたのである。こういう問題は早く処理しないと赤い勢力の掌中に入ってしまうおそれがある。そこで決断ではあったが、「サン」の顧問格である永戸俊雄に事がらの内部検討と善後処置への緒を見つけ出すことを依頼し、篠崎などを通じて出向社員たちが軽挙して事をあやまらぬよう注意することを求めた。後で神田にもその処置を告げておいた。

十二月十四日　曇り時々晴れ

（前略）

業務局の原次長と社の最高幹部陣容について相談をする。いろ〳〵改めるべき点があるけれども、何としても急を要するものは神田の身分のことである。ともかくも代表取締役として社内の一般の業務を総覧したうへ、対外的な仕事の中心ともなり、そのうへ編輯局長である。新聞協会理事である。そこへ今度は用紙委員会の委員になった。どんな能力と精力のある人間だって、これだけの仕事をぬかりなくやって行けるものではない。それについて十月の役員会とかに神田が編集局長をやめるようにすゝめる声が出たそうであるが、神田はそれを承知しなかったという。彼が編集局長の椅子に未練をもっていることは、他からも知られるが、こんなことで、この大切な時機にあやまちを犯してはならぬ。きょう原と僕とが話したことは、ともかく神田が編集局長をやめて他の仕事に専念することである。編集局長として彼が特別の手腕を持っているのなら他の仕事をやめて編集の仕事に傾倒するのも良いが、彼の場合そうでもないのである。神田がやめた後をどうするかの問題だが、これは暫定的にでも永戸政治を主筆と編集局長との兼務とするのがよいと思う。いま編集局内は勿論社内での改革を要する事がらは実に多い。なかでも人事は大切で緊急である。だがそれは中心を固めることを前提としなければならぬ。局長の名と仕事が一つにがっしりと固まったうへで、他にうつるべきであらう。それに新聞パージの問題もあることだから、今にわかに最高幹部のポストの入替えを大がかりにすることは良い策ではない。この仕事をすゝめるについては僕から永戸、楠山に話し、原から平野、塚田に話すといふ方法をとることにした。また原との会談の好機に「サン」のことにも論及した。きのう僕の考へ出した行き方のほかに原も「サン」現最高幹部の直接話し込んで良くて速かなる解決をすることゝした。

藤森順士来訪。ロシア研究会のこと。おい〳〵準備がすゝんでゐるというが、僕は忙しいので、それに携っていられない。

十七日には政党や労働団体などの合同で吉田内閣打倒の街頭運動がある。本社の労組もこれに参加することに決定している。ところで、きょうは朝日の高野編集局長から電話があって、この運動参加のために十七日の地方版を廃止して総合版としたいが――と云って来た。しかし僕の方の社では新聞を造ることは平日と少しも変らぬ態勢をとって、それが許される限度で当の運動に参加するという原則を動かせないから――と答えた。朝日でも弱ったらしいが、本社の云うところを圧倒するに足る理由もなく、とう〳〵夕方に至って本社同様の行動をとると云って来た。

十二月十五日（日曜日）　曇り時々晴れ間あり　夕方霧ふかくたちこむ

（省略）

十二月十六日　晴れ

茂森唯士が新しく新聞を出したいといって用紙申請の手続きについて聞きにくる。新興新聞にはもうこれ以上新しく用紙を出さないというのが用紙委員会の決定だと云われている。増永鱒書房主人がやって来て来る水曜日に検閲許可を出すと聞いているが、検閲当局は「旋風二十年」の歴史的内容について責任を持つということを条件として許可するということだが、なんとしたものかと云って来る。そういうことを著者に云はずに出版会社に云って来ることはおかしくもあるが、「著者の森はもちろんそういふ点では十分責任を持っている」と答えておくように伝えておいた。

記事審査部の新しいこゝろみとして社外の人からうちの新聞に対する批評を乞う催しがあった。きょうは渋沢秀雄、宮田重雄、谷川徹三の三人がやって来た。ほかに辰野隆、中島健蔵、坂西志保にも頼んであったのであるが、都合で欠席した。しかし、この会はなか〳〵有益であった。エーワンで食事をして、社の第一客室で話しあったので、その時間は前後二時間余り、社会部長の江口なんかは、この会合のうちいくつもの記事作製についてのヒントを得ることが出来たといっている。

この間もう死んでいるに相違なしと思われていたマニラ特派の原川が帰って来て、僕たちを驚かしたり喜ばしたりしたが、一昨日は植田茂が安東から帰って来た。彼は満鮮国境の関守とでも云った役割を十数年間にわたってつとめた本社の特派員であったが、戦争があの地に移ってから殺害されたという説がもっぱら行われていたのであった。それが非常な元気で帰って来た。今日は築地の芳蘭亭で植田と原川との生還祝賀会を開く。上田業務局次長、田中終戦次長、水谷温など出席。それが終ってから社に立寄って帰宅。

十二月十七日　　晴れ

日曜日に出勤したのでウィーク・デーには一日休もうと思ってゐるが、なか〳〵そうも参らぬ。きょうは臨時議会の議場で社会党を中心として、協民、国民、共産の三党もそれに合流して吉田内閣打倒のための議会解散決議案が上程されるし、院外では宮城前で倒閣国民大会が行はれ、それが終ってからデモンストレーションに移るというのである。その解散決議案の賛成演説に協同民主党の代表として大助君が出るというので、その演説を聞きがてらに議会にゆく。大変な人である。新聞記者席も立錐の余地も余していない。社会党の片山哲の提案理由説明演説、自由党芦田均の反対演説に次いで賛成の意見を述べるべく大助君が登壇した。代議士一年生のことであり、今まで発言はしても、こんな大きな舞台を踏むことは議場でもはじめてのことであるが、感心したのはくそ度胸である。それに伴うねちっこい舌も特長とされてよい。だが演説としても上の方ではない。論旨も労働不安と経済危機の到来とをとりあげているが、全く生彩がない。普通の説明演説であればまだこれでも良かったかも知れぬが、いやしくも倒閣を目標とするような性質のものでは、もっとアジ的な色彩が必要とされると思う。強いて点をつければ辛うじて級第(ママ)というところであらう。この議会風景は院外のデモンストレーションで一そう濃く色つけられたが、今日の国民大会参加者は総同盟、産別のほか各種労働団体のメンバーから出して、その総数五十万といわれている。しかしデモンストレーションは依然として泥臭くて見るに耐えぬ。

（以下略）

十二月十八日　晴れ

A級戦争犯罪人容疑者であって未起訴、すなわちA'として巣鴨拘禁所にゐる人々がいよいよ起訴されることに決定したそうである。これらの人々が起訴されて、その裁判が新しく始まるということになると東京裁判はいよいよながびき、それだけ講和会議の日は延びるわけである。検察官側のいうところによると判決のあるのは、八月であろうということである。

（中略）

毎日ホールの経営について、東宝と提携することが計画されている。東宝の持つ芸術家のベストメムバーをすぐって毎日ホールに出場させることもその一つの方法である。そのほか、こういう小さなホールの経営については東宝は貴重な経験を持っているので、その知識をとり入れることも無駄ではない。きょうは正午から銀座の「出井」で森岩雄その他の東宝幹部を招いて食事を共にしたのち、社に戻ってホールそのものを見せ、八階で茶をのんでいろ〱意見を交換した。毎日ホールの経営も実際仕事をはぢめてみるとなかなかむづかしいものである。

（以下略）

十二月十九日　晴れ

役員たち大阪で例月の会があるのでみな不在となった。彼らが帰京するまでは骨やすめをすることも出来ないので少し疲労を覚えつゝも、ひる食をすましてから出社する。社に出るなり驚いたことは新聞用紙がなくて大騒ぎになってゐる事態であった。外部に伝へられている東京各社の所有量は朝日が三日分とタブロイド型にして一日分、読売が一日分、東京がタブロイドにして一日分、本社が二日分、日本産業のみが多少の余裕を残しているといふ有様である。そして王子製紙が東京の倉庫に持っている新聞用紙は洗いざらいにして九十一本とぬれ紙九十本に過ぎない。大阪は在庫皆無、名古屋は九十本を持っているが、それは同地の各社使用量の三日分に当るのみである。それに東京、大阪へ紙の入る見込みは今のところ至って薄い。十三山葉丸といふ王子のボロ船が五百本を積んで十九日室蘭を出帆したというが、早くて二十四日でなければ東京へは着かない。青森、大湊と東京との間にいく車両から巻取紙があるはずだけれども、雪と今度の輸送力縮減とで、当てになるものは一つもない。取りあえず東京では王子の在庫量一八一本のうちから本社と朝日と読売へ、それぞれ二十八本づゝを配給するということに決ったもの丶、これではとても今まで通りの新聞紙面を確保することは不可能である。今さらそんなことを云い出しても仕方がないが、事こゝに至った責任は誰が負うのか。王子製紙では製品部長以下部員が責任を感じて総辞職を申出たというが、手おくれだ。商工省も用紙委員会も新聞協会も新聞各社も、みんな真剣になってゐなかったから、こんなことに立至ったのである。

大阪からは朝日と相談して明日の組込み以後の紙面計画を次の様に伝へて来た。

二十日組込一版から　　タブロイド型
二十一日　〃　　〃
二十二日二十三日　八ツ切り型に切下げ
「小国民」は二十二日から休刊　同日から「英文毎日」は八ツ切り、「夕刊大阪」は休刊

それよりももっと深刻なのは朝日で、今日組込みからタブロイド型にしなければやって行けないということである。

用紙問題で原君に新聞協会理事会に出てもらい。社では各局次長連絡会議、編集の部長会議などを開く。本社はともかくも東京に関する限り、暫くは用紙の余裕もあるので、明日は二頁のまゝでゆき、明後日組込くらいからタブロイドに移そうと思う。そのための下準備をする。

小滝顕忠君来る。横浜の印刷、製紙設備活用のことで督促をうける。帰って暫くぶりに入浴。くたくたに疲れた。

十二月二十日　晴れ

新聞用紙事情が急迫していることを今朝の本紙上で報じ、同時に「この調子では、あるいは紙面をさらに縮小しなければならぬかも知れぬ」という社告を出したところ、商工大臣はこれを見てはじめて事の真相を知ってびっくりしたということである。昨夜新聞協会の理事たちが運輸次官に実情を話して新聞用紙の緊急輸送を要求したところ、これまた非常に驚いて善処を約束したということであるが、知ら

なかった者にもうかつなところがあるが、当路にこれを知らしめるだけの努力を怠っていた同業の者の手落ちもとがめずにはいられないのである。本月二日から後、苫小牧を出てまだ東京その他の消費地に到着していない紙を数えてみると、東京向け——一、一〇〇本。大阪向け——二、三〇〇本。名古屋向け——三二〇本。輸出用——二〇四本であるが、いづれも未着。去る十四日に運輸大臣から新聞用紙の特別輸送に関する命令というものが出ているそうであるが、通り一ぺんのものとなっているらしいのである。

　本社では昨日から今日組込みが最後の二ページ紙、明日組込みからタブロイド型でゆくことにしていたが、他社の事情が本社以上に逼迫しているので、各社歩調を合して行くためには、本社もこの要求を固執することが出来ず、きょうの一版組込みからタブロイド型で行くことゝなった。そこで今日開く予定であった新年紙面計画の部長会議などはどこかへ飛んでしまって、これがタブロイド型新聞編集のための打合会となる。このため締め切り時刻を左の通りに変更する。

一面	一版	一二・二〇	二版	二・二〇	三版	五・四五
二面	一版	一一・四〇	——		三版	五・二〇

こう紙面がせまくなると、きまり物なども棄てなければならぬ。また極度に短縮しなければならぬ。

一、一面では社説を六〇行に、余録を二〇行以内にちゞめ、民主議席をやめる
二、二面では碁、将棋、ラヂオ、建設はやめ、天気予報と雑記帳は継続
三、日曜日組込みの文化欄は二段量

四、議会記事の条文やめ事項を出す、一問一答はやめ

といふこと丶した。ところで地方版は本社ではこれをつゞけてもよいのであるが、朝日がやめてくれと強く主張したので今日はやめること丶したところへ午后三時から共同通信社で六社編集局長会議があり、それに出席した僕から地方版残置の提議をして朝日と読売の同意を得、明日組込みから実施すること丶なった。この編集局長会議では別にタブロイド型紙から二ページ紙に復原する時期、その方法等について協議しようといふ案が出たが、それは時期尚早であるとして、後日に回すこと丶した。おそらく月曜日ごろ話しが出ることであろう。タブロイド版になったことによって本社の被る損害は大きい。その節約できる面と損害の面とを比べると次の通り（これは東京本社のみのことである）

節約	紙代減少分一日分	¥22,981.65
	インキ 〃	1,172.00
	合計	24,153.65
損失	広告減収一日分（平均）	72,196.00

という勘定が出る。そこでネット四七、九〇〇円といふ減収となり、この情態が一ヶ月続くと、一四三九、七二〇円であって、東京本社一ヶ月の人件費約三百万円の半分に達する損害となる。このうへ販売店からどんな要求があるかも知れないし、売掛金の回収にも悪影響を来すおそれも十分ある。

十二月二十一日　　晴れ、時々曇り

（前略）

きょうの新聞協会理事会で各社が示し合った自社手持ち用紙量は――朝日九〇、毎日五五、日経四〇、読売三、東京〇という本数であるが、差当って朝日から二〇本を読売へ、本社が他の小新聞からあづかっている紙のうち新聞報用三三本を二一本読売、一二本を東京へと分けて急場をしのぐことゝなっている。本社しかし本とうのところでは本社も朝日も日経もまだかなりの用紙を予備に持っているはずである。本社の手持ち実数は昨日入った二〇本を加へて、きょう現存高二六二本であるが、そのうち三三本が新聞報、七本がサン新聞のあづかり紙、その他にも社の所有以外のものがあって、社としての使用可能量は二〇〇本より数本を出るだけである。ところでタブロイド型として本紙が一日に必要とする量は一四・五本（三二八連）小国民が一・三本、そのほか白損紙を五本余り見なければならぬので、一日ざっと二〇本は要るわけである。そうすると十日間――つまり年内はようやく休刊しなくても済むのである。だが大阪の事情は各社ともずっと悪い。そこで今日、明日の二日はタブロイド型も出させぬことゝなって八つ切り新聞を出す予定であった。ところが今朝の地震である。止むなく思切って今朝決定したのだが、今日組込みの新聞もタブロイド型にすることで、その結果は明日は使うべき紙はもう少しもないことゝなる。三時半になって「明日もタブロイド型を出す見込みがついた」と云って来た。おそらく英軍機関紙「ビーコン」のためにストックしてある紙の流用が出来たのであろう。しかし、このまゝ棄てゝおくわけには行かぬので王子の倉庫にわずかに残っているぬれ紙四二本をトラックで大阪へ送ってやろうということになった。この厄介な仕事を主として引受けたのが本社という形になった。王子も朝日も動いているが、本社ほど積極的に出ないのである。トラック輸送は六輛の車を仕立て、夜十時に東京を立って東海道を突走り、明夜大阪に到着しようというのであるけれども、関ヶ原や鈴鹿は雪が積っているかも知れない。成功はなか〳〵むつかしいと見なければならぬ。そうした折柄、郡が運輸省で頼みこんだ結果、緊急輸送貨物として貨物列車にその巻取紙のために二輛の貨車を連結してくれることになった。これは全くありがたい話しである。俄かに予定を変更して、その紙を汐止駅に運んだ。十時過までに荷役も出来た。この紙車は今夜のうちに新鶴見に廻され、明朝四時半にそこを立って大阪にゆく。大阪には明後日の朝到着するだろうということである。このような処置の目鼻がつくのを見とゞけたうへ帰宅する。家に着いたのは十時少し前、へと〳〵に疲れた。

十二月二十二日（日曜日——冬至）　　朝初雪かすかに降る。曇り時々晴れ

（前略）

社に出るなり驚いたのは大阪から伝言があって、「二十三日組込みから大阪では二ページ紙を出す」ことに決定したという。そんな馬鹿な話しがあったものではない。昨夜はあの通りの苦心をして大阪への紙の救援をしようと僕たちが努力したばかりである。しかも東京では何時になって二ページ紙が出せるか見当がつかない。だのに大阪が今にわかに二ページ紙にするというのは何を理由としているのか。こちらの不満の意を表し、同時に復原の理由として明らかにして通知しろと僕の名で神田、本田二人宛に

云ひ送った。間もなく返事が来て、やはりタブロイド型で当分やって行くことに決めたと折れて来る。それが当然であらう。東京の努力に対する礼も来た。業務局長室で前後措置を打合せる。東京へは今日も用紙の入貨なし。長岡から上越線まわしとして東京へ送った二輌が明日東京に着くはずだというから、それを間ちがいなく早急に受取るよう努力することゝした。溺れるものゝわらつかみである。

（以下略）

十二月二十三日　　朝霰、後晴れ

おそらく新聞というものが出来てからこのかた今度のような異変はいまだなかったであろう。きょうも紙を紙をとあせりつゝ、一日をくらす。王子製紙では安達社長は今度のことで責任を感ずる余り辞職したという（未発表）。この会社の配給課長は居たたまれなくなって失踪したという。製品部の全員は辞表を呈出したという。しかしそんなことは何の意味もなさないのである。

社に出るなり業務局の原次長と二人で運輸省に行って旅客課長と配車課長とに一昨夜の礼を述べて、なお一そうの援助を乞うた。その序に新聞記者室によってみたら王子製紙の堀江がいたので、本社の和泉、原川など運輸省の専門家を紹介して協力させることゝした。そのほか王子と運輸省の専門家を青森や大湊の下北にも送って、その地を出発した、あるいはこれから出発する用紙積込み貨車を調べあげさせ、それに基いて各駅各操車場に手配して万全を期するように手配をする。運輸省の帰りに土橋の近くにある「銀座キチン」という店にひるめしを食い行く。サン・フォト・ニュースの三浦寅吉がこの間から案内すると約束していたのを今日はたそうというのである。行ってみると聞きしにまさる家であった。グリル風になっていて、上等の牛肉、豚肉、鶏肉などが目の前に豊富にならんでいるのを即座に料理してくれる。それをスタンドで食うのである。鶏肉のついたランチとポーク・カツレツを食った。そこから原は新聞協会の会合に行き、僕と三浦とは僕が誘った麵麭亭へコーヒーを飲みに行く。こゝのコーヒーはやはりうまい。

一たん社に帰り、ごた〳〵した仕事を一括して片づけたうへ、また運輸省に行く。平塚運輸大臣が新聞用紙輸送のことで話したいというのである。僕のほかに新聞協会の伊藤理事長、朝日の小松、読売の四方田、本社の原も来た。運輸大臣との話には伊能業務局長、秋山海運局長も加はって、運送事情について、こまごまと話しをした。こちらからもいろ〳〵要求を出し、その要求を満たすべき具体的方法についても申出た。運輸当局が誠意をもって事に当ることはほゞはっきりしたが、事情を細く聞いてみると、むつかしい条件がいくつも重なっている。最も事を困難にみちびいているものは石炭不足である。明日の閣議にもこのことが議題となるのだそうだが、そのために鉄道の方では直通列車を取りやめ、一般乗客の制限をさらに三割増とすること、一月一ぱい学生の定期乗車を止めさせること、従って学校は休校とすること、なみ一通りの事態ではない。海の方も現在日本で所有している船舶が百三十五万トン、それが半数量以上動かない。そのうへに進駐軍から二十万トンばかり要求せられている。しかもその用途は横浜あたりに山積している軍需物資を朝鮮仁川附近に運ぶのだそうだが、仁川附近は干満が甚しいから吃水の深い船ではいけない。紙運送などに使われている千トン二千トンという船が手ごろなので、それを持って行かれる。用紙運搬の困難はこゝにもあるということである。運輸省から共同通信社に行く。三時から六社編集局長会議が開かれるのである。こゝでも紙の悩みをどうすべきかで頭をわずらわす。結局二十五日組込みまではタブロイド型でやることに決定した。明日組込みの読売、東京両社の分は本社、朝日、日経から都合をつけてやることゝしたが、この両社の明後日の組込分はもうないのである。その際はうち棄てゝしまう他に方法がないが、いくら何でもそのころには少しの入荷はあるだろうという見込みなのである。

たゞ今のところ入荷確実と見られているものは

一、二十四日午前二時隅田川駅へ四輛(八〇本)

一、同日午前三時汐留駅へ十一輛(二二〇本)

があるばかり、これも現実に手に入れてみるまでは安心出来ない。また海から来るものは、今日か今晩芝浦に入るといわれていた第十三山葉丸と八永丸とが明日入港に延びたといわれる山葉丸の方は一〇〇〇本(うち小巻取三九八本)八永丸の方は一〇二〇本(うち小巻取二二〇本)積んでいるそうである。共同からの帰りに鱒書房に立寄ったが、増永は不在であった。社に帰ってから編集局の部長会議を開いて用紙事情について話し、紙面計画は当分そのまゝにするよう通達した。

十二月二十四日　　晴れ

(省略)

十二月二十五日　　朝雪、後くもり小雨

大阪の役員会と株主総会のために出張していた神田が昨夜帰京し、きょうは出社して来たが、出社するなり用紙委員会の委員長として、また新聞協会の理事としてあちらこちら飛びまわって居るものだから、ゆっくりと社のこと編集局のことなどについて話しあっている暇がない。

関西震災の被害の報告はいよ〳〵深刻になって、きょう伝へられるところでは死傷者総数二千八百人に達したと云われる。用紙問題の善後措置について社として態度を決定するために午前中業務局長室で次長と関係部長との会議を開き、午后は新年紙面について改めて打合をすべく会合する。新年、紙だけは先日の計画通り四ペーヂで行くこと丶なるようである。なほ用紙の入荷状況はいく分かづ丶好転して来た。この間の計画ではきょうの組込みから頁数を二ペーヂとして標準型に復する方針であったが、東京の方は良いとして大阪の用紙準備がまだ〳〵不十分であって、東京からの輸送をしなければ、タブロイド型や八つ切り紙の発刊どころでなく、あるいは休刊をしなければならぬこともあるかも知れぬという情態である。そこでもう暫く形勢の良くなるのを待つこと丶なったのである。さてきのう(二十四日)現在の用紙情況は次の通りであった。

東京の在荷と入荷予想――一、五九六本が在庫、海上　二、三〇〇本。陸上　八二〇本。合計三、一二〇本が年内入荷予想量。合計四、七一六本となって大型二ペーヂ紙一ヶ月分である。

大阪の方は二十四日現在の在庫量が一六五本、年内入荷予想量　陸上一二〇本、海上二、七〇〇本、計

二、八〇〇本で総計二、九八〇本。つまり大阪の消費量からいうと二十三日間を支えることゝなる。
（以下略）

十二月二十六日　晴れ
（省略）

十二月二十七日　雨
午后一時から協会理事会。三時からの六社編集局長会議で二十八日組込みの朝夕刊から標準型二ページに復原すること、一月一日号の新聞は同じく四ページ建とすることについて決定を見た。二十一日附から二十八日附までこのダラしのないタブロイド型新聞というものが八日間もつゞいたわけである。二ページに復原するに決定した事情は勿論用紙の供給に見透しがついたからである。

東京　予想して狂ひのない一月三日の在庫量
二、三九二本（十六日消費分――一月十九日まで）
大阪　予想して狂ひなしと見られる一月三日の在庫量
九〇〇本（一月十日までの消費を充たし得る）
なほ大阪には十日ごろまでに大量の用紙を積んだ船が入ること確実なので、それを見積ると一月二十八日まで）

名古屋（一月二十三日まで）
これは王子の役（ママ）を呼んで間ちがひないところを聞いたものである。しかしこれで安心することが出来ないので、中央に用紙対策委員会というものをつくる。それに現地委員会というものを札幌、苫小牧、青森、室蘭、大湊、仙台などに置く。現地へ本社、朝日、読売の三社から調査員を派遣することなどが決定された。特に心配なのは現に政府で審議されている石炭対策の決定がどうおちつくかということである。製紙用の石炭は十二月分は一万二千トンであった。政府の割当が一万トン、王子が都合をつけて来たもの二千トンであった。しかし現に政府に提出されている経済安定本部の案では、それが七万トンという窮屈な数字になっている。それで苫小牧と釧路との双方をまかなって行かなければならぬのである。そんなことになっては今日の新聞界はどういふ事態に立入ることであろうか。何とかしてこれを食止めなければならぬ。新聞用紙がこの通りの情態であるから他の出版物用の紙はさらに〳〵不足を生じるに相違ない。各種教科書の印刷用紙も新学年を迎えてどうなることか見当もつきかねている。
きょうは毎日ホールでGHQの新聞課長インボーデン少佐が「日本の新聞について」という話しをする。余り人気がなくて聴衆を社内から頻々集めるという始末。そして講演会の後で茶の会を開くので、それにも出てくれということであるが、僕は忙しくてとても出て居れない。その時間は編集局長会議であった。
鱒書房から「旋風二十年」の合本版の印税内金二千円を受取る。今年末の収入は社の賞与と給料をそっくり取りあげられて、なお一万三千何百円という借金が残る。おなさけで一千五百円の現金手取りを都合つけてくれたが、それがこのインフレ時代にどれだけの価値のあるのものであろうか。きょうの二千円はその意味で貴重だ。

（中略）

共同通信社で聞いた話であるが、僕の「旋風二十年」がアメリカで出版されているということだ。翻訳されているのではなく、こちらで出版したものを写真版にとって出したもので、これは僕の著書が日本戦後のベストセラーとしてこのように扱われている以外に毎日新聞や朝日新聞の複写版も出ているということである。ところで、こういふ場合版権はどのようになるのであろうか。敗戦国の文献はどんなに扱われても文句を云う余地なしとならば、それまでゞあるが、そんなこともあるまいと思う。ともあれ現物を一目見たいものである。

十二月二十八日　　晴れ

（前略）

大阪で開かれた役員会ではいろ〳〵重要な決定があったのに一こうそれが社員に徹底するように話されていないので、神田に催促していた。これがきょうの部長会となった。報告されたこと

一、連絡部に関する機構改革のこと、東京大阪には連絡総務というものが出来て、編集局長、次長の対処をうけ、その下に連絡、連整、電信、電送の四部が出来る。（岩下、総務）

一、調査室の各部に部長をおく、従来主査と云ったのがそれである。

一、調査室研究部の要員を研究委員と呼ぶ。（論説委員に匹敵するものである）
一、大阪工務局長新谷が高速印刷に出向するので、安部元基が大阪工務局長兼東京工務局長。
年末に際しての金一封が社から出る。僕のもらったのは一千円である。部長連もまづ喜んだもの、所詮焼け石に水といふものだ。
札幌からの通信によると、第二東洋丸という汽船が室蘭で火事を起した。二十六日のことである。ところがこの汽船は新聞巻取紙を運ぶもので、室蘭で荷役をした後のこと、二千本の大巻取を積んでいたが、その二百本ばかり水に濡れたり火に焼けたりしたということである。泣き面に蜂といふ類いだ。
（以下略）

十二月二十九日（日）　朝霧、晴れ
（省略）

十二月三十日　晴れ
医局の看護婦たち、編集局長室の給仕、小林ドクトル等に歳暮。それはみな金で贈った。
ＪＯＡＫが「今年の大当り座談会」というものを録音して明夜放送することにしたから、僕にもそれに出てくれという。なぜそんな催しに僕が出なければならぬかというと、「旋風二十年」が今年のベスト・セラーであったからだそうだ。そのほかリーダース・ダイジェストの鈴木文史朗、関東鉄道の根津喜之助、そろばんで計算機と競争して買った松崎某、女代議士で最高点当選者の山口しづえ、その他いろ〳〵な人間が集まっているのであるが、僕は急しくもあり、その急しい仕事を犠牲にしてまでも出なければならぬ催しとも思はれぬので欠席してしまった。

手続きをしておいたら社から健康保険金を二千二百五十何円かくれた。これはうっかり貰いそこなうところであったが、もっとたん念にしらべて請求するともう少し取れるそうである。しかし面倒くさいので、これで満足しておく。

六社編集会議が三時から共同通信社であった。紙の問題は、今のところ輸送の不円滑から変化しているのであるが、それはやがて石炭不足に原因する製紙能力の問題と変って来ることは明らかである。新聞用紙を潤沢につくるためには石炭を十分掘ることが先決となる。そこで石炭増産について各紙が筆をそろえて協力をして、紙の問題を少しでも良い方に導こうではないかというのが今日の主題であった。ほかに新年には号外なんかも出さないようにしようではないかという申合せもした。共同通信社では編集局長会議の度毎になか〳〵上等の菓子を出して茶をのませる。これも一つの楽しみだ。

十二月三十一日　　朝霧あり、曇り時々晴れ

空々漠々の一年であった。

国家は自らの力がなく、自らの意志はあっても、その命ずるまゝに動くことが出来ず、再建を口さきに叫びながら何一つまとまった仕事に手をつけもせずして一年を続けた。僕はそのなかでいくぢなくも

病気にたおれて、いたづらに溜いきをついて来たばかりである。なさけない限りである。そこで、さて明年は——といふことになるのが順序であるが、その明年に期待し得る何ものがあるか。

（以下略）

森正蔵日記とその時代

有山輝雄

一

本書は、戦前から戦後初期にかけて毎日新聞社の編集・経営の第一線で活躍し、また戦後最初のベストセラーである『旋風二十年』の著者としても知られる森正蔵が、多忙な激務のなかで克明に記述した日記の一部である。

森正蔵の経歴については後述するが、昭和十年代にハルビンやモスクワなどの特派員を歴任し、戦時中には論説委員、昭和二十年の敗戦後には、社会部長、編集局次長などを務めた。さらに昭和二十四年、二十五年のレッド＝パージ、講和条約論争などでは、毎日新聞社の労務担当取締役、論説委員長を務めるなど、文字通り新聞社の最前線にあって戦後占領期の多くの難問を直接体験したジャーナリストである。

日記をつけるという行為は習慣的なものであるから、森は少年期青年期から日記をつけていた可能性があるが、現在の森家に保存されているのは、昭和十一年十一月二十九日から始まり昭和二十七年九月一日までの合計四十二冊である。昭和十年代の部分が若干欠けているが、この時期に彼が日記を書かなかったというわけではなく、何らかの理由で日記帳が散逸したと推定される。

日記は、A5判サイズの小型ノートに万年筆で克明な字で書かれている。本書にいくつか載せたように、随所に万年筆でスケッチ画を書き入れたり、ご子息の写真や当時の新聞記事の切り抜き等が張り込まれている。自分自身の記録であると同時に、家族の体験を記録しておこうとする意図が十分うかがえる。

日記は基本的にはその日につけていたようだが、週末に日記をまとめて書いたという記述があることもあるので、多忙なときには手帳等にメモをつけておいて、時間の余裕ができてからまとめて書くこともあったようだ。日記の内容は、新聞記者としての活動のほか、今回割愛した部分が多いが、家族との生活などについても感想をまじえて詳しく書いており、公開を予定していたものではないようである。ただ、後日、何らかのかたちで自伝を書くような考えがあったのかもしれない。

今回刊行したのは、日記のなかの、昭和二十年八月から昭和二十一年十二月の部分である。ただし、昭和二十一年三月から八月末までは病臥を余儀なくされた。この間の闘病日記が遺されているが、個人的な体験の記述であるので割愛した。また、それ以外の期間でも、疎開先での生活や親戚等とのプライベイトな交際に関する記述や寸評などには森正蔵の人柄が端的に表れているが、全体の分量が増えすぎてしまうため、やむなく割愛した。

二

森正蔵は、一九〇〇（明治三十三）年に滋賀県滋賀郡小松村（現在の志賀町北小松）の寺に生まれた。膳所中学（現・滋賀県立膳所高等学校）に進んだが、中退し上京して旧膳所藩出身の教育者杉浦重剛が創設した日本中学（現・日本学園高校）に転校した。森が、杉浦重剛や猪狩史山といった日本中学の教育者を深く尊敬していたことは、杉浦の忌日に一人で杉浦の墓を詣でたり、恩師猪狩史山を訪問するといった日記の記述からも十分うかがうことができる。

日本中学卒業後、東京外国語学校に入学し、一九二四（大正十三）年に東京外国語学校露語部を卒業した。在学中はボート部所属したようで、日記のなかにもボート部の友人たちと旧交を温めることがでてくる。

一九二六（大正十五）年、大阪毎日新聞社に入社。京都支局、ハルビン特派員、奉天特派員を経て一九三五（昭和十）年から一九四〇年までソ連特派員となってモスクワに駐在し、スターリン治下のソ連を取材した。一九四〇年（昭和十五）年帰国し、東亜通信部副部長、外信部ロシア課長を歴任し、一九四一（昭和十六）年、東京本社論説委員に就任した。戦時下における『毎日新聞』言論を担当したのである。日記に、自らの戦争責任を考える記述があり、公職追放に該当するのではないかと心配することが出てくるのは、戦時中の論説の一翼をにない、国民指導にあたったという自覚にもとづくものである。

また、この間、彼は空襲のため自宅を焼失し、家族を山梨県八代郡黒駒村（現笛吹市）に疎開させた。東京に残った森は、社の同僚宅や丸の内ホテル、毎日新聞昭和寮など居が定まらないまま、社務につくという苦労の多い生活を余儀なくさせられている。

敗戦後、各新聞社と同じように、毎日新聞社でも、戦争責任問題や社内革新運動が起こるが、同社の場合、経営幹部が八月の早い段階で自発的に退任することで乗り切ろうとした。それにともなう人事異動で、森は社会部長に就任し、社会部の再建にあたった。しかし、この年の秋から冬にかけて、社内の混乱は一層深まり、重役の辞任、選挙による重役選任ということになる。森正蔵も重役候補の一人であったようだが、この時は選出されず、新体制のもとで編集局次長となった。

この日記の一九四五年から四六年は、森は社会部長、編集局次長という毎日新聞編集局幹部の職にあり、日常的な新聞編集・製作を行いながら、次々に生起する諸問題に対処していかなければならなかった時期である。特に、中間管理職的な彼の立場から、上司である社長・重役、部下である各部長・部員双方への批判や意見が随所に見られ、興味深い。また、この時期に、それまで隠されていた戦前期の歴史をあつかった『旋風二十年』、『風雪の碑』などを出版し、特に『旋風二十年』は、戦後最初のベストセラーといわれる。これらは、森正蔵の著作として刊行されたが、日記のなかにでてくるように、彼が部下の若い記者に執筆させ、まとめたものである。

疎開させたままの家族への心配と一緒に生活するための家探しの苦労も大変だったようで、様々なルートをたどって家を探す挿話が書かれている。結局、家を見つけられないうちに、彼は病気に倒れ、家族は看病のため急遽上京し、毎日新聞元重役の七海又三郎宅の二階に寄留することになった。

復社後の森正蔵は、一九四六年十月の新聞放送通信ゼネストに直面し、そこでも管理職として必死にスト鎮圧をはかった。その後、一九四七（昭和二十二）年、東京本社総務、一九四八（昭和二十三）年に出版局長と累進していった。そして、一九五〇年十二月には総務労務担当の取締役に就任した。いわゆるレッド＝パージを会社側の第一線で実施することになったのである。しかも、折からの講和条約をめぐって毎日新聞論説陣は全面講和論・単独講和論に分裂し、社論を定めることができない状態に陥ったため、森正蔵は急遽論説委員長事務取扱に任命された。朝鮮戦争、レッド＝パージ、講和条約問題は占領末期の最重要課題であり、新聞ジャーナリズムの内部に深刻な亀裂を引き起こしたが、森正蔵はそれらの諸問題にまっただ中で取り組まなければならない役割となったのである。その激務と心労は、当時の日記にありありとうかがえるが、今回は収録することができなかった。

森は、以前から心臓と胃腸を病んでいて、日記のなかにも体調が悪い旨の記述がよく出てくるし、長期の療養のため社を休まざるをえないこともあった。特にレッド＝パージと講和条約問題は、彼の心身を疲労させ、一九五二年九月に病気で倒れてしまう。そして翌一九五三年一月十一日に病没した。五十二歳という若さであった。

三

これまで政治家や官僚などの様々な日記が公開され、興味深い読み物となり、また重要な研究資料となっているが、森正蔵日記は、ジャーナリズム活動についての内側からの記録であること、また同時代の社会風俗について犀利な観察眼をもって記録していることで、他には得難い日記である。しかも、その記録の対象が、敗戦から占領という、ジャーナリズムにとっても、一個人にとっても、大変な激動の時代であることで、この日記はますます貴重なものとなっている。

森正蔵は、それまでまったく予想もされなかった激変が起きる日々を、その激変の渦中にあって観察し、記録しようとしているが、彼はそれを客観的な立場から眺めているのではない。ジャーナリズムや社会の激変は、実は彼自身の内面にも大きな動揺を引き起こし、彼も揺れ動いているのである。従って、日記は、ジャーナリストとして、一国民として、森正蔵自身が敗戦によって受けた衝撃と動揺の記録でもある。それは、森正蔵に限ったことではなく、この時期のほとんどの新聞記者、国民が体験したことであり、その点では、この日記は、この時代を生きた日本人の内面の記録という面ももっている。

無論、日記は当人の認識した「事実」の記録なので、当然その記述のなかには誤報、誤解はある。森日記においても、現在からみて明らかな誤報や誤解に基づく記述もあるが、当時そのような情報が入っていたということ自体興味深いことであり、またそれを日記に書き残していることに森の期待や不安などを読み取ることも可能であるので、いちいち注記はせずに、そのままとすることとした。

ただ、この日記を読むにあたって、留意してほしいのは、当時の新聞界が現在とは大きく異なっていたことである。まず、昭和十年代の新聞統合政策によって、全国の数多くの新聞はなかば強制的に統合併させられ、各県には一つの新聞だけが存続を認められる一県一紙体制となっていた。東京と大阪でも、新聞統合がおこなわれ、東京は『朝日新聞』『東京日日新聞』（現『毎日新聞』）『読売新聞』『東京新聞』『日本産業経済新聞』（現『日本経済新聞』）の五紙、大阪は『朝日新聞』『毎日新聞』『大阪新聞』『産経新聞』の四紙にまとめられた。それまで東京、大阪、九州、名古屋で印刷発行していた朝日新聞社と毎日新聞社は、名古屋から撤退させられ、東京、大阪、西部（九州）の三拠点に集約させられていたのである。それは、結果的には地方紙の経営基盤を強化し、中央紙には不満の多い体制であった。

一九四五年九月、占領軍によって戦時中の言論報道統制が撤廃されると、中央の大新聞社は、こぞって地方への再進出をねらうことになる。しかし、大きなネックとなったのは用紙の不足であった。新聞用紙は一九三〇年代後半から統制され、新聞の統合を推進する大義名分として用紙の不足と節約が掲げられた。敗戦後も用紙不足が解消されたわけではなく、むしろ戦時中の新聞統制撤廃を機に新しい新聞雑誌が次々に発刊され、用紙不足は一層深刻化したのである。

また、当時の新聞は、現在のような朝夕刊セットではなく、ほとんどの新聞は朝刊のみ、『東京新聞』

など一部の新聞が夕刊専門誌というかたちであった。『毎日新聞』も朝刊のみの発行で、森正蔵の勤務もそれに合わせたものになっている。用紙の不足は、新聞のページ数減少となり、当時の新聞は通常は二ページ建てであった。日記のなかにも紙面狭隘の嘆きが出てくるが、わずか二ページの紙面に政治経済社会文化等様々のニュースを盛りこもうとするのであるから苦労は大きかったのである。

それでも戦時中の報道統制はなくなったのであるから、新聞報道は自由になったことは間違いない。戦時中に「大本営発表」をそのまま記事とする習慣に慣れ、怠惰になっていた記者たちに取材の基本に立ち返らせる再教育をおこなわなければならないことは、日記にも出てくる。

また、反面では、占領軍の新聞統制が実施され、日本の新聞は戦時中とは異なった統制下に置かれることになった。占領軍の統制は二面あって、一つは民間情報教育局（ＣＩＥ）による指導、もう一つは民間検閲支隊（ＣＣＤ）による検閲である。ＣＩＥの指導は、新聞社のあり方や編集方針など包括的な問題について新聞社幹部との懇談を通じて行われ、指導とはいっても事実上避けられない強制と受けとられていた。ＣＣＤによる検閲は、個々の記事に実施され、『毎日新聞』等主要新聞はゲラの段階で事前検閲されていた。森の日記にも、この二つの統制への対応が随所に記されている。

毎日新聞社は、一九四五年夏から四六年年末にかけて次々に難問に直面した。その最大の問題は新聞の戦争責任であり、この日記にもこの問題が一貫した基調となっている。敗戦によって、それまで新聞が書きたててきた「神国日本の不敗」などの虚妄が一挙に白日の下にさらされ、新聞は否応なく自己の責任を考えざるをえないことになった。新聞の戦争責任論議は錯綜した過程をたどるが、一つの大きな流れは従業員の間から戦時中の経営・編集幹部の責任を追及する運動が起きたことである。これは、毎日新聞社だけでなく、朝日新聞社、読売新聞社など各新聞社で一九四五年九月頃から活発化し、相互に刺激しあっていた。各新聞社は、それぞれ固有の問題を抱えていたため、運動の経過は異なっていったが、経営者対従業員のという図式は共通していた。しかも、それは、労働条件改善を目指す労働組合運動と事実上重なりあっていった。一九四五年秋から冬にかけては、戦争責任追及運動と労働運動が増幅しあって進行していったのである。

その結果、毎日新聞社では、重役の総退陣となり、新重役を選挙で選任するまでになる。この問題は、他の産業の労働運動や読売新聞社の争議と結びつき、新聞放送通信労働組合(略称新聞単一)による一九四六年十月五日を期した新聞放送通信のゼネスト計画にまで発展した。九月に病癒えてようやく出社した森正蔵は、ちょうどゼネスト問題の渦中に巻き込まれるのである。彼は、基本的には経営者側の立場で考え、行動しているが、ゼネストの記録としては非常に生々しい記録である。

また、毎日新聞社が直面した、もう一つの大きな問題は、戦後に対応した編集の基本綱領、基本方針を策定することであった。これも、毎日新聞社に限らず、多くの新聞社が直面していた問題であるが、各社とも社内資料がないか、公開されていないため社内の意思決定のプロセスは分からない。日記には、毎日新聞社内でこのための会議が何度も開かれていることが記されている。残念ながら会議での討論内容については詳しくはないが、天皇制問題や憲法問題が論議されたことが書かれており、森日記の記述は、貴重である。

一般的に新聞記者は日記をつけることの少ない職業のようで、新聞記者の日記というのは数少ない。しかも、敗戦の激動期を克明に記録した森正蔵日記は、ジャーナリズムとは何かを考えるうえでも、また一市民の戦争体験・敗戦体験の記録としても読みごたえのある日記である。

今回、このような貴重な日記を公刊することができたのは、森正蔵氏ご子息森桂氏のご理解によるものである。森桂氏には、日記の解読にあたってもご協力をいただいたほか、日記編集についても色々ご助言をいただいた。深い感謝の意を表したい。

凡例

一　本書は、敗戦直後、毎日新聞の社会部長、編集局次長などの要職を歴任した森正蔵の日記の中から、一九四五年八月から一九四六年十二月までを翻刻編集したものである。その取捨等詳細については巻末の「森正蔵日記とその時代」（編者解説）を参照されたい。

二　表記や段落については原則として原文通りとし、漢字の当て字、誤用、助詞の乱れもそのままとした。ただし、旧漢字は新漢字に直した。仮名遣いは原文にしたがった。原文は、はじめ旧仮名表記であるが、途中から新仮名表記となっている。なお、「闕字」については、原文を生かし「□」で表した。

三　人名等について、明らかな誤記は訂正した。なお、現在から見ると事実誤認と考えられる場合があるが、これはそのままとした。

四　表記のなかには、今日から見て人権にかかわる差別的な表現も一部含まれている。しかし、作者の意図は差別を助長するものでないこと、歴史的資料であること、作者が故人であることを考慮し、原文表記のままとした。

五　人名やその他の不明事項については、各種資料で確認するとともに、著者の長男森桂氏の助言を仰いだ。

あるジャーナリストの敗戦日記 1945〜1946

二〇〇五年八月十五日第一版第一刷発行

著者——森 正蔵 もり しょうぞう
編者——有山輝雄

発行者——荒井秀夫
発行所——株式会社 ゆまに書房
東京都千代田区内神田二—七—六
郵便番号一〇一—〇〇四七
電話〇三—五二九六—〇四九一代表
振替〇〇一四〇—六—六三一六〇
印刷・製本——株式会社 キャップ

ISBN4—8433—1829—9 C0036 ¥2800 E

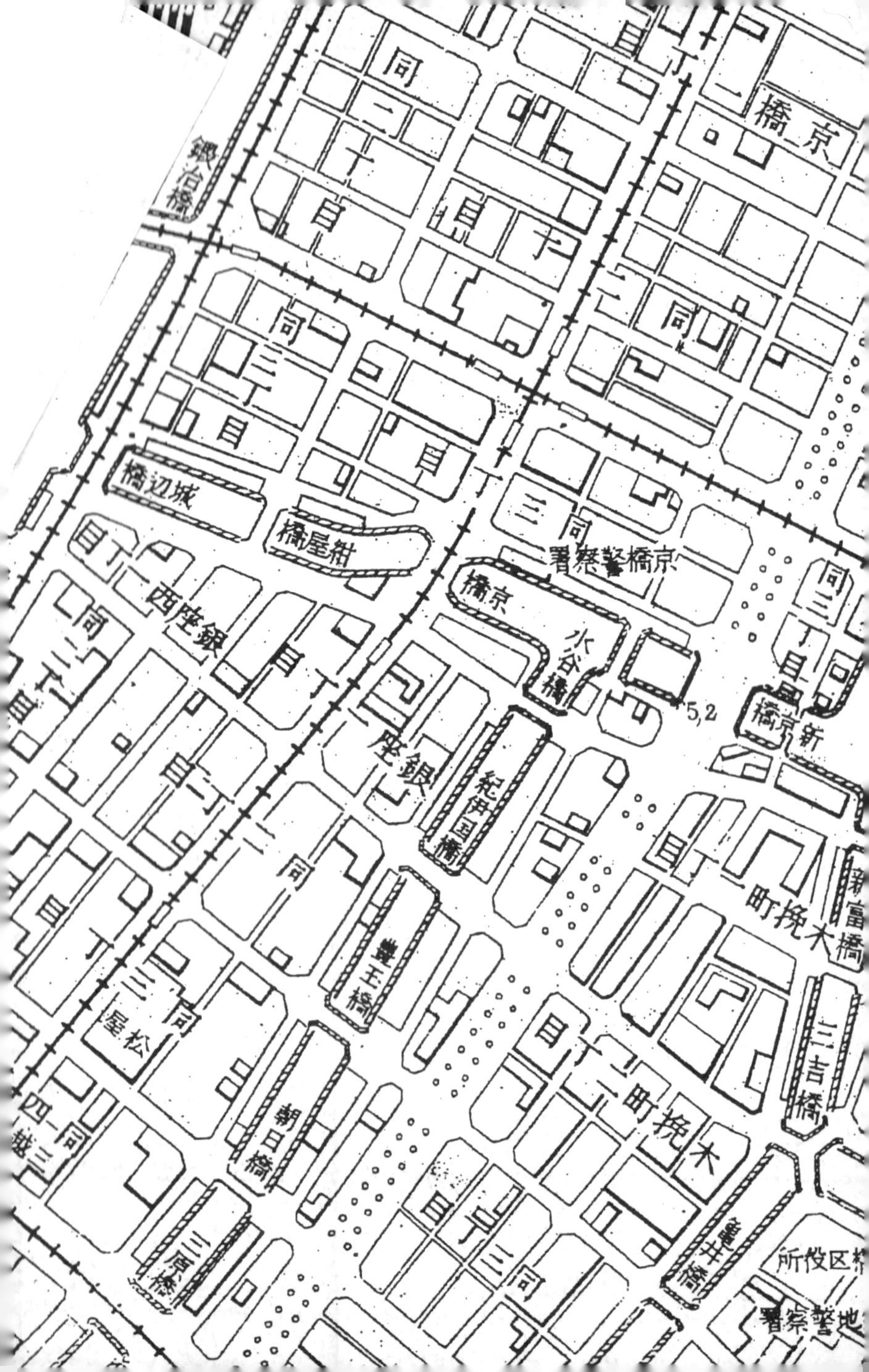

鍛冶橋
京橋
城辺橋
紺屋橋
京橋警察署
京橋
水谷橋
新京橋
銀座西
銀座
紀伊国橋
豊玉橋
木挽町
新富橋
三吉橋
朝日橋
三原橋
松屋
区役所
警察署
5,2